Sarb Johal

você precisa se acalmar

Tradução Letícia Bergamini

astral
cultural

Copyright © Dr. Sarb Johal 2022
Título original: Finding Calm, managing fear and anxiety in an uncertain world
Publicado originalmente em Língua Inglesa por Penguim Random House New Zealand Ltd.
Este livro foi publicado em acordo com a Penguin Random House New Zealand Ltd.
Tradução para a Língua Portuguesa © 2023 Letícia Bergamini
Todos os direitos reservados à Astral Cultural e protegidos pela Lei 9.610, de 19.2.1998. É proibida a reprodução total ou parcial sem a expressa anuência da editora.
Este livro foi revisado segundo o Novo Acordo Ortográfico da Língua Portuguesa.

Editora Natália Ortega
Editora de arte Tâmizi Ribeiro
Produção editorial Brendha Rodrigues, Esther Ferreira, Felix Arantes e Roberta Lourenço
Preparação de texto Claudia Rondelli
Revisão Adriano Barros e Alexandre Magalhães
Capa Agência Nine Editorial **Foto da capa** Pawel Czerwinski/Unsplash
Foto autor © Dr Sarb Johal

Dados Internacionais de Catalogação na Publicação (CIP)
Angélica Ilacqua CRB-8/7057

J65m

Johal, Sarb
    Você precisa se acalmar / Sarb Johal ; tradução de Letícia Bergamini. — Bauru, SP : Astral Cultural, 2023.
    288 p.

    ISBN 978-65-5566-325-9
    Título original: Finding Calm, managing fear and anxiety in an uncertain world

    1. Autoajuda 2. Ansiedade I. Título II. Bergamini, Letícia

23-0534   CDD 158.1

Índice para catálogo sistemático:
1. Autoajuda

BAURU
Avenida Duque de Caxias, 11-70
8º andar
Vila Altinópolis
CEP 17012-151
Telefone: (14) 3879-3877

SÃO PAULO
Rua Major Quedinho, 111 Cj. 1910,
19º andar
Centro Histórico
CEP 01050-904
Telefone: (11) 3048-2900

E-mail: contato@astralcultural.com.br

Para meus pais, Sikander e Sudershan;
minha esposa, Sarah;
e nossas filhas, Liv, Daia e Sianna.

sumário

Introdução	7
1. O problema da incerteza	15
2. Dominando o seu freio	27
3. Estrutura	39
4. Empatia	59
5. Todas as emoções	69
6. As peças que nossa mente prega	85
7. Estilo pessoal	103
8. Quando o pequeno se torna grande	115
9. Bem-estar mental completo	128
10. Mantendo a conexão	146
11. Distinguindo a realidade da ficção	162
12. Apoiando as gerações mais novas	188
13. Manutenção básica	214
14. O lado bom da ansiedade	235
15. Encontrando sua bússola interior em um mundo incerto	248
16. Você flexível	259
Agradecimentos	271
Notas	273
Índice remissivo	279

introdução

Atualmente, vivemos em um mundo que parece otimizado para provocar ansiedade: relacionamentos complicados, divórcio, desemprego, pobreza, racismo e discriminação, violência e conflitos, solidão, estresse e longas jornadas no trabalho, violência doméstica e abuso infantil, uma pandemia e um senso geral de falta de controle sobre nosso próprio futuro. Mais do que isso, o mundo parece projetado para nos provocar uma ansiedade coletiva e simultânea. Há grandes eventos acontecendo agora, ao redor do planeta, que definirão a maneira como iremos viver e interagir uns com os outros nas próximas décadas — incluindo crise climática, crescimento populacional, inteligência artificial e aumento de conflitos regionais e da instabilidade global.

É complexo falar como tudo isso vai interagir e se desdobrar, mas não há dúvida de que nosso senso de incerteza está aumentando, e nossa capacidade de prever como será a vida no futuro, diminuindo — com grandes implicações sobre onde e como viveremos, além de todos os outros aspectos da economia mundial.

Nosso dia a dia pessoal está cheio de incertezas, o que também desperta nossa ansiedade. Não só parecemos movidos pelo medo do que acontecerá se não entregarmos nosso trabalho no prazo, como temos medo de não estar fazendo bem o suficiente — ou mesmo fazendo a coisa certa. Há muitas maneiras pelas quais isso aparece em nossa vida. Pequenas coisas que têm grandes impactos em nós incluem:

- O computador que tem o potencial de aumentar sua capacidade de aprendizado e entretenimento, mas que também atormenta com os problemas diários de senhas que vivem sendo esquecidas e programas travando a todo momento;
- A expectativa de estar disponível 24 horas por dia;
- Agendas tão cheias que não encontramos espaço para ver nossos amigos;
- Ser multitarefa, o tempo inteiro;
- A bateria do telefone acabando;
- Falha na conexão com a internet;
- A espera pelas respostas às mensagens que você enviou, principalmente quando sabe que a pessoa visualizou;
- O gerenciamento de vários dispositivos, colocando você e seus entes queridos em risco de roubo de identidade, *phishing**, *trolling*** e aliciamento de menores;
- A tentativa de lidar com várias assinaturas dos muitos serviços que você precisa para gerenciar sua TV — e até mesmo acompanhar pelas redes o que está acontecendo com seu filho na escola.

E não se esqueça dos desafios e sentimentos angustiantes que nos levam a nos sentir sobrecarregados, paralisados ou a tomar atitudes que nos causam problemas, impulsionadas pelo medo, raiva ou indignação.

---

* (N. T.) Tipo de ataque cibernético que consiste em enganar usuários para obter informações como senhas e números de cartões de crédito.

** (N. T.) Comportamento on-line que visa atrapalhar discussões e provocar tumulto por meio de provocações.

- Meu trabalho está sugando minha vontade de viver. Mas que escolha tenho? E se eu ficar aprisionado aqui para sempre?
- Nada do que está acontecendo no mundo é minha culpa. Estou tão irritado que quero que alguém pague por tornar minha vida miserável. Mas, falando sério, eles que vão para o inferno. Vou fazer somente o que quero e danem-se as consequências;
- Não tive curtidas suficientes no *post* que acabei de fazer. Devo excluí-lo por medo de parecer que não sou popular, ou isso só mostrará que sou inseguro? Não consigo lidar com todos esses sentimentos ao mesmo tempo. Eu me sinto tão sobrecarregado... O que devo fazer?
- Não posso me perdoar pelo que fiz. Não consigo falar com meu amigo de novo porque não suporto a vergonha e a culpa.

Para completar, temos uma geração sendo criada em um caldeirão com diversos ingredientes: aumento da exposição do fracasso público, exposição antecipada à sexualização e uma sensação de que o bem-estar e o futuro econômico não serão tão bons como os da geração anterior por causa da desigualdade de renda, dos níveis crescentes de dívida, e do acesso precário a moradias confortáveis e oportunidades de emprego. Não é de admirar que nos sintamos constantemente no limite com toda essa incerteza atual e futura.

Sendo assim, como você se sente com relação aos rumos do mundo? Para muitos de nós, é comum ouvir que, hoje em dia, só precisamos lutar para ser bem-sucedidos. É assim que deve ser. As exigências desse modo de vida e o culto à ocupação significam que você conquista e carrega seus altos níveis de estresse como um distintivo de honra. Estamos todos no mesmo barco — só precisamos continuar remando e nos considerar sortudos pela oportunidade de estarmos tão ocupados.

A incerteza pode se mostrar de muitas maneiras. É uma característica cultivada no sistema operacional da vida moderna. Você não tem outra escolha senão lidar com isso. Ela aparece na existência precária de muitas pessoas ao redor do mundo, o que significa que, para elas, é árduo fazer planos que vão além de alguns dias. Às vezes, até isso parece muito tempo, preenchido por decisões difíceis sobre como gastar o pouco dinheiro que se tem e como pagar aluguel, comida, transporte e cuidar da saúde.

A vida moderna é dura. O trabalho mudou, e nossa experiência e expectativa de conseguir empregos continuam exigindo ajustes substanciais — ou até mesmo uma reconfiguração completa. A automação e a mecanização do trabalho resultaram em pessoas que perderam empregos e não sabem se algum dia voltarão a tê-los. As oportunidades de outros trabalhos acabaram, pois a concorrência se tornou ainda mais feroz do que era antes.

Agora espera-se que nos reinventemos, talvez seis ou sete vezes em uma vida útil prolongada. O emprego vitalício não é mais uma aspiração; grande parte da expectativa de se ter uma carreira desapareceu.

Trabalhar em casa também se tornou um cenário completamente diferente quando comparado com os tempos pré-pandemia. Uma coisa é poder trabalhar em casa por um dia para completar uma árdua tarefa em paz; trabalhar em casa no meio de uma pandemia — enquanto se administra uma casa e dá aulas — é outra totalmente diferente. Isso também vale para o ambiente pós-quarentena; algumas empresas voltaram à estrutura de trabalho presencial, enquanto outras mudaram para modelos híbridos. A maioria de nós tem muito pouco a dizer a respeito: só temos que nos adaptar o melhor que pudermos.

Com a intrusão e a extensão da tecnologia em nosso cotidiano, a distinção dos limites entre vida profissional e pessoal, do entretenimento e da exploração se tornaram cada vez mais turvos e difíceis de diferenciar. É possível manipular a verdade como em um jogo de xadrez de cinco dimensões, no qual seus cliques se tornam a moeda que enche os cofres de pessoas e organizações a muitas dimensões de você. Como navegar no ambiente envenenado de uma rede, cuja visão de uma comunidade de computadores conectados, projetada para unir as pessoas para se comunicarem, foi tão corrompida?

Para piorar a situação, a maré crescente de desinformação e politização das medidas de saúde pública criadas para proteger as pessoas contribuiu para um aumento da sensação de incerteza. É possível combater efetivamente o sequestro de nosso cérebro, que está servindo ao propósito dos outros?

Para muitas pessoas, a incerteza é como uma crise existencial. Todos nós temos um casulo ilusório de invulnerabilidade que nos permite seguir a vida cotidiana, apesar dos riscos que devemos correr. No entanto, em um instante esse casulo é perfurado, revelando a fragilidade da vida e as formas aparentemente fúteis pelas quais tentamos afastar a consequência inevitável: a morte. Talvez isso nos leve a repensar o propósito e o significado da vida, o que talvez seja difícil de lidar quando nos lembramos dessa vulnerabilidade todos os dias.

Diante de todo esse estresse e incerteza, não é fácil invocar a energia necessária para continuar quando essa situação não parece ter fim.

> Como viver, pagar as contas, conciliar trabalho e educação de nossos jovens, que também estão tentando se preparar para esta vida cheia de mudanças rápidas e exponenciais? Como ficar bem, mental e emocionalmente, diante da incerteza econômica contínua, das dificuldades financeiras e da ameaça iminente de pandemias, desastres e mudanças climáticas?

Como nos manter conectados uns aos outros quando há um aumento da polarização, nas notícias e na internet, que ameaça nos dividir? Como evitar ficarmos cada vez mais isolados — uma tendência real nas sociedades modernas?

Essas perguntas são o tema central deste livro.

Os princípios e orientações que ofereço aqui são baseados em evidências e podem ser aplicados em qualquer crise e situação. Não importa o quão difícil sejam suas circunstâncias pessoais; manter-se proativo em relação ao seu bem-estar psicológico o ajudará a gerenciar sua saúde mental, de modo que você preserve seu equilíbrio e sua sensação de bem-estar mesmo em meio a toda essa mudança.

A vida pode ser bagunçada, alegre; pode sacudi-lo e lhe dar um pontapé para colocar você nos trilhos. Pode ser gloriosa, dura, chata e imprevisível de maneira emocionante. A incerteza que faz parte da vida, não importa o quanto tentamos impedi-la de acontecer, significa que, embora não tenhamos certeza de como as coisas vão se desenrolar, sabemos que o trajeto será turbulento. As dicas e ferramentas que compartilho neste livro podem ser a sua barra de segurança nesta montanha-russa da vida moderna, suavizando os altos e baixos e ajudando você a apreciar a vista.

Em resumo, é possível dizer que este livro trata de *resiliência* e *flexibilidade*. Resiliência é se adaptar de maneira positiva. Flexibilidade é resistir à nossa tendência de nos tornarmos rígidos diante da mudança. Quando somos confrontados com adversidades, nós reagimos, progredimos e mudamos. É um processo, não um atributo pessoal. Resiliência significa crescer à medida que negociamos com os contratempos, superando obstáculos e aprendendo com o processo.

O problema com livros e artigos sobre resiliência é que eles explicam o que é e como você deve ser, sem ensinar as habilidades para lidar com toda a incerteza que a vida traz. Este livro tem como objetivo ajudar você a lidar com a incerteza e *se tornar* resiliente quando tudo isso acontecer ao seu redor. A obra vai ajudá-lo não apenas com as micro-habilidades que são importantes — embora haja muitos exemplos por meio dos quais você pode aprender —, mas também com os princípios que você pode usar para descobrir ferramentas úteis para usar em sua própria vida. Ideias para forjar seu próprio caminho resiliente.

    Este livro não é para ser lido apenas uma vez — é um guia para consultar diversas vezes e se orientar no desenvolvimento de habilidades. Espero que você volte para consultá-lo com frequência. Espero que ele lhe dê uma sensação de calma, uma estrutura e flexibilidade, e que você entenda a si mesmo e aos outros um pouco melhor também. Com o entendimento, vem um pouco menos de incerteza e mais previsibilidade, e você poderá usar o equilíbrio da vida a seu favor.

capítulo 1

o problema da incerteza

Seres humanos são criaturas de hábitos. Gostamos de previsibilidade e rotina, então nosso cotidiano segue um padrão familiar: trabalhamos, vamos à academia, levamos as crianças para praticarem atividades extracurriculares, jantamos, assistimos aos nossos programas de TV favoritos, dormimos.

No fim de semana, praticamos esportes ou nos reunimos para assistir a uma partida de futebol, fazemos um pouco de artesanato, conversamos com os amigos, dormimos tarde ou vamos a um culto religioso.

Buscamos nessa rotina um antídoto para a incerteza, com um aumento da previsibilidade. Temos uma profunda necessidade de saber o que vai acontecer a seguir, e se não pudermos satisfazer essa dúvida, a maioria de nós se sente mais ansiosa e desorientada.

Em tempos "normais", essa previsibilidade nos ajuda a navegar na vida cotidiana em um mar relativamente tranquilo. Com os nossos horários semanais no lugar, geralmente sabemos o que acontecerá em seguida, então tendemos a não nos preocupar muito com o que está por vir. Esse senso de continuidade dá sentido à nossa vida e nos permite acreditar que o mundo é um lugar seguro, estável e positivo — ou que, pelo menos, não é um lugar que possa nos causar danos.

O problema é que esses "tempos normais" não parecem mais tão normais, especialmente após a pandemia. Mas essa incerteza existe de diversas formas em nossa vida para além dos desafios trazidos com a Covid-19. A estabilidade no emprego e as trajetórias de carreira mudaram tanto nas últimas décadas que se tornaram irreconhecíveis até para pessoas que ainda não se aposentaram.

Algumas dessas incertezas têm um pavio mais longo, no entanto, estão explodindo agora, produzindo cada vez mais dúvidas e ansiedade. Pense em como se tornou tão caro alugar uma casa decente. E como a compra de uma casa se tornou um desafio e um privilégio, em vez de um rito de passagem pelo qual você esperava viver em algum momento da sua juventude ou maturidade. Mais e mais pessoas estão concluindo que comprar a casa própria pode estar fora de alcance por toda a vida. E essa preocupação se estende aos nossos filhos e netos também.

Até a aposentadoria está mudando tão depressa que não sabemos como será daqui a vinte anos. O planejamento financeiro para agora e para o futuro está mais complexo do que nunca, cheio de incertezas e de "e se".

Reconhecemos a incerteza como uma das principais causas de preocupação, ansiedade e estresse. Quando não sabemos o que vem a seguir, nos sentimos vulneráveis — e isso nos leva ao limite. Quando a crise chega ao topo das provações da vida cotidiana, os eventos colidem e produzem desafios extremos e repentinos, nos elevando a níveis cada vez mais altos de alerta para potenciais ameaças.

Nossa reação faz sentido quando pensamos nisso como uma ressaca evolutiva: quando surge um novo perigo, ser cauteloso, ficar em alerta máximo e estar atento ao perigo é uma maneira melhor de garantir a sobrevivência em comparação com presumir que tudo ficará bem.

Por outro lado, toda essa mudança parece um verdadeiro redemoinho, deixando você agitado, ansioso, preocupado e ainda mais assustado com o futuro. Basta comparar com nosso desejo habitual de previsibilidade e rotina; não surpreende que, para muitos de nós, a incerteza contínua seja mais difícil do que a certeza de que algo ruim definitivamente vai acontecer. Pelo menos você pode fazer planos para que a sua situação melhore. Entretanto, ficar preso na incerteza é como um limbo; e se continuar assim por um tempo, haverá consequências.

Sendo assim, como saber se toda essa incerteza está tirando você dos eixos?

Em uma crise, aguda ou prolongada, a maioria das pessoas vivencia algum sofrimento como sentimentos e emoções difíceis. Tire um momento para refletir e pensar se você ou seus entes queridos vivenciaram qualquer uma das seguintes sensações ao tentar lidar com a incerteza dos tempos modernos:

- Estresse ou sobrecarga;
- Medo, preocupação e ansiedade;
- Mau humor, tristeza e/ou falta de interesse em atividades normalmente apreciadas;
- Problemas físicos, como taquicardia, cansaço, problemas digestivos e outras sensações incomuns e desconfortáveis;
- Diminuição da libido/desejo sexual;
- Raiva, frustração e sensação de irritabilidade;
- Sensação de impotência;
- Dificuldade para dormir e se concentrar;
- Isolamento do contato social e/ou medo de estar em espaços públicos com outras pessoas.

Se você respondeu "sim" a uma ou mais dessas experiências, não está sozinho. Essas são todas as reações comuns em situações de incertezas. E só porque você está se sentindo bem hoje, não quer dizer que vai se sentir assim amanhã. Você pode passar por instabilidades emocionais ou estar em um período de estabilidade progressiva.

Também podemos vivenciar um aumento de sintomas físicos inexplicáveis após uma crise. Em algumas comunidades, as diferenças culturais ou o estigma percebido dificultam a expressão de adversidades psicológicas; assim, elas se manifestam por meio de sintomas físicos mais aceitáveis.

Tudo isso é comum e normal — estamos vivendo uma época atípica. Com ou sem uma pandemia, a vida moderna é um desafio. A notícia encorajadora é que há bons motivos para nossas emoções aparecerem, incluindo a ansiedade. Elas trazem mensagens e nos alertam para situações nas quais precisamos prestar atenção. Também nos motivam a agir. É aí que nossa ansiedade trabalha *para* nós. Mas, às vezes, trabalha *contra* nós. Em vez de nos motivar a agir, ela nos paralisa e nos faz sentir sobrecarregados ou desconectados.

Para entender como nossas emoções podem trabalhar para nós e contra nós, precisamos assimilar os três sistemas internos que regem nosso comportamento diário: o sistema de ameaças, o sistema tranquilizante e o sistema de impulso ou motivação.

O sistema de ameaças

O sistema de ameaças é o detector de fumaça do seu cérebro. Ele alerta quando o perigo é encontrado para que você se preocupe, esteja atento e tome uma atitude.

A detecção de ameaças é um processo complexo que envolve todo o cérebro e, mais especificamente, o *sistema límbico*. Ele é um conjunto de estruturas no cérebro que lida com emoções e memória. Também rege nossos comportamentos de luta, fuga e paralisia.

Uma vez ativado, o sistema de ameaças concentra sua atenção e recursos em fazer algo diante do "perigo". Ele foi concebido para salvar a sua vida, alertando sobre a necessidade de fugir imediatamente.

O sistema de ameaças liga automaticamente o seu *sistema nervoso simpático*, que age como um acelerador, preparando o seu corpo para "lutar ou fugir". Ele inunda o corpo com hormônios e aguça o seu estado de alerta e também os seus sentidos para que você veja e ouça mais claramente e entenda melhor o que está acontecendo ao seu redor.

A frequência cardíaca acelera e o fluxo sanguíneo dos processos (como digerir alimentos) é levado em direção aos músculos, para que você contra-ataque ou saia da situação perigosa. Esses processos são supostamente provisórios e duram apenas o suficiente para escapar do perigo e estar em segurança de novo. Isso explica por que gostamos de beber café e outros estimulantes, pois eles também agem como um acelerador, nos ajudando a focar no curto prazo.

Às vezes, porém, a reação de luta ou fuga leva à paralisia. Esta é uma ressaca evolutiva, porque fomos caçados por criaturas que tinham receptores de movimento extremamente sensíveis nos olhos. Ficar parado podia levar esses predadores a pensarem que não havia nada para atacar, uma vez que não detectavam qualquer movimento. Isso explica por que você vê animais congelados nos faróis ao cruzarem uma estrada.

Nesta era moderna, quando tanta coisa está mudando, a contínua imprevisibilidade e incerteza disparam seu sistema de detecção de ameaças com frequência. Esse é especialmente o caso se você está lendo muitas notícias, pensando ou se preocupando muito com os últimos acontecimentos do mundo. Quanto mais tempo você gasta consumindo informações que seu cérebro considera ameaçadoras, como canais de notícias 24 horas ou *doomscrolling*[*], mais você estimula a resposta de detecção de ameaças. Seu cérebro responde como se sua vida estivesse em risco, mesmo quando não está.

---

[*] (N. T.) Termo que designa o hábito de ler notícias ruins na internet sem parar. Do inglês, doom (desgraça) e scroll (rolar a página).

Quando seu cérebro está constantemente respondendo como se estivesse em uma situação de perigo iminente, é muito difícil fazer qualquer outra coisa. Ele está focado em ações para manter seu corpo vivo, e você simplesmente não tem o espaço mental ou os recursos necessários para a resolução criativa de problemas e o pensamento estratégico.

Essas atividades, tão cruciais em uma crise, são rebaixadas para o status de "ótima para depois que eu sobreviver a essa ameaça". Seu cérebro não se importa em onde isso vai dar; ele quer apenas tratar da ameaça — e isso cansa.

Se você permanece no modo de ameaça o tempo todo, seu cérebro cria atalhos para conseguir lidar com o estresse constante e permanecer vivo.

Você acaba repetindo esses atalhos sem qualquer controle consciente e, sendo assim, é possível que fique abaixo do ideal a longo prazo. Por exemplo, quando está com pressa de sair de casa e não encontra as chaves, você acaba procurando várias vezes nos mesmos lugares.

O sistema tranquilizante

O caminho para trazer nossa criatividade e pensamento estratégico de volta está em aprender a nos acalmar conscientemente. Se o sistema nervoso simpático age como o acelerador do seu carro, então o *sistema nervoso parassimpático* é o freio. Esse sistema tranquilizante traz o corpo de volta ao equilíbrio após uma situação estressante, diminuindo a respiração e a frequência cardíaca, retomando a atividade digestiva e relaxando os músculos.

Você pode ativar o seu sistema nervoso parassimpático fazendo atividades como a respiração profunda. Ela puxa o freio e alivia a pressão no sistema de detecção de ameaças. Este detecta que o ambiente interno está mudando e diminui os níveis de alerta. À medida que eles caem, você pode dedicar sua atenção e recursos a outras coisas além da preservação imediata da vida.

É por isso que aprender a dominar o freio é tão importante. Quando você assume o controle desse sistema, não é mais impulsionado por ameaças e ansiedade. Ao acalmar sua fisiologia por meio da respiração profunda, sua atenção é produtivamente focada em coisas que você quer fazer, em vez de ser sequestrada e monopolizada pelo seu sistema de alerta de ameaças. O que você faz não é apenas uma expressão da paz interior. Você está apaziguando ativamente seu corpo e seu cérebro.

Quando seu cérebro está procurando ameaças, ele simultaneamente satura seu corpo com hormônios do estresse que, embora sejam como uma rápida chamada à ação, também podem afetar sua saúde física, causando inflamações, alterações na resposta imune e até mesmo nas estruturas cerebrais. Tirar o cérebro do modo de ameaça, antes que ele continue assim por muito tempo, ajuda a manter o corpo em melhores condições.

As práticas de atenção plena também ajudam a reduzir a atividade da sua Rede de Modo Padrão (RMP). Essa é uma parte do seu cérebro que alimenta pensamentos autoconscientes. Sua RMP é focada internamente, portanto, ao voltar sua atenção para o que está acontecendo ao seu redor, seu papel na geração do conteúdo de seus pensamentos passa a ser menor.

Em suma, a sua autoconsciência desaparece se você puder manter o foco no aqui e agora, como na sensação de seus pés tocando o chão enquanto caminha.

Portanto, vire a chave da sua RMP e preste atenção ao que você pode sentir para além de si, tornando a atenção plena uma parte regular do seu dia.

Com a prática regular, a atenção plena ajudará você a se sentir cada vez mais calmo, mais presente e mais conectado ao mundo ao seu redor.

> ### Um exercício de respiração consciente
>
> Uma das maneiras mais eficazes de puxar o freio de seus sistemas internos é por meio da respiração consciente. O objetivo é parar de tentar viver no futuro, e voltar para o presente. Os princípios da atenção plena são simples — pare, se acalme, descanse, observe —, mas os resultados podem ser profundos.
> - Pare um instante. Encontre um lugar sossegado. Respire;
> - Olhe pela janela. O que você nota? Consegue ver árvores? Consegue ouvir o trânsito ou os pássaros cantando?
> - Agora perceba a temperatura do ar em seu rosto;
> - Sinta seus pés pressionando o chão;
> - Tire um momento e respire. O que você nota agora? O que pode ouvir ou tocar? O que mais consegue sentir?
> - Volte a pensar no que acabou de acontecer.

Isso também lhe dará um descanso das suas preocupações e ajudará a colocá-las em perspectiva. Você pode fazer isso rapidamente e sem chamar a atenção. Tente ajustar um lembrete em seu telefone para fazer pelo menos dez respirações conscientes a cada hora.

> ### Um aviso: meditação consciente sem consciência
>
> Neste livro, meu foco é utilizar a respiração para acalmar você; para a maioria das pessoas, esse método pode ser usado livremente. No entanto, se você está passando por um transtorno psiquiátrico grave ou está sofrendo de ideação suicida, é aconselhável proceder com mais cuidado com técnicas de respiração e meditação consciente. Procure ajuda profissional se achar necessário.

O sistema de impulso ou motivação

O terceiro sistema é o de impulso ou motivação. Uma vez que conseguir usar o acelerador e o freio de maneira mais suave, você precisa saber para onde vai, certo?

No entanto, e se o seu destino de vida parecer completamente diferente do lugar para onde você estava indo antes de a paisagem da sua vida mudar? Você pode pensar que precisa de algo como um GPS no cérebro para orientar o seu comportamento, mas pode se confundir se ele perder o sinal, ou não estiver atualizado, quando o terreno do mundo ao seu redor mudar nestes tempos imprevisíveis.

Na verdade, você necessita de algo mais básico: uma bússola. E a bússola que mais vai ajudá-lo a dirigir por estradas difíceis e territórios desconhecidos é o seu *sistema de valores*.

Falaremos mais sobre seus valores e como você pode defini-los no capítulo 15 "Encontrando sua bússola interior em um mundo incerto". Por ora, saiba que seu sistema de impulso ou motivação não consegue se expressar completamente quando sua mão está puxando o freio. Ao girar constantemente o motor, tentando cada vez mais escapar de uma ameaça, você não consegue viver alinhado a seus valores ou chegar aonde realmente quer ir.

Por isso, é tão importante aprender a ativar intencionalmente seu sistema tranquilizante. Quando você consegue escolher puxar o freio de forma consciente, é possível tirar seu corpo da ameaça e voltar a um equilíbrio. Isso permite que seu sistema de impulso entre em ação, para que você retome um pouco do controle sobre a direção e avance rumo àquilo que realmente importa.

O antídoto para a incerteza

Curiosamente, o oposto da incerteza não é ter certeza. É estar presente, aqui, agora. A incerteza é a ansiedade sobre o futuro. Diminuir essa necessidade de saber o que acontecerá só é possível quando passamos mais tempo presente, no aqui e agora. Isso não significa que a incerteza vai embora, mas, sim, que somos menos dominados pela nossa ânsia de saber o que vai acontecer no futuro, porque estamos focados na experiência que estamos tendo no momento.

Quando sua mente curiosa está atenta ao que acontece no agora — como você se sente, o que seu corpo está vivenciando —, você se sente muito menos perturbado com preocupações sobre o futuro. Enquanto é consumida pelas experiências sensoriais e emocionais de estar aqui, agora, sua mente está muito menos focada em um futuro imaginário.

Logo, o antídoto para a incerteza é a direção consciente da nossa atenção. Isso significa aprender a influenciar nossos três sistemas internos para viver bem, proteger nosso bem-estar e continuar a encontrar alegria e satisfação mesmo quando não sabemos o que nos espera. Quando aprendemos a desacelerar nosso sistema de ameaças, não estamos mais à mercê de preocupação e incerteza, e não temos que agir como se nossa vida estivesse constantemente em perigo. Assim, prestamos atenção a uma estrutura mais ampla da vida, o que também reduz nossa ansiedade.

> À medida que acionamos conscientemente nosso sistema tranquilizante e prestamos atenção ao que estamos fazendo, acessamos as facetas mais criativas e estratégicas de nossa mente para encontrar novas soluções — as quais não temos a capacidade de gerar quando estamos assustados e dominados pela incerteza.

Conforme começamos a recuperar o controle, ativamos nosso sistema de impulso, encontramos nossa motivação e direção, e desenvolvemos as habilidades para viver bem ao lado da incerteza. A esperança retorna e criamos possibilidades futuras que não nos enchem automaticamente de pavor existencial.

Quando conseguimos aprender a controlar bem nossos sistemas internos, nesse momento há outros dois importantes fatores que entram em jogo: *estrutura* e *empatia*. A estrutura — como rotina, regras ou diretrizes — nos ajuda a gerenciar a incerteza, enquanto a empatia — a capacidade de entender e tolerar o que as pessoas estão sentindo, incluindo nós mesmos — nos ajuda a aceitar e nos adaptar à estrutura, ou a suavizar o caminho quando esta sozinha não é suficiente.

A literatura psicológica, assim como a minha experiência pessoal de apoio às pessoas em períodos agudos e prolongados de crise, me ensinaram que é preciso um equilíbrio de ambos para nos mantermos bem e, assim, conseguirmos ter um bom desempenho em ambientes incertos.

Às vezes precisamos de ajuda externa para nos guiar por esses ambientes. Governos, líderes e organizações podem nos ajudar a atravessar tempos difíceis, fornecendo estruturas simples que nos auxiliem a navegar pela realidade diária e oferecendo essas estruturas com empatia pelas experiências das pessoas. Vamos nos aprofundar na estrutura e empatia, e em como elas podem ajudar você a viver bem com a incerteza, nos próximos capítulos.

Ao longo deste livro, você encontrará ferramentas e técnicas para influenciar seus três sistemas internos de ameaça, calma e impulso, para navegar em águas mais tranquilas, não importa o que aconteça.

Isso não quer dizer que seja fácil. É preciso consistência, prática e flexibilidade para usufruir totalmente dos benefícios. Mas em uma época tão fora de nosso controle, essas ferramentas ajudarão você a se manter no caminho.

> Quanto melhor você se torna em gerenciar seu estado interno, maiores as chances de que irá não só sobreviver, mas também prosperar diante de quaisquer desafios que este mundo moderno e incerto possa impor.

Em seguida, vamos aprender a dominar o seu freio para encontrar calma; e depois olhar para a estrutura e empatia a fim de consolidar e manter a calma alcançada.

> Como acalmar seu modo de ameaça
>
> · Adicione estrutura à sua rotina — seres humanos anseiam por previsibilidade;
> · Faça da atenção plena uma parte regular do seu dia;
> · Controle intencionalmente o seu sistema tranquilizante por meio do foco e da respiração profunda;
> · Seja empático — ser gentil consigo mesmo e com os outros vai ajudar você a manter a calma e ficar bem;
> · Peça ajuda quando for necessário.

capítulo 2

dominando o seu freio

Medo do futuro

Mudanças climáticas, moradias caras, empregos precários que nos fazem sentir que precisamos estar sempre disponíveis, redes sociais tóxicas, escritórios de plano aberto, crises globais como quedas no mercado de ações e pandemias: quando olhamos para o que o futuro nos reserva, sentimos os níveis de ansiedade subirem. Parte dessa ansiedade decorre de um sentimento de que grande parcela da rotina está fora do nosso controle. Não podemos sequer fazer planos a longo prazo ou tirar alguns dias de descanso.

Pare por um minuto e preste atenção ao que você está sentindo neste momento. Como está o seu humor? Você se vê entre altos e baixos? Ou se sente muito para baixo o tempo todo?

Todo esse medo e ansiedade sobre o futuro pode nos colocar no modo de luta ou fuga. Sentimos falta de ar ou o coração acelerado. É como se o acelerador de ansiedade em nosso corpo estivesse no máximo enquanto cantamos pneu no estacionamento.

Não importa como você esteja se sentindo, saiba que é normal se sentir um pouco golpeado em épocas de incerteza. O início da terceira década do século XXI trouxe um período prolongado de mudanças e reajustes — e ainda há mais incerteza por vir. Você seria praticamente um super-herói se não estivesse sentindo uma tensão mental.

A pergunta é: como você está lidando com ela?

Cada um responde de forma diferente a uma crise. A essa altura é inevitável que você já tenha vivenciado ou testemunhado algumas estratégias que podem não ser as ideais para enfrentar os problemas.

Sendo assim, como enfrentá-las? Lidar tem tudo a ver com responder de forma eficaz aos problemas e desafios. Quando você lida bem, está respondendo a uma ameaça de modo que minimiza o impacto prejudicial dela. Nós podemos escolher diferentes estratégias, e elas tendem a se encaixar em duas categorias diferentes: *estratégias focadas no problema* e *estratégias focadas na emoção*.

As estratégias focadas no problema estão relacionadas ao engajamento ativo com o mundo exterior, a fim de lidar com a ameaça. Isso significa fazer planos, obter mais informações ou enfrentar a ameaça (ou o adversário). A estratégia focada na emoção é, por sua vez, direcionada ao nosso interior. Trata-se de tentar mudar a forma como respondemos emocionalmente a eventos estressantes, em vez de tentar fazer algo sobre o evento em si.

Estratégias eficazes focadas na emoção incluem meditação, bom humor e a tentativa de ver o lado positivo em eventos terríveis. Estratégias menos eficazes, por sua vez, incluem negação, distração e uso de substâncias. Embora possam funcionar a curto prazo, elas não abordam a causa real do evento nem evitam seus efeitos a longo prazo. Isso não quer dizer que estratégias focadas no problema sejam melhores do que as focadas em emoção, ou vice-versa. Ambas podem ser eficazes para desafios diferentes. A estratégia focada em problemas — como passar mais tempo estudando se você tiver uma prova, ou sair mais cedo do que o normal para uma reunião importante — será útil. Mas se você está sobrecarregado pela ansiedade por causa da prova ou da reunião, talvez primeiro precise se concentrar em conseguir administrar isso internamente.

Estratégias focadas no problema funcionam melhor quando podemos controlá-lo. Mas, quando temos um obstáculo intransponível ou inalterável, é melhor ajustar nossa resposta a estratégias focadas na emoção; caso contrário, ficaremos quebrando a cabeça por algo sobre o qual temos pouco controle.

O primeiro passo é entender como obter controle consciente sobre o sistema de gestão de ameaças, que determina nossa resposta inicial de enfrentamento — e que nos mantém vivos. Só assim podemos controlar conscientemente qual estratégia de enfrentamento iremos usar para ter melhor controle sobre nós mesmos e para enfrentar os desafios futuros.

Este capítulo trata de dominar o freio, para que o nosso sistema de sobrevivência primordial não tome todas as decisões. Porque, embora o mantenha vivo, ele não ajuda você a se adaptar de modo que volte a viver, apesar da ameaça.

Distração e dissociação

Imagine esta cena: enquanto você assiste às notícias de tiroteios em seu bairro, seu sistema de gestão de ameaças assume a parte mais lenta e "racional" do seu cérebro, gritando para você parar de se concentrar em tarefas normais do dia a dia (como o trabalho) e lidar com o básico: fugir da ameaça e encontrar um lugar seguro para se abrigar (tanto física quanto mentalmente). Tenho certeza de que você terá reações semelhantes quando outros eventos inesperados acontecerem — se o seu carro quebrar, seu relacionamento terminar de repente, de uma forma traumática, ou até mesmo se você perder o emprego.

Algumas dessas respostas não são necessariamente ruins. No entanto, existem outras maneiras de responder ao cérebro em ameaça. Se estiver sentindo ansiedade aguda, a *distração* vai ajudá-lo a lidar com a situação a curto prazo. Assistir a uma sequência dos vídeos mais engraçados de gatinhos é provavelmente uma ótima maneira de tirar sua mente da ameaça e acalmá-la. Mas também é possível se distrair demais quando os tempos são desafiadores. Quando consome de forma doentia coisas que o animam — seja televisão, jogos, comida reconfortante ou sono —, você está sendo esquivo, e certamente não quer que essa seja sua estratégia para lidar com momentos difíceis.

Há uma outra reação, chamada *dissociação*, sobre a qual nós temos menos controle; mas estar ciente dela nos ajuda a encontrar maneiras mais úteis para lidar a longo prazo, quando a situação for mais segura. Dissociar-se significa estar desconectado ou isolado do presente. É uma forma automática de enfrentamento que evita pensamentos negativos ou uma situação potencialmente traumática.

> Respiração diafragmática
>
> Quando sentir a sua ansiedade aumentar, pise no freio com uma respiração focada na barriga.
> · Programe o cronômetro por sessenta segundos e inspire e expire pelo nariz, contando cada respiração;
> · Respire fundo, não muito rápido nem muito devagar. Faça no seu ritmo normal, inflando e esvaziando a barriga a cada vez;
> · Feche os olhos ou olhe para o chão enquanto respira.
>
> Ponha este livro de lado agora e experimente.
> Quantas respirações você controlou em sessenta segundos? Não há resposta certa, mas, assim que souber quantas respirações você faz, nem precisará de um cronômetro. Você pode usar essa técnica sempre que sentir que precisa desacelerar um pouco, ou quando quiser se sentir menos instável e ansioso. O melhor é que leva apenas sessenta segundos para mudar o que está acontecendo em seu corpo e passar de acelerar para desacelerar.

Isso pode ser útil em um momento de estresse agudo, porque permite a você fazer o necessário para ajudar a si mesmo e aos outros. Quando um filho se machuca e grita de dor, muitos pais acham que, em vez de entrar em colapso em meio ao susto e às lágrimas, é melhor ficarem calmos e fazer o necessário para tratar a lesão. Essa é a dissociação operando como um mecanismo de proteção para ajudar você a passar por esse momento.

Portanto, ela funciona para nos ajudar a superar o curto prazo; mas se é algo que fazemos o tempo todo, pode nos afastar do mundo, nos deixando desconectados e desamparados. A dor de outras pessoas parece difícil de suportar, e isso nos desencoraja a ajudá-las — pois parece muito desafiador. Quando as coisas voltam ao normal, a recuperação também é mais difícil.

É muito provável que você nem sempre se sinta assim; então, como pode encontrar o caminho de volta para uma experiência de vida mais completa e engajada? Punir-se e dizer a si mesmo para sair dessa e se manter firme é provavelmente ineficaz. Aumenta a sensação de vergonha e culpa, fazendo você se sentir estressado e ainda mais ansioso. A vida moderna está cheia de mensagens subliminares que nos dizem que quanto mais rápido, melhor. No entanto, para diminuir o nosso modo de ameaça, precisamos do oposto: calma, silêncio e prática de atenção plena.

Investir regularmente trinta minutos em atenção plena eficaz será muito melhor para sua produtividade a longo prazo do que horas intermináveis rolando o *feed* das redes sociais e lutando para se concentrar nas coisas que você deveria estar fazendo.

Precisamos falar sobre decepção

Até agora, é inevitável que você tenha vivenciado decepções e contratempos em resposta aos desafios da vida. A decepção dói; às vezes um pouco, às vezes muito. Pode deixar você mal por dias. Aprender a lidar com a decepção de maneira mais útil talvez mostre que ela não vai durar para sempre e é muito menos dolorosa também.

As etapas a seguir vão ajudá-lo a lidar com a decepção de uma maneira saudável:

1. **Reconheça que a decepção é uma parte normal da vida.** Agir fora da sua zona de conforto talvez aumente a possibilidade de decepção — e em tempos de incerteza, praticamente tudo está fora da sua zona de conforto, pelo menos parte do tempo. Os contratempos que levam à decepção são uma parte diária da vida. A decepção dói, e reconhecer isso não é um problema. Basta lembrar-se de que você é capaz de viver com ela.

2. **Adote uma perspectiva mais ampla.** Uma das maneiras mais poderosas de lidar com a sua decepção é colocá-la para fora. Ao discutir a situação com um amigo próximo ou um ente querido, você tem a chance de vê-la de outra perspectiva.

    Ter uma compreensão mais saudável e mais ampla é um passo vital para processar sua decepção e seguir em frente. A chave é *estar aberto* para ouvir essa nova perspectiva em vez de procurar uma oportunidade para alimentar sua decepção (algo que todos somos capazes de fazer quando estamos sozinhos).

    Peça ao seu ente querido não para simplesmente concordar com você, mas para apresentar outra perspectiva sobre a situação. Juntos, vocês podem criar um plano de ação para seguir em frente. Essa conversa irá ajudar você a colocar os pés no chão e resistir à tentação de fazer tempestade em um copo d'água.

3. **Escape da armadilha da comparação.** "A comparação é a ladra da alegria", disse Theodore Roosevelt. Comparar a sua vida com a de outras pessoas ou pensar em como seria sua vida em outra cidade ou país pode, facilmente, deixar você mal, insatisfeito com os seus esforços e consigo mesmo.

    A comparação com os outros é uma armadilha destrutiva. Observe quando estiver se comparando com os outros e *foque no seu próprio avanço* — compare como você está agora com como você estava na última semana, mês ou ano e *aprecie o que você conquistou*. Pode não parecer muito, mas lembre-se de que neste mundo incerto é provável que seja um progresso.

Sempre haverá pessoas fazendo coisas de forma diferente e compartilhando o melhor delas nas redes sociais. Lembre-se: as redes sociais são uma vitrine. Você só vê o que as pessoas querem; elas nunca mostram as cuecas espalhadas pelo chão em meio às caixas de pizza de cinco dias atrás. Esteja ciente da sua própria armadilha de comparação, mas use essa tendência natural de maneira positiva para celebrar o seu próprio progresso.

4. **Mude o foco do que você não tem para o que tem.** Praticar a gratidão nos auxilia a focar no que temos em vez do que nos falta. Aproveitar a gratidão vai ajudá-lo a ver as coisas de forma diferente e evitar que uma decepção sobrecarregue você e o tire dos eixos durante o dia ou a semana.

Potes da gratidão

Pegue dois potes. Nomeie um como "Gratidão" e o outro como "Desejos adiados". Seja qual for a fonte de sua incerteza e estresse, praticar a gratidão é uma maneira realmente eficaz de trazer você de volta ao aqui e agora. Todos os dias, pegue um pedaço de papel e escreva uma lista de coisas pelas quais você é grato. Pode ser qualquer coisa, incluindo — ou principalmente — aquelas fundamentais que deixamos passar batido, como alimentação, saneamento básico, uma xícara de chá quente, a brisa fresca ou o sorriso de um ente querido. Escreva a data (isso é importante) e coloque o papel no pote "Gratidão". Se você quiser, convide todos em sua casa para contribuir.

> Praticar a gratidão pode parecer um pouco forçado no início, mas esse estado mental se fortalece com a prática.
>
> O pote "Desejos adiados" é para todas as coisas que você gostaria de fazer, mas que simplesmente não são possíveis agora — porque você está ocupado, não tem os recursos financeiros ou cuida do seu filho em tempo integral e é difícil ficar sozinho. Quaisquer que sejam as barreiras, não desista desses desejos; apenas os deposite nesse pote por enquanto. Essa viagem dos sonhos no exterior pode ter de esperar um pouco mais, mas você também pode escrever coisas simples, como encontrar seu melhor amigo para um café ou ir a um show. Anote todos eles e aguarde, com a expectativa de realizá-los em breve. Quando decidir abrir os potes em algumas semanas, será interessante refletir sobre o que escreveu. As datas vão ajudá-lo a compreender como a sua gratidão e os seus desejos mudaram. O que era importante há algumas semanas pode não parecer mais tão importante agora. Assim, você também reconhecerá padrões distintos.
>
> O pote "Desejos adiados" será como um baú do tesouro com coisas para fazer quando sua situação mudar. Guarde-os e faça planos para torná-los realidade. A vida moderna costuma gerar cada vez mais bolas de neve, mas também é importante nutrir nossos sonhos para que possamos vivê-los quando for a hora certa.

Lidando com a frustração

Frustração, irritação (consigo mesmo e com os outros) e angústia são experiências comuns quando estamos sob estresse crônico e parecemos estar sem saída. Quando seus hormônios de estresse estão funcionando continuamente, já que o seu sistema de ameaças está ativo, é difícil ver as coisas como elas são. A frustração pode afetar a sua vida de muitas maneiras. Você se sente irritado, é rude com seus entes queridos ou tem sonhos e pesadelos estranhos. Algumas pesquisas sugerem que quando as pessoas vivenciam uma frustração durante o dia, tendem a ter sonhos mais assustadores à noite. É como se a mente tentasse lidar com experiências que achamos psicologicamente perturbadoras quando estamos acordados. Adicione sono perturbado, falta de estímulo e contato social reduzido e note que é fácil acabar em um ciclo bastante prejudicial. Quando isso acontece, é natural que você busque algum alívio para a frustração.

Saiba que homens e mulheres costumam demonstrar raiva e frustração de maneiras diferentes. Ambos as sentem, mas os homens geralmente aceitam e acolhem os sentimentos, usando-os em seu benefício. Em contraste, as mulheres tendem a ver a raiva e a frustração como contraproducentes, e muitas vezes camuflam essas emoções por causa das expectativas sociais de comportamento.

Aqui estão quatro dicas para ajudá-lo a lidar com a sua frustração, para que você se acalme e mantenha a si mesmo e aos outros em segurança.

1. **Respire fundo.** Você pode reparar que está respirando superficialmente, ou que até mesmo segura a respiração por conta dessas emoções. É difícil pensar com clareza quando falta oxigênio no seu corpo. Respirar fundo algumas vezes ajuda a diminuir a frequência cardíaca e reduzir a pressão arterial. É provável que o sentimento de frustração e raiva comece a amenizar, e logo você estará no caminho para restaurar a calma;

2. **Remova o "ruído" e simplifique.** Quando você achar que as coisas estão difíceis, descubra o que é fundamental e remova todo o resto. Muitas vezes caímos na armadilha de tentar fazer várias tarefas. A multitarefa desencadeia certos sistemas de recompensa em nosso cérebro que fazem com que pareçamos heróis superdotados; na verdade, ela fragmenta nossa atenção, e isso significa que não apenas fazemos as coisas de maneira menos eficiente, como também ficamos mais estressados e

irritados no processo. Remover distrações para que você realize uma única tarefa provavelmente será uma experiência melhor e menos frustrante. Simplifique sempre que puder para reduzir o risco de sobrecarga.
3. **Registre as suas vitórias.** Quando uma situação difícil se arrasta, é fácil perder a noção do que está dando certo. Mantenha um diário de suas vitórias, atualize-o e certifique-se de relê-lo semanalmente. Quando você tiver um momento de felicidade, como uma tarde brincando com os seus filhos ou uma boa conversa com um amigo ou ente querido, escreva. Ao reler seus registros no fim da semana, você se surpreenderá pelo quanto conseguiu fazer e por quantas coisas boas aconteceram.
4. **Lembre-se de que isso passará.** Emoções como raiva e frustração não devem ser experiências constantes. Assim como o clima, as emoções mudam. Ao reconhecer que elas são transitórias, você retoma o controle e diminui o poder delas sobre você. Imagine-se em épocas melhores e lembre que a frustração que sentiu quando as coisas não deram certo não durou muito. Ou você superou, ou elas não tiveram um impacto permanente.

Mandando embora a aflição e prostração

O que fazer quando você percebe que está imerso em aflição e prostração? Tudo começou com um pensamento negativo e sua mente foi piorando, deixando você ansioso, mal-humorado e deprimido.

Esta é uma resposta normal a uma situação estressante, pois o cérebro humano é geneticamente programado para detectar a informação negativa de maneira mais rápida do que a positiva. Nossos antepassados descobriram que se perdessem uma boa oportunidade, provavelmente haveria outra em breve. Mas deixar passar um perigo poderia ter consequências muito piores: talvez eles não vissem o próximo perigo ou oportunidade. Porque, bem... eles poderiam estar mortos.

Essa resposta inata do cérebro é conhecida como "viés da negatividade". Enraizada na amígdala e no sistema límbico, essa habilidade de estar extremamente consciente das possibilidades negativas ao nosso redor nos ajudou a evitar perigos e, assim, nos manter vivos.

No entanto, em tempos modernos, a sobrecarga dessa habilidade de enxergar o lado negativo pode nos fazer reagir a um e-mail ou a uma conversa difícil como se nossa vida estivesse em risco. Ela deixa a mente concentrada de tal maneira que só conseguimos ver o e-mail ou a conversa, fazendo aumentar os níveis de hormônios do estresse e nos impossibilitando de ver além. Nós focalizamos a ameaça com uma mira laser.

Infelizmente, somos programados para ficar obcecados com o que é negativo. Nossa mente é como um ímã, ele se aproxima e nosso cérebro o detecta. E é como o repelente para experiências positivas dizendo para não prestar atenção, pois outra oportunidade surgirá.

Sendo assim, como podemos mudar o viés da negatividade para não afundar em aflição e prostração?

É fundamental entendermos que os hábitos cerebrais são como o plástico: firmes o suficiente para resistir às pressões do dia a dia, mas maleáveis para serem remodelados, em resposta aos esforços sistemáticos de mudança, com uma técnica conhecida como Perceba-Mude-Reajuste[1]. Eu a adaptei para contar a você como usá-la:

1. **Perceba as tendências negativas do seu cérebro.** Não é sua culpa — seu cérebro foi construído assim —, e elas ajudam você a se tornar mais consciente da configuração padrão da sua mente. Perceba quando ela está ansiosa, com medo ou ruminando. Observe como sua mente pula direto para os piores cenários possíveis;
2. **Observe as tendências da sua mente.** Isso permite a você parar e deslocar sua atenção para algo diferente. Gastando alguns segundos para pensar em algo mais positivo, você começa a lançar bases para reajustar a sua resposta padrão. Uma maneira

infalível de pular para o positivo é pensar em algo pelo qual você é grato — seja sua saúde, família ou suas qualidades;
3. **Reajuste e aprecie.** É aqui que o trabalho de reajuste de fato acontece. Durante quinze segundos, reflita sobre a gratidão na qual você acabou de pensar. Ao relembrar e apreciar intensamente essas experiências positivas, começamos a fixar a positividade no cerne da resposta a situações difíceis. Começamos a sair da forma rápida de ver a positividade e mudamos a resposta mental para apreciar o que há de bom na vida. Viramos nossa evoluída fiação neural de cabeça para baixo ao levar alguns segundos para codificar memórias mais profundas sobre coisas boas acontecendo em nossa vida.

Como livrar-se da decepção, frustração, aflição e prostração

· Converse com um amigo sobre suas decepções; isso pode trazer uma nova perspectiva;
· Pratique a gratidão — seja grato pelo que você tem em vez de focar o que não tem;
· Não se compare com os outros, principalmente com o que você vê nas redes sociais;
· Pare de ser multitarefa — focar uma coisa de cada vez vai aliviar o seu estresse;
· Observe quando sua mente focar os piores cenários possíveis; mude seu foco para algo pelo qual você é grato e reajuste seu viés da negatividade focando suas experiências positivas.

capítulo 3

estrutura

Em um mundo incerto, ou quando a crise golpeia, as pessoas buscam estrutura. Mesmo os menores elementos da estrutura são capazes de restaurar o sentido da ordem, da previsibilidade e da segurança de nosso mundo. Isso nos dá algo para nos agarrarmos e nos ajuda a sentir que temos um pouco de controle, mesmo que o mundo tenha virado de cabeça para baixo.

Podemos criar uma estrutura para uma rotina saudável e com limites. Quando tudo ao nosso redor é incerto e nos faz sentir medo, é possível organizar nossa vida para garantir que tenhamos atitudes que nos façam bem e que não nos exponhamos a coisas que nos deixem piores do que estamos. A estrutura age também como um recipiente, auxiliando a impor limites sobre a ansiedade para que ela não transborde e inunde o nosso dia. Dessa forma, usamos nosso tempo de modo intencional, e assim somos capazes de avaliar se estamos vivendo alinhados com nossos valores; além disso, mantemos o equilíbrio mesmo quando estamos preocupados ou nos sentindo mal.

Às vezes as circunstâncias são tão desafiadoras que, ou não podemos criar nossa própria estrutura, ou parece difícil pensar em algo que nos mantenha focados. Nesse momento, observar os outros é útil. É possível buscar orientação nas pessoas ao nosso redor para nos ajudar a construir uma rotina realista — que nos permita fazer as coisas —, capaz de controlar nossa ansiedade, e reconstruir a vida para manter quem amamos seguros, com saúde, moradia e estabilidade financeira.

Para conseguirmos atravessar uma crise, devemos trabalhar ao lado de nossos entes queridos e nossa comunidade, mas também precisamos de uma liderança transparente do governo e de outras autoridades.

No mundo todo, as pessoas vivem em sociedades nas quais há um contrato social com seus governos. Este é um acordo no qual elas juntam seus recursos para cooperar em prol de benefícios sociais — por exemplo, ao pagar impostos para ajudar os mais necessitados.

E isso, de fato, beneficia a maioria de nós em algum momento — é provável que você tenha motivos para ser grato pela ajuda do governo de alguma maneira, direta ou indiretamente, como pela conservação das estradas, pelos esgotos funcionando como deveriam ou pela assistência financeira que você recebeu quando perdeu o emprego.

Criando uma estrutura cotidiana

Como colocar em prática estruturas cotidianas para manter seu bem-estar individual em tempos incertos? O primeiro passo é garantir que suas necessidades básicas estejam supridas.

Há determinadas coisas das quais você necessita para sobreviver, como dinheiro, alimento, moradia e acesso à informação de qualidade. É importante pedir ajuda se elas estiverem em falta. Muitos governos têm programas de apoio específicos para empresas e indivíduos caso você esteja com dificuldades para conseguir o que precisa. Descubra o que está disponível e se está apto a receber. Os canais de contato (como sites e apps) dos governos estadual e federal podem ser um bom ponto de partida; você também pode procurar a assistência social local para orientações.

O próximo passo é cuidar da sua saúde. É fácil cair na armadilha de subestimar o quão importante é a manutenção básica dela. Quando nos preocupamos incessantemente com o que o futuro pode trazer, é difícil encontrar o descanso de que precisamos por meio do sono. Entramos, então, em um círculo vicioso para tentar manter nosso estado de alerta e vigilância para o perigo bebendo muito café (e outras bebidas com cafeína), o que só ajuda a nos deixar ainda mais ansiosos se não tomarmos cuidado com a quantidade consumida (veja a seção sobre cafeína no capítulo 13 "Manutenção básica"). E quando não estamos prestando atenção no aqui e agora, é muito difícil acompanhar o que e o quanto estamos bebendo e comendo. Acabamos pegando atalhos ao fazer refeições não tão nutritivas — assim não funcionaremos de forma ideal e já podemos nos preparar para futuros problemas de saúde, como diabetes tipo 2 e dificuldades para controlar o peso. Também nos tornamos mais sedentários ao perder a motivação para nos exercitar, ou mesmo dar uma simples volta pela vizinhança.

Enquanto ficamos presos, focados na incerteza e nos perigos sobre os quais nossa mente nos alerta, perdemos noção da importância que nosso corpo tem.

Uma das melhores coisas que podemos fazer por nossa saúde mental e física é nos deslocar da mente para o corpo, principalmente usando nossos sentidos e nos tornando mais sintonizados com o ritmo básico da vida: a respiração. Você aprenderá mais sobre a respiração e o quão importante ela é como um antídoto para a incerteza mais adiante neste capítulo.

O terceiro passo é: pense na sua *rotina*. O trabalho é uma parte imensa da vida moderna e é uma fonte significativa de incertezas. Mesmo que você tenha um emprego agora, provavelmente está entre as inúmeras pessoas que perderam, arranjaram um trabalho ou mudaram de ramo nos últimos anos. A mobilidade profissional está maior do que nunca, à medida que atravessamos a pandemia; esse fenômeno foi chamado pelo professor Anthony Klotz de "A grande renúncia". Significa que a maneira como trabalhávamos antes da pandemia não é mais a mesma exigida agora. Embora algumas dessas mudanças já tenham sido semeadas, a pandemia acelerou o crescimento dessas novas formas de trabalho. Escritórios híbridos e modelos remotos ou home office disparam enquanto as empresas e seus funcionários tentam escapar da incerteza.

Se você estiver trabalhando remotamente — ou tentando dar conta de outras prioridades, como cuidar dos filhos que estão estudando em casa —, talvez seja necessário impor estruturas para assegurar o cumprimento das tarefas mais importantes. Lembre-se que será menos angustiante implementar essa estrutura com empatia — ou seja, sendo realista em suas expectativas e gentil consigo mesmo quando tiver um dia difícil. Isso será abordado no capítulo 12 "Apoiando as gerações mais novas".

Como trabalhar em casa

Se você tem a sorte de estar em um trabalho flexível, é possível que já tenha trabalhado em casa alguma vez. Independentemente de você ser experiente ou novato nesse assunto, trabalhar em casa provavelmente faz (ou fará) parte de sua vida durante algum tempo.

Para muitos de nós, o trabalho remoto era uma situação temporária. Talvez você não tivesse nenhuma reunião presencial naquele dia, então não foi ao escritório. Talvez você precisasse de um período sem interrupções constantes de colegas de trabalho, então levou seu notebook para casa e trabalhou na mesa da cozinha por um dia.

Em períodos normais, trabalhar em casa representa uma mudança significativa na rotina e no ritmo usual do trabalho. Isso é muito eficaz de vez em quando, principalmente porque é diferente do normal. Você ainda tem sua estrutura diária habitual, transferida para um ambiente distinto, e pode colaborar com seus colegas para ajustar o fluxo de trabalho durante a sua ausência.

Desde que a pandemia de Covid-19 começou, muitas empresas têm pessoas trabalhando fora dos escritórios o tempo todo. É o que chamamos de trabalho remoto — e isso requer um conjunto muito diferente de habilidades e recursos. Supondo que você tenha o espaço para tal, as vantagens do escritório em casa são incríveis; mas também podem trazer grandes distrações, especialmente se há outras pessoas ou crianças pequenas ao redor.

Trabalhar em casa dia após dia requer um comportamento independente e habilidades de gerenciamento de tempo em nível ninja. Para que dê certo, você precisa de estrutura, além de uma compreensão coletiva das expectativas e do que vai funcionar bem tanto para a empresa quanto para o funcionário. Aqui estão algumas dicas para começar.

1. **Faça algo antes de trabalhar.** Antes de começar a malhar, você se alonga e aquece o corpo. Certo, eu sei que você não faz isso, mas deveria, caso contrário não terá um bom rendimento e pode se machucar. Isso também vale para o trabalho. Comece o dia aquecendo seu cérebro com uma tarefa que não seja o trabalho. Dê uma volta, ouça um podcast ou se exercite. Não, verificar seu e-mail não conta, porque isso faz sua mente entrar no modo de trabalho (mesmo que não sejam e-mails de trabalho). É melhor ficar longe de qualquer interface que sinalize ao seu cérebro que o trabalho está prestes a começar;

2. **Divida o seu tempo em blocos.** Uma das melhores coisas do trabalho remoto é que você não precisa entrar às oito da manhã e sair às cinco da tarde. Uma das piores coisas do trabalho remoto é que você não precisa entrar às oito da manhã e sair às cinco da tarde — e há muitas distrações disputando sua atenção. Se não tiver cuidado, o tempo passará voando, e você acabará ficando acordado até tarde só para cumprir suas tarefas

regulares. Divida seu tempo em blocos e dê uma finalidade a cada um: e-mail, escrita, pesquisa ou reuniões. Assim será mais fácil controlar o seu fluxo de trabalho, dar conta das interrupções quando elas aparecerem e voltar às tarefas quando for necessário. Tente dividir seu tempo em blocos de 25 minutos de foco seguidos de pausas de cinco minutos. Você pode fazer da seguinte maneira: defina um alarme, livre-se de todas as distrações (limite o acesso às redes sociais e feche todos os navegadores e aplicativos desnecessários em seu computador) e se concentre completamente em apenas uma tarefa por 25 minutos. Em seguida, tire uma pausa de cinco minutos e faça algo completamente diferente, como dar uma volta pela casa, olhar a rua pela janela ou ouvir sua música favorita. Para muitas pessoas, essa é uma maneira útil de concentrar sua atividade de trabalho em blocos altamente produtivos, seguidos de uma pausa rápida na qual podem se levantar, esticar as pernas, passar um café ou ligar a máquina de lavar. Você se surpreenderá com o quanto é capaz de fazer quando passa 25 minutos focado. Pode até ser uma maneira de lidar com uma tarefa que você adiou por muito tempo, pois muitas vezes tememos que ela levará uma eternidade e não podemos nos dar ao luxo de ficar presos ali. Uma vez que você define um limite de tempo de 25 minutos para ao menos começar, não parece tão pesado. Eu uso essa técnica para controlar minha escrita, o tempo todo;

3. **Desative as notificações.** Nada é tão fatal para a produtividade como as notificações. Desative-as e, em seguida, defina um lembrete para verificar seus e-mails três vezes ao dia: no início, antes do almoço e mais uma vez pouco antes de terminar seu dia de trabalho. Não seja sugado para o buraco negro dos e-mails que roubam muitas horas até mesmo dos trabalhadores mais produtivos. Essa é uma maneira de avisar seus colegas sobre

a sua forma de trabalhar — diga a eles que se algo requerer atenção urgente, será necessário telefonar;

4. **Crie seu espaço.** Crie um espaço de trabalho onde você possa manter o foco, com mínimas distrações. Mesmo que goste de trabalhar em diferentes lugares da casa, é importante que haja um lugar aonde você possa ir para se concentrar e fazer as coisas, mesmo que seja um canto do seu quarto. Isso também ajuda a definir o limite entre o profissional e o pessoal;

5. **Veja o mundo lá fora quando puder.** Se você passa muito tempo olhando para uma tela ou lendo páginas impressas, mude seu foco olhando pela janela de vez em quando. Levante-se e mexa-se durante suas pausas, ou dê uma caminhada no quarteirão. Tudo isso vai ajudá-lo a ser mais produtivo e equilibrado. Mesmo quando você está se isolando ou cumprindo a quarentena, é importante para seu bem-estar mental reconhecer que na maioria das situações você pode sair e tomar um ar fresco;

6. **Feche a porta.** Às vezes, uma das coisas mais difíceis do trabalho remoto é precisar dizer "não" para as pessoas que eu amo porque preciso trabalhar. Crie a expectativa de que, quando estiver trabalhando, você não estará disponível para passear com seu filho nos ombros ou jogar videogame. Minha família sabe que quando a porta se fecha, é hora de trabalhar. Peça ajuda ao seu marido, sua esposa, às pessoas que moram com você e outros adultos ou crianças mais velhas para ter compreensão. Aja como se tivesse saído de casa e ido para o escritório, sabendo que estará em casa no fim do dia e que haverá tempo de sobra para brincar com as crianças;

7. **Vista-se para o trabalho.** Sim, você até pode trabalhar de pijama. Mas ao vestir roupas de trabalho é muito mais provável que você ative o modo de trabalho em sua cabeça e então se atenha à estrutura do modo de trabalho. Ficar com roupas casuais e confortáveis torna os limites mais indefinidos, e de

repente você está limpando uma parte da casa que nem sabia que existia ou fazendo aquele café gelado com que sempre sonhou. Vista sua roupa de trabalho de manhã e tire-a quando terminar de trabalhar. Sua atitude combinará com as roupas;

8. **Saiba quando seu dia acabará.** É tentador deixar sua estrutura estremecida e acabar trabalhando muito mais do que pretendia. Se isso acontecer, não será bom para você nem para aqueles ao seu redor. É muito provável que você seja mais produtivo quando sabe que seu tempo é limitado; sendo assim, defina um horário para terminar de trabalhar e se atenha a ele;

9. **Conte a alguém sobre o seu dia.** Conte o que está fazendo no trabalho e o que já fez. Às vezes, trabalhar em casa é muito solitário. Você pode ser mais produtivo quando sabe que precisa dar satisfação a alguém;

10. **Compartilhe o peso com seu parceiro ou parceira.** Isso é ótimo se você tiver um parceiro ou parceira que viva com você — ou que faça parte da sua bolha em tempos pandêmicos. Se tiver filhos, você pode dividir o dia em blocos de três horas e revezar o trabalho e o cuidado das crianças. E se não tiver alguém para dividir o cuidado? Bem, o conselho nessa situação inclui a honestidade máxima com a empresa — caso você tenha um emprego que ofereça esse tipo de flexibilidade — e com os seus filhos também. Avise a instituição, com antecedência, que levará as crianças para a escola ou que começará a rotina de colocá-las para dormir às 16h30 (sim, pode demorar tudo isso — pelo menos na minha casa, com três meninas). Manter seus filhos informados da situação também é muito importante. Se eles estiverem acostumados a receber muita atenção quando você está em casa, seu trabalho e sua impossibilidade de lhes dar atenção serão algo com o qual eles terão de se acostumar. Por isso, você provavelmente precisará de uma estrutura ampliada também. Se os seus filhos ainda frequentam a escola,

defina tarefas essenciais para fazer quando eles estiverem em aula e deixe atividades menos críticas, como e-mails e administração, para quando eles dormirem. Se não puderem ir à escola, ajuste uma rotina que funcione para todos. Pode começar com uma hora de estudo ou brincadeiras individuais para eles, e uma hora de trabalho para você. Na sequência, reserve um tempo para um lanche juntos, e talvez um filme para as crianças enquanto você começa outra tarefa. A rotina as ajuda a se sentirem seguras e também vai ajudá-lo a ter alguma previsibilidade no dia a dia.

Caso você não saiba, crianças podem ser barulhentas. E não somente as pequenas. Então, se você é chefe e vê ou ouve crianças no fundo das videochamadas, seja gentil. Muitas vezes os melhores planos dão errado, e os pais estão tentando gerenciar o que parecem ser, e às vezes são, situações impossíveis no dia a dia. Tomara que não seja sempre assim. Mas isso acontecerá.

Sugestão adicional: escreva um e-mail para si mesmo no final do dia listando tudo o que fez, desde tarefas concluídas a chamadas telefônicas e qualquer feedback positivo que tenha recebido. Envie-o e guarde numa pasta. Escrever o e-mail será uma maneira de registrar o seu progresso e ajudar você a concentrar os seus pensamentos no final do dia. Releia-o mais tarde; isso pode lhe servir de motivação, já que você verá o que conseguiu fazer.

Trabalho híbrido

Embora o trabalho remoto tenha sido amplamente adotado durante os momentos mais restritivos da pandemia, ele não funciona para todos o tempo todo. Para alguns ele simplesmente não funciona: pense em empregos no setor de varejo ou hotelaria.

À medida que olhamos para além do trabalho em casa como a única solução viável para a ida ao escritório, um modelo híbrido reestruturado está emergindo. Ele reconhece o fato de que a vida moderna é cada vez mais difícil de gerenciar e que o trabalho pode ser feito de forma eficaz em muitos ambientes. Quando adequado, esse modelo talvez seja um reconhecimento de como o trabalho precisa se encaixar na vida do funcionário, tanto quanto este precisa prestar contas da estrutura corporativa. A pandemia ao menos revelou como essas estruturas simplesmente não funcionavam para muitas pessoas. Felizmente, a pressa para voltar à normalidade não quer dizer que deixamos de lado as percepções sobre as necessidades dos funcionários para que possam trabalhar.

Como seria o trabalho híbrido, então?

A esperança é que os modelos desse tipo de trabalho permaneçam focados na correspondência da tarefa com o local, isto é, fazer o trabalho certo no lugar certo. Aparentemente, os funcionários ainda querem fazer pelo menos parte de seu trabalho em casa. E se fizerem com sucesso, é provável que se sintam mais felizes, menos estressados e mais produtivos. Ao economizar o tempo de deslocamento, eles podem melhorar o equilíbrio entre a vida pessoal e profissional.

Alguns modelos também preveem a atuação dos funcionários em escritórios compartilhados, onde os empregados podem escapar de alguns imprevistos do trabalho em casa enquanto aproveitam outro espaço revigorante e de baixo custo para compartilhar e trabalhar.

Além disso, o trabalho híbrido pode, em partes, tratar de questões de desigualdade, como o fato de se ter um espaço em casa para o trabalho ou uma conexão de internet rápida o suficiente para realizar as tarefas. Se as empresas forem capazes de reduzir as contas e os custos de locação usando modelos híbridos (mesmo se investindo em infraestrutura de trabalho em casa e espaços de trabalho compartilhados), parece que o melhor cenário será vantajoso tanto para o empregador quanto para o empregado.

Entretanto, a realidade da vida profissional não é tão simples. Talvez a empresa só possa oferecer essa estrutura de trabalho híbrido para algumas pessoas, o que levanta questões sobre justiça. Pode ser que aqueles que estão no escritório, na maioria das vezes, obtenham uma vantagem injusta quando se trata de promoções ou oportunidades de parcerias. Isso pode excluir grupos específicos que optam por (ou precisam) trabalhar mais em casa: mulheres, cuidadores, pessoas com deficiência ou problemas de saúde, ou mesmo introvertidos. E talvez o espaço em casa também seja difícil.

É necessário tomar cuidado com o modelo híbrido que leva ao trabalho "a qualquer hora, em qualquer lugar", que ameaça invadir o pouco tempo e espaço pessoal que muitos de nós temos. Preste atenção nisso. Certifique-se de que essas questões de desigualdade, justiça, clareza sobre o que você será obrigado a fazer e transparência sobre as oportunidades estarem igualmente disponíveis para todos estão sendo expressas e abordadas.

Embora seja promissor, o futuro híbrido não é uma opção simples. Estamos vendo muitas empresas voltarem às estruturas de trabalho em escritório, visando ao menos simplificar as práticas de trabalho, e o trabalho remoto sendo relegado a apenas algumas ocasiões. A atração pelos velhos costumes é poderosa.

Os cinco passos para o bem-estar

Já vimos como a estrutura nos ajuda a garantir que nossas necessidades básicas sejam supridas e como ela nos auxilia a trabalhar de forma produtiva em casa, ou talvez em novos ambientes híbridos.

Mas ela não tem a ver somente com cumprir tarefas e obrigações. Podemos usá-la para melhorar o nosso bem-estar em tempos difíceis, priorizando atividades que sejam benéficas à nossa saúde física, mental e emocional.

Um esquema útil para organizar um plano de ação são os cinco passos para o bem-estar. Ele descreve cinco ações simples que você pode fazer diariamente para melhorar sua saúde mental, aumentar a energia e diversificar sua vida. Elas são gratuitas, mas os benefícios não têm preço. Quando feitos regularmente, os cinco passos são cientificamente comprovados[2] para melhorar o seu bem-estar diário.

São eles:

1. **Conectar-se.** Pesquisas mostram que o melhor indicador em tempos de crise e emergência é a conexão social. Ela nos ajuda com a sensação de acolhimento e de pertencimento a um grupo. Portanto, é essencial fazermos o possível para manter contato com as pessoas que conhecemos e amamos;

2. **Aprender.** Busque experimentar novas experiências, como dominar uma habilidade ou então retomar o contato com algo que você amava fazer, mas que não faz há um bom tempo. Defina para si mesmo um novo desafio que você desfrutará como uma "meta alongada" e faça um pouco mais a cada dia. O YouTube é um ótimo recurso para tutoriais, como aprender a desenhar, falar uma nova língua, tocar um novo instrumento musical ou ainda fazer a manutenção do carro. O que você imaginar deve estar lá. E, se não estiver, que tal você mesmo fazer um vídeo no YouTube (há vídeos sobre como fazer isso também)? Aprender algo novo lhe dará uma sensação de satisfação e realização, além de assuntos para conversar com seus amigos;

3. **Movimentar-se.** Exercícios físicos são eficazes para melhorar seu humor — e não é preciso investir em equipamentos caros para fazê-los. A chave é encontrar uma atividade de que você goste e fazer dela algo regular em seus hábitos diários. Dê um passeio a pé ou de bicicleta, corte a grama do jardim ou dance na sala de estar com os seus filhos. Concentre-se em tornar o exercício e o movimento divertidos — perceba como se sente bem ao terminar e ficará animado para fazer de novo no dia seguinte;

4. **Perceber.** Praticar a atenção plena é uma das melhores maneiras de puxar o freio e, dessa forma, impulsionar seu sistema

tranquilizante interno. Isso significa desacelerar, perceber o que acontece à nossa volta e apreciar o momento. Use todos os seus sentidos para experimentar toda a riqueza que ocorre ao seu redor: note o que pode ver, ouvir, tocar, saborear e cheirar. Quando você faz uma pausa longa o suficiente para prestar atenção, pode experimentar o esplendor das coisas simples que o cercam;

5. **Doar-se.** Fazer algo gentil para um amigo ou desconhecido motiva quem doa e quem recebe. Enviar uma nota de agradecimento, fazer um elogio ou ajudar alguém são maneiras simples e fáceis de se doar. Esse gesto pode trazer um senso de propósito, além de conversas inéditas e inesperadas que trazem amizades e oportunidades. Doar-se também ajuda a construir uma comunidade com a qual você pode vivenciar uma sensação de pertencimento ainda maior.

Pense nos cinco passos como o equivalente mental a comer suas cinco porções diárias de frutas e vegetais. Faça um menu do bem-estar para seus cinco passos do dia e releia-o no fim da jornada para ver o que você conseguiu fazer. Ajuste o menu para o dia seguinte a fim de manter as atividades variadas e divertidas.

Lembre-se de abordar essa lista com bastante empatia por si e também pelos outros. Se teve um dia cheio e não conseguiu aprender algo novo, planeje tentar novamente amanhã ou no fim de semana. Se estiver quase na hora de dormir e você ainda não conseguiu se conectar com alguém, reserve cinco minutos para se aconchegar com o seu filho ou parceiro e estar totalmente presente naquele momento. Se mora sozinho, pode enviar uma mensagem atenciosa a um amigo antes de se deitar. Mesmo alguns alongamentos de ioga antes de dormir farão diferença — apenas tenha certeza de que você também consegue encaixar períodos mais longos de exercícios ao decorrer da semana.

O bônus número quatro

O dr. Phil Hammond, do Reino Unido, mencionou um modelo que chama de Clanger*, que é um acrônimo que descreve oito "vitaminas diárias" da saúde.

Além dos cinco passos para o bem-estar que já abordamos (conectar-se, aprender, movimentar-se, perceber, doar-se), ele acrescenta outros três:

1. **Alimentar-se bem.** Todos sabemos dos benefícios de uma alimentação saudável, por isso tente alimentar bem o seu cérebro e corpo. Fazer um esforço consciente para incluir alimentos nutritivos e ricos em energia realmente vai ajudá-lo a melhorar seu humor e disposição. Em vez de tentar fazer uma dieta ou cortar certos grupos de alimentos quando você já está sob estresse, por que não tentar adicionar nutrientes? Inclua verduras nos seus ovos mexidos, faça uma salada ou adicione uma porção de vegetais no almoço ou na sua vitamina. Ao incluir alimentos saudáveis, naturalmente excluirá as besteiras. Essa é a ideia;
2. **Relaxe.** Tire um tempo para relaxar e dar um descanso à sua mente e ao seu corpo. Tome um banho demorado, leia um livro ou pegue um sol;
3. **Durma bem.** Dormir bem é vital, principalmente em períodos estressantes. Você necessita do descanso adequado a fim de permanecer emocional, mental e fisicamente bem. Tente definir a hora de dormir e use seu quarto apenas para isso — não assista a uma série ou cheque as redes sociais na cama. Para mais dicas sobre como ter uma boa noite de sono, consulte o capítulo 13 "Manutenção básica".

---

* (N. T.) Acrônimo, em inglês, para Connect, Learn, Active, Notice, Give, Eat, Relax, Sleep.

Também adiciono outro item para compor meu bônus número quatro:

4. Divirta-se. Em tempos difíceis, é fácil deixar de lado o que nos traz prazer e alegria. Quando a vida está estressante, é comum ver a "diversão" como supérflua em vez de essencial. Mas atividades prazerosas ajudam muito a aliviar os sentimentos depressivos, então recomendo que adicione cinco doses de diversão todo dia. Pode ser jogar um jogo com os seus filhos, ouvir um podcast de comédia, sair de bicicleta para um passeio revigorante ou qualquer coisa que o faça se sentir vivo.

O que recomendo aqui pode parecer uma lista longa, mas lembre-se de que são hábitos bons para a vida e não demandam muito tempo. Cada pequena coisa que você puder fazer para melhorar o seu bem-estar tornará a situação um pouco mais esperançosa e vai ajudá-lo a passar por momentos difíceis de uma maneira melhor.

Mantendo uma estrutura quando as coisas ficam difíceis — ou tranquilas

A estrutura é importante principalmente quando você está passando por um momento difícil, ou mesmo quando está de férias, pois é fácil perder a noção dos dias. Algumas pessoas acham muito difícil relaxar quando a pressão sai de cena. Acham que é difícil lidar com o espaço vazio na agenda e na mente — uma mente entediada e curiosa pode gerar ansiedade e caos enquanto encontra incertezas futuras para se preocupar. A estrutura ajuda não só quando você está passando por momentos difíceis, mas também quando está tentando fazer uma pausa. A mente e o corpo necessitam de uma rotina para se manterem no aqui e agora, e não criando problemas.

Ela ajuda você (e talvez todos em sua casa) a se ocupar com uma boa mistura de atividades divertidas, restauradoras e com propósito.

Ter uma rotina saudável e uma boa alimentação, fazer exercícios e dormir bem pode gerar um impacto positivo em seus pensamentos e sentimentos. Se estiver se sentindo mal ou deprimido, você pode ser menos ativo do que o normal; parar de fazer o que eleva o seu espírito pode se tornar um círculo vicioso que faz você se sentir ainda pior.

Não importam suas circunstâncias atuais — você pode usar a estrutura para trazer bem-estar e diversão à sua semana, usando os cinco passos para o bem-estar como tema diário:

- **Segunda-feira da conexão.** Faça um esforço especial para falar com os outros. Encontre um amigo para um café ou faça uma caminhada. Não envie apenas uma mensagem — atenda o telefone ou interaja naquele grupo com o qual você quer falar e alimentar essa conexão;
- **Terça-feira do movimento.** Que tal sair de casa e jogar um jogo, praticar jardinagem, andar de bicicleta, caminhar ou correr? Experimente uma atividade física nova e que corresponda aos seus níveis de condicionamento físico e mobilidade;
- **Quarta-feira da atenção plena.** Preste atenção e seja curioso. Observe a beleza ao seu redor. Atente-se à mudança de tempo através da janela. Repare como as estações estão mudando. Perceba o incomum. Aprecie o seu café e a sua refeição. Esteja ciente do que está sentindo, ouvindo e vendo no mundo ao seu redor;
- **Quinta-feira do aprendizado.** Faça da aprendizagem o foco do seu dia. Tente algo novo, redescubra um passatempo antigo, experimente uma nova receita ou defina um desafio que você gostaria de alcançar. Faça sozinho, com as pessoas da sua casa ou com amigos;
- **Sexta-feira da doação.** As sextas-feiras são para se doar; logo, tente praticar atos de gentileza ao fazer algo bom para outra pessoa. Envie um bilhete de agradecimento, veja como está seu vizinho ou tente ajudar alguém (pessoalmente ou on-line).

Ter uma estrutura simples e nutritiva para a semana ajuda a organizar o seu tempo e cria um foco intencional para cada dia — não apenas para si mesmo, mas para a sua família e, especialmente, para os seus filhos.

Rituais dão ritmo à vida

Outra maneira de criar estrutura é incorporando rituais diários simples, mas divertidos. Na agitação da vida cotidiana, é fácil passar despercebido pelo outro.

Passar um tempo juntos todos os dias para fazer algo que seja relevante para todos nos desacelera e cria uma oportunidade para nos conectarmos. Algo tão simples como compartilhar uma refeição com a família ou com os amigos pode impactar profundamente o bem-estar e a conexão.

Ao criar um espaço seguro e uma rotina de nos reunirmos para compartilhar nossas experiências, podemos aprender uns com os outros, criar uma compreensão mútua mais profunda e expressar nossos valores e tradições pessoais ou culturais.

Em épocas de estresse, é ainda mais importante se voltar ao outro. Os rituais nos ajudam a processar os sentimentos e a permanecer conectados, apesar de nossos conflitos. Quando discordamos, vivenciamos discussões ou presenciamos uma ameaça com o potencial de segregar comunidades, nos afastamos uns dos outros, nos aborrecemos ou buscamos refúgio em pessoas que reforçam nossa posição polarizada.

Os rituais que nos unem iniciam um processo de reparação. Ao criar oportunidades regulares para podermos nos reunir, os rituais tendem a nos ajudar a manter essas conexões. Eles nos dão a chance de nivelar as diferenças e também manter a proximidade, em vez de divergir em nossas câmaras de eco. O melhor de tudo é que eles não precisam ser formais ou ainda sérios para fazerem a diferença.

Aqui vão alguns rituais divertidos e descontraídos que você pode incluir no seu dia para trazer mais propósito, alegria e conexão com o outro:

1. **Escreva uma coisa que você queria dizer ontem, mas não disse.** Este é melhor quando feito logo pela manhã. Os dias podem se misturar se você não estiver atento. Podemos dizer coisas sem pensar, claro; mas às vezes deixamos de dizer coisas que, ao refletirmos, gostaríamos de ter dito. Esse ritual lhe dá a oportunidade de revisitar o dia anterior de modo que rompa com o padrão de suas ações; assim, ele o ajuda a focar algo que você não fez, mas gostaria. Isso então se torna algo com o qual você pode lidar hoje;

2. **Escreva uma lista de coisas para fazer e não fazer.** Anote as coisas que fez hoje e que não estão realmente o ajudando. Amanhã, veja se consegue substituí-las por hábitos e atividades que melhorem o seu bem-estar. Faça esse ritual regularmente, e com o tempo você deixará de lado as coisas inúteis para incorporar as boas;

3. **Faça um mural de anotações.** Pegue um pedaço grande de papel e escreva nele todos os dias, da maneira que quiser — você pode convidar outras pessoas. Veja o que surgirá ao longo do tempo e como os seus sentimentos, humor ou experiências se refletem em suas anotações. Você pode fazer isso *on-line* também;

4. **Desenhe um rato.** Desenhe-o todos os dias e veja como ele evolui nas semanas seguintes. Fazer a mesma tarefa criativa (mesmo que pareça um pouco sem sentido) o desafia a trazer criatividade para a sua rotina, mas também permite que você veja como sua resposta ao ritual muda diariamente. Faça isso junto com outras pessoas; vocês podem dar boas risadas ou até mesmo compartilhar momentos de angústia conforme surjam ao longo dos dias;

5. **Escolha uma foto do seu telefone.** Pense numa legenda engraçada ou boba para ela. Escolha uma diferente a cada dia e faça um álbum de recortes digital;
6. **Anote as cinco primeiras palavras que vêm à sua mente.** Depois, use-as para contar uma história em apenas uma frase. Você pode trocar a ordem e adicionar palavras para trazer sentido, se necessário;
7. **Crie um acróstico.** Outra maneira divertida de capturar o seu dia e fazer um registro de maneira criativa é criando um acróstico. Use a primeira letra de seu primeiro nome e a segunda letra de seu último nome — no meu caso, S de Sarb e O de Johal. Reescreva-o todos os dias de uma forma que represente o seu dia. Por exemplo, hoje posso estar Sem Otimismo, mas amanhã estarei em uma Situação Ótima ou Simplesmente Organizado. Essa ferramenta funciona como uma moldura para registrar suas emoções e eventos em um diário abreviado. Releia-o de vez em quando e veja um registro abreviado de como você estava se sentindo naquele exato momento. O acróstico também é um ato criativo que o força a usar uma parte ligeiramente diferente do seu repertório de resolução de problemas, em vez da parte do seu cérebro que decide o que você vai jantar.

Uma boa estrutura nos ajuda a atravessar épocas incertas de uma maneira melhor, fornecendo uma base para conseguirmos ter certeza de que temos o que precisamos e de que estamos fazendo mais coisas que nos nutrem, de maneira consistente, e menos coisas que vão nos deixar estressados ou esgotados. A estrutura também nos ajuda a integrar ações e atividades relaxantes na vida cotidiana, para que possamos frear, sair do modo de crise constante e começar a avançar.

Mas a estrutura só é bem aplicada com uma dose saudável de empatia. É isso que vamos explorar no próximo capítulo.

Como criar estrutura

· Priorize o básico — certifique-se de que você e a sua família têm dinheiro, comida e casa. Peça ajuda a outras pessoas ou a órgãos governamentais se precisar;

· Cuide da sua saúde — reserve um tempo para se exercitar e se alimentar bem;

· Crie uma rotina para o seu dia de trabalho remoto;

· Organize o seu dia para ter certeza de que tem tempo para fazer coisas que fazem você se sentir melhor, como conversar com outras pessoas ou dar um passeio a pé;

· Evite se expor a coisas que podem fazê-lo se sentir pior, como as redes sociais;

· Crie uma rotina familiar sobre a qual todos possam opinar — inclua uma boa mistura de atividades divertidas, restauradoras e com propósito.

capítulo 4

empatia

Em qualquer crise que provoque incertezas, o nível de estresse e pressão que sentimos dependerá de diversos fatores, incluindo nossa saúde, situação familiar, pressões do trabalho, situação financeira, de quaisquer fatores preexistentes de estresse e do quanto nos sentimos apoiados e conectados.

É possível considerar a pandemia um exemplo extremo do que acontece quando todos os tipos de incertezas aparecem em nossa vida. Podemos viver no mesmo país ou na mesma comunidade; entretanto, cada um de nós vivenciou a pandemia de Covid-19 e a quarentena de forma diferente. Embora atravessemos o mesmo evento que gera a incerteza para nós e para nossos entes queridos, nossas experiências singulares significam que uma crise para uma pessoa talvez não seja tão ruim como para outra.

Quando as experiências individuais de uma crise são muito diferentes, a empatia se torna incrivelmente importante. Empatia é a capacidade de se colocar no lugar de outra pessoa, de entender o que ela está sentindo, mesmo que não tenhamos vivido a mesma experiência. Sentir empatia permite que nossos comportamentos pró-social e de ajuda aconteçam espontaneamente, em vez de serem forçados. É natural querermos oferecer ajuda e apoiar os outros.

Mesmo em épocas tranquilas, a empatia é crucial para estabelecer relacionamentos saudáveis e aprender a se comportar com compaixão. Ela melhora nossa capacidade de reconhecer, entender e compartilhar os pensamentos e sentimentos não apenas de outra pessoa, mas também de animais e personagens fictícios. É por isso que a maneira como as pessoas — reais ou inventadas — são retratadas na mídia é tão importante; porque afetará a empatia que sentimos por essa pessoa e sua situação, e, consequentemente, nossa reação.

Nossa primeira faísca de empatia é automática. Ocorre quando observamos ou imaginamos o que outra pessoa está sentindo, e isso desencadeia o mesmo tipo de sentimento em nós. A verdadeira empatia ocorre quando conseguimos estar presentes nesses sentimentos. Nós não os dispensamos ou os evitamos para nos sentirmos mais confortáveis. Escutamos, reconhecemos e procuramos compreender.

Quando uma pessoa escuta e oferece empatia, ela está dizendo: "Você não é o único se sentindo assim". Isso é incrivelmente poderoso. Faz-nos sentir ouvidos e compreendidos. Normaliza a luta que estamos travando. Alivia nossa ansiedade, nos ajuda a processar circunstâncias complexas e a passar por emoções difíceis mais rapidamente, para que possamos tomar medidas positivas para seguir em frente de novo.

Podemos pensar na empatia de muitas maneiras, porém, é mais fácil distingui-la entre dois tipos: *empatia cognitiva* e *empatia emocional*. Compreendemos a empatia cognitiva como aquela ideia racional de se colocar no lugar de alguém, ou "empatia pelo pensamento", e a emocional como "empatia pelo sentimento" — quando você vivencia as emoções do outro junto a ele, como se tivesse "pegado" os sentimentos da pessoa.

Aqui, entretanto, podemos entrar em apuros: quando vivenciamos a empatia, também nos sentimos vulneráveis. Quando nos abrimos para reconhecer sentimentos difíceis nos outros, sentimos ou refletimos sobre eles em nós mesmos também. Podemos sentir frustração, tristeza, raiva ou impotência. É desconfortável, até doloroso, e pode trazer à tona memórias ou sensações físicas que preferimos esquecer. Se não formos bem versados em controlar nossas emoções, a empatia pode nos sobrecarregar. Em vez de responder com uma preocupação empática saudável, respondemos com sofrimento empático.

O *sofrimento empático* é uma resposta autocentrada — uma empatia que se transforma em uma câmara de eco emocional quando compartilhamos as sensações de alguém, mas não fazemos nada para mudar a situação. Depois de um tempo, ficamos sobrecarregados pela aflição compartilhada e não sabemos o que fazer com nossos sentimentos incômodos. Isso muitas vezes leva ao "comportamento de abstinência", à medida que tentamos escapar de nossas emoções desconfortáveis; ficamos irritados, agarrados à outra pessoa, nos fechamos ou optamos por deixá-la sozinha com sua dor. O desconforto nos afasta dos outros quando eles mais precisam de nós, porque é muito doloroso manter contato.

Se tem filhos, pode ver isso acontecendo com eles. Depois de ouvir um caminhão de angústias ou algo que parece autoindulgência, você fica irritado e encerra a conversa, gerando desconexão quando seu filho mais precisa de você. Caso isso soe familiar, saiba que é uma resposta comum. A boa notícia é que podemos escolher canalizar nossa empatia em outra direção, para que ela se torne útil em vez de prejudicial. Isso é chamado de *preocupação empática*, e ocorre quando mudamos o foco em tentar gerenciar a emoção que estamos sentindo para tentar fazer algo prático para ajudar a outra pessoa.

A preocupação empática é uma resposta diferente. Alguns a descrevem como um sentimento parecido com a comoção, compaixão ou bondade. Começa com essa faísca inicial de empatia, ou "sentir com" alguém que esteja sofrendo. Mas podemos mudar para uma outra maneira de agir e "sentir por", assim nos perguntamos o que é possível fazer pela outra pessoa.

Trata-se de uma preocupação empática, também conhecida como "empatia compassiva", que atua como um motivador para tornar as coisas melhores para o outro. Passar da dor para a ação nos ajuda a controlar as emoções e evitar a sobrecarrega. Também ajuda a outra pessoa a atravessar sua dor mais depressa e ter um resultado melhor.

Isso não é assumir o controle e resolver o problema para ela. Algumas vezes, a ação pode ser simplesmente ouvir e estar junto, se você acha que é o que ela precisa. A chave é escutar ativamente para ver o valor disso como uma ação. Significa tomar uma decisão consciente de ouvir e entender a mensagem da pessoa — seja nas palavras que ela diz ou em algo mais profundo. A escuta é trabalhosa, mas é uma maneira muito poderosa de mostrar que você está levando o problema da outra pessoa a sério.

A conclusão importante aqui é que você pode desenvolver uma melhor consciência dos seus sentimentos. Portanto, é possível mudar de uma empatia autocentrada — que resulta em sofrimento empático — para uma abordagem mais relacionada à preocupação empática. Quando você se concentra em quão prestativo é capaz de ser, evita ficar preso aos seus sentimentos de angústia e impotência.

O seu plano de ação não precisa ser complicado. Os itens em sua lista de afazeres de preocupação empática serão coisas como ligar para seus entes queridos, mandar um presente, brincar de cabaninha com as crianças, ficar em casa quando necessário e providenciar alguém para ver se está tudo bem com um ente querido que vive sozinho.

Se um amigo estiver passando por uma separação difícil com alguém de quem você não gostava, a preocupação empática auxilia a se privar do julgamento, ouvir atentamente, dar um abraço e focar os sentimentos dele em vez de o que você acha que deveria acontecer. Se um colega de trabalho tiver que trabalhar no fim de semana e você não souber como oferecer ajuda para aliviar a carga de trabalho, pode ir à casa dele no sábado de manhã para deixar um café e um bolo, além de algumas palavras motivadoras.

Demonstrar preocupação empática é ilusoriamente simples. Na maioria das vezes, basta aparecer, estar presente e tranquilizar os outros para que não se sintam sozinhos. Pense nisso como um equilíbrio entre lógica e emoção. Talvez tenhamos uma ideia do que as pessoas poderiam fazer para melhorar a situação, mas resistimos à tentação de nos tornarmos antipáticos e irritados com a falta de ação delas, ou de ficarmos sobrecarregados com nossas próprias emoções. Sentimos a dor de outra pessoa como se estivesse acontecendo conosco e, portanto, expressamos a simpatia apropriada. Ao mesmo tempo, podemos manter o controle de nossas próprias emoções, usar a razão e conter o julgamento. Isso significa tomar melhores decisões e fornecer o melhor suporte onde eles mais precisam.

Aqui estão cinco maneiras para ter empatia com um plano de ação:

1. **Procure saber como estão as pessoas à sua volta.** Ouça o que elas estão passando e, se precisarem de ajuda, veja como pode ajudar com segurança;
2. **Saiba como você mesmo está.** Seja gentil consigo mesmo quando as coisas derem errado ou você não tiver feito tudo o que estava em sua lista de tarefas. Certifique-se de ter tempo para relaxar e descontrair — e, se precisar de ajuda, peça;
3. **Escolha a gentileza** — consigo e com os outros. No nosso dia a dia, entendemos que a gentileza é o óleo que lubrifica as rodas e nos ajuda a seguir. Lembre-se, a vida pode ser difícil algumas vezes, e nunca sabemos o que outra pessoa pode estar vivendo; por isso, quando puder escolher a gentileza, faça-o;
4. **Faça uma pausa antes de reagir.** Em tempos incertos, é fácil se sentir estressado, irritado e atacar os outros, e isso pode piorar uma situação difícil. Tente fazer uma pausa, respirar antes de reagir e pensar se realmente precisa fazer esse comentário. Se acabar tendo uma discussão com pessoas próximas a você, tente abordar o desentendimento o mais rápido possível, para que os ressentimentos não se intensifiquem;

5. **Pense em como ajudar os mais vulneráveis.** Em uma crise, existe o risco de surgirem novas desigualdades e de as existentes se enraizarem. Pense no que pode fazer para ajudar, direta ou indiretamente, aqueles na comunidade que podem estar vulneráveis ou passando por dificuldades. Por exemplo: você pode comprar uma cesta básica para deixar na porta de alguém, ou doar dinheiro para uma entidade de apoio local.

> Como exercitar a escuta ativa
>
> A escuta ativa não é algo que acontece do nada (isso é ouvir). É um processo ativo no qual uma decisão consciente é tomada para escutar e entender as mensagens do falante — seja nas palavras que dizem, ou em algo mais profundo.
> Você pode fazer este exercício sozinho ou com outra pessoa.
> · Pense em um momento em que sentiu que não foi ouvido (pode ser no trabalho, com a família, no médico, nas compras etc.);
> · Se estiver fazendo o exercício com seu parceiro, partilhe suas histórias. Se estiver sozinho, faça anotações no seu diário;
> · O ouvinte deve tentar identificar duas coisas na história: o que a pessoa fez que mostrou que não estava ouvindo e que impacto isso teve no falante. Dica: geralmente eles se sentem irritados, chateados, magoados ou desvalorizados de alguma forma;
> · Juntem todas as ideias e desenvolvam algumas estratégias para escutar melhor: a) trabalhe com o que aconteceu nessas histórias; b) aprenda a solucionar os problemas que você identificou.

Lições de escuta ativa

A escuta ativa é uma etapa além de meramente ouvir alguém falar. Quando nos envolvemos na escuta ativa, estamos totalmente focados

no que está sendo dito. Você está usando todos os cinco sentidos para dar total atenção à pessoa que fala. A verdadeira escuta ativa inclui:
- Não julgar;
- Ter paciência e resistir ao desejo de preencher o silêncio;
- Ter reações para mostrar que está ouvindo (por exemplo, fazer contato visual adequado, sorrir, acenar com a cabeça, inclinar-se);
- Fazer perguntas;
- Buscar esclarecimentos;
- Verificar, refletindo sobre o que foi dito;
- Resumir.

Da próxima vez que estiver ouvindo alguém, pense em como pode mostrar que está realmente escutando. Guarde o seu celular, ou pelo menos deixe-o de lado naquele momento.

Concentre-se em ouvir para entender e ter empatia — não apenas para responder. Muitas vezes, estamos apenas pensando sobre o que vamos dizer a seguir, em vez de realmente escutar e entender o que a outra pessoa está dizendo. Dedique-se a escutar de verdade, reconheça a emoção e então responda apropriadamente às palavras e aos sentimentos que lhe foram comunicados. Tente ser sincero e aberto em sua resposta, mas lembre-se de não adicionar nada que faça o falante se sentir mal ou atacado. Responda de maneira respeitosa.

Lembre-se de que existem diferenças culturais em relação a como e quando manter contato visual ao escutar; portanto, certifique-se de que isso não resulte em mal-entendidos e se a pessoa está ou não escutando.

Autoempatia

Falamos sobre demonstrar empatia aos outros —, mas que tal demonstrar a si mesmo?

Vivemos em tempos de mudanças sem precedentes. Muito do que tínhamos como certo sobre o cotidiano em 2019, antes da pandemia, agora parece fora de alcance. Talvez você esteja ocupado apenas tentando lidar com as tensões e pressões da vida diária, mas isso não significa que toda essa mudança não esteja pesando. Essa incerteza é capaz de fazer com que até a pessoa menos ansiosa se sinta no limite. Reconhecer que estes são tempos problemáticos e escolher conscientemente praticar a autoempatia vai ajudá-lo a lidar e se manter bem perante as incertezas.

A autoempatia se distingue da autocompaixão. Esta significa tratar a si mesmo com a mesma bondade, consideração e cuidado que teria com um grande amigo. Autoempatia significa que uma parte de si mesmo "testemunha", empaticamente, e outra parte "vivencia". Isso é feito de forma não julgadora e com uma atitude de abertura.

Parece complexo, mas na verdade a autoempatia simplesmente exige que você se dê conta e reconheça o que está acontecendo em seu interior. Percebemos nossas próprias sensações, emoções e pensamentos. Vivenciamos e reconhecemos o que se passa no nosso corpo e prestamos atenção à nossa mente. Notamos como ela se distrai e começamos a navegar em direção a memórias ou projetos no futuro. Depois de um tempo à deriva, prestamos atenção ao desvio sem julgá-lo e castigá-lo.

É assim que sua mente funciona — ela se concentra e depois se desvia até que você a traga de volta. Aprendemos a estar atentos a onde nossa mente está e como nosso corpo se sente a cada instante. Adquirimos uma metaconsciência. E, embora nos esforcemos para regular nossos pensamentos e atenção, também nos aceitamos como somos. A autoempatia também é um trampolim para uma maior autoconsciência. Por meio dela, não tentamos mudar o que estamos vivenciando, mas transformar nossa resposta à experiência. O reconhecimento de uma presença interior que pode testemunhar nossa própria experiência e reconhecer nossas lutas requer autoconcentração.

Parece contraintuitivo, e quase egoísta, mas a autoempatia é, na verdade, um pré-requisito para a empatia com os outros. Ela está no cerne de como podemos responder de forma verdadeira e eficaz aos outros em tempos de angústia e necessidade. A menos que você perceba o que está acontecendo em sua vida de maneira empática, é muito difícil fazer isso em relação aos outros. É somente por meio da autoempatia que podemos aceitar os outros como são e sustentar levemente suas dores para que possamos oferecer apoio significativo.

Aceitando os seus sentimentos

Uma parte importante da prática da autoempatia é aprender a aceitar e sentir seus sentimentos. Você nota que está se sentindo mais cansado ou ansioso do que o normal. Talvez perceba que em alguns dias você é otimista e produtivo, enquanto em outros luta para se concentrar. Tudo isso é normal e provavelmente será agravado se você estiver sob forte estresse.

Você também pode se sentir tentado a ignorar o que está sentindo. Alguns sugerem que somos a primeira geração a ter emoções sobre nossas emoções. Minimizamos nossa dor e dizemos a nós mesmos que devemos superá-la; que nossos sentimentos não se justificam porque outros estão sofrendo. "Me sinto triste, mas o que eu realmente tenho para me sentir assim? Outras pessoas têm motivos piores." Nosso próprio diálogo interno nos critica, mas será que é útil anular nossa experiência emocional dessa forma?

Em vez disso, devemos permanecer no primeiro sentimento: "Me sinto triste. Vou me permitir passar cinco minutos assim".

Reconheça que sua tarefa é vivenciar sua tristeza, medo e raiva, independentemente do que outra pessoa possa ou não estar sentindo. Anular os seus sentimentos não ajuda, porque o corpo e a mente ainda os produzem. Você está travando uma batalha que não terá bons resultados a longo prazo. Autoempatia significa que podemos observar esses sentimentos, sem condenação e julgamento, e lidar com eles de maneira racional ou aceitá-los como parte do que estamos passando, em vez de os negar ou anular. Quanto mais nos esforçamos para compreender que parte da experiência humana é vivenciar uma gama de sentimentos, tanto agradáveis quanto desagradáveis, mais difícil é seguir a vida. Isso não quer dizer que devemos simplesmente aceitar o que está por vir — longe disso. No entanto, trata-se de reconhecer que temos influência somente em situações que estão dentro de nosso controle, e isso também vale para nossos entes queridos, vizinhos e colegas de trabalho.

Em vez de lutar para reprimir esses sentimentos, se nos permitirmos vivenciá-los, então, na maioria das vezes, eles atingirão o ápice e, em seguida, passarão, de modo geral em alguns segundos, ou em um minuto ou dois[3]. Podemos sair deles mais depressa e nos sentir empoderados pelos nossos sentimentos — e não vítimas deles. É nisto que nos concentraremos no próximo capítulo: nossos sentimentos.

> Como ser empático
>
> • Fale com as pessoas ao seu redor — ligue para um ente querido para saber como ele está e ajude-o se puder;
> • Pratique a escuta ativa — se livre de quaisquer distrações, concentre-se na pessoa que está falando, não faça julgamentos e responda de modo adequado;
> • Escolha a gentileza em todas as ocasiões;
> • Faça uma pausa antes de reagir — isso facilita escolher a gentileza;
> • Pense em como você poderia ajudar as pessoas mais vulneráveis da sua comunidade;
> • Permita-se sentir seus sentimentos — bons e ruins — sem condenação ou julgamento; isso é autoempatia.

capítulo 5

todas as emoções

Já vimos a importância de reconhecer nossos sentimentos e como aceitar nossas emoções nos ajuda a lidar com elas mais rapidamente e a apoiar melhor os outros. Agora, vamos conhecer os tipos de emoções que você pode vivenciar durante épocas imprevisíveis e como processá-las.

Preocupação

Há uma experiência mental bastante desconfortável que aposto que todos vivenciamos com mais frequência e intensidade nos últimos tempos: a preocupação.

Quando há tanta coisa mudando em diversos aspectos de nossa vida, é natural se preocupar. A incerteza sobre como tudo se desdobrará cria uma profunda sensação de desconforto.

A preocupação não é um sentimento ou um estado mental agradável, contudo, voltamos a ela repetidamente. A parte mais difícil de se preocupar com situações incertas é o ponto em que você começa a se enroscar. Em épocas estressantes, quando mais precisa de um descanso revigorante, você tende a ficar acordado se preocupando com o que não pode controlar. Sua mente foge para o pior cenário, e você se sente cada vez pior.

Se a preocupação não nos faz sentir bem, por que a sentimos? Aparentemente, funciona da seguinte maneira: no passado, nós nos preocupávamos com alguma coisa, mas tudo dava certo. O resultado é que nosso cérebro associou a sensação de preocupação a um resultado positivo. Ele fica convencido de que a preocupação nos ajuda a obter o resultado que queremos.

E às vezes funciona. Esse sentimento terrível pode nos motivar a agir e resolver o problema. Se considerarmos a reação de luta ou fuga, parece provável que evoluímos para vivenciar a preocupação, a fim de nos motivar à ação quando precisarmos dela.

Mas, assim como a reação de luta ou fuga na vida moderna, a preocupação raramente ajuda e pode tornar as coisas mais difíceis. A preocupação severa é estressante. Impede-nos de descansar e relaxar. Dificulta a nossa capacidade de seguir em frente e cuidar da nossa vida. Assume o controle dos nossos pensamentos e acaba com a nossa energia.

A boa notícia é que há alguns métodos para tratar desses sentimentos persistentes de pavor e preocupação. Não podemos deter furacões, más notícias, pandemias ou mesmo o relógio; mas estes métodos ajudam a reconhecer a preocupação para depois você se concentrar no que pode ser controlado. Funciona assim:

1. **Identifique a preocupação improdutiva.** As preocupações produtivas levam a ações que nos dão mais controle sobre nosso ambiente, enquanto as preocupações improdutivas nos fazem sentir ainda mais ansiosos e inseguros, desencadeando um círculo vicioso. Tente diferenciar quanto de sua preocupação é produtiva (certificar-se de que há comida suficiente em casa) e improdutiva (ficar acordado a noite toda pensando nos piores cenários). Se não há nada a se fazer, não há por que se preocupar;

2. **Expresse a sua preocupação.** Em vez de deixar as preocupações rodearem sua cabeça, tente manter um diário de preocupações. Reserve um tempo definido — talvez quinze minutos — para se permitir se preocupar. Escreva todos os seus medos e angústias em um caderno. Quando o tempo acabar, ou você não tiver mais preocupações a listar, guarde o caderno e deixe-o em um canto. Seu diário age como um estacionamento para as preocupações improdutivas, assim elas deixarão de rondar seu pensamento à procura de onde estacionar. Muitas pessoas acham que, escrevendo, podem interromper o ciclo constante de pensamentos e seguir em frente, livres para pensar e fazer outras coisas;
3. **Pratique a atenção plena.** Tente trazer momentos de atenção plena para o seu dia, mantendo-se com uma consciência ativa e intencional. Você pode exercitar a atenção plena quando estiver sentado, almoçando na cozinha: sinta a cadeira sob o corpo; aprecie a textura da comida enquanto mastiga; observe a sensação de passar da fome para a saciedade. A atenção plena não é fácil, mas é incrivelmente poderosa. Para aprimorar sua habilidade, você pode praticá-la mais formalmente por meio da meditação de atenção plena, que o treina para gerenciar melhor os pensamentos incessantes e se manter presente quando a incerteza transbordar;
4. **Desenvolva hábitos e rotinas para um senso de controle.** Grande parte da incerteza vem da falta de uma solução simples para nossas preocupações, ou do obstáculo que os "e se" nos impõem. Entregamos as soluções potenciais para as preocupações em nossa mente, enroscando-a em nós cada vez mais apertados, de modo que é difícil descobrir por onde começar a nos desembaraçar. Quando a preocupação ameaçar sobrecarregá-lo, é útil se comprometer novamente com a estrutura e rotina para que você possa ter uma sensação de controle em uma escala menor

e mais individual. Escolher alguns hábitos úteis, incorporá-los à sua rotina e aderir a eles ajuda a domar sua preocupação mais do que imagina. Os hábitos se tornam automáticos e nos dão uma sensação de previsibilidade e controle. Além disso, quando concluímos uma tarefa, somos tomados por uma sensação de realização, e nosso humor melhora.

Hábitos e rotinas podem ajudar em qualquer momento de incerteza em sua vida. Talvez você tenha terminado um relacionamento e se sinta sem rumo e confuso sobre o futuro; ou então tenha se mudado para o outro lado do país, em busca de um emprego, para uma cidade onde não conhece uma alma. Não saber se as coisas vão dar certo é assustador, mas estabelecer alguma estrutura, desenvolver bons hábitos em sua rotina e definir objetivos pequenos e alcançáveis pode ajudá-lo a continuar.

Experimente criar um calendário de atividades (para trabalho e atividades divertidas) e segui-lo o máximo possível — mesmo quando não estiver com muita vontade e preferir ficar no sofá;

5. **Busque o humor.** Quer seja um programa de TV, memes engraçados ou ainda uma conversa em grupo com amigos, o humor faz parte do aqui e agora. Quanto mais estamos nesse espaço, menos nossa mente viaja para o futuro e nos lembra de como ele é incerto;

6. **Aceite o que você não pode controlar.** Reconhecer que não podemos controlar e mudar tudo é muito importante. É mais fácil dizer do que fazer; mas a aceitação é um grande passo em direção à tranquilidade. Querer saber e controlar tudo alimenta a incerteza, e o consumo obsessivo de informações (agarrar-se à certeza) pode tornar as coisas piores. Buscar informações é vital, e acompanhar as notícias é importante, mas atualizar constantemente as notícias e os *feeds* das redes sociais só aumenta sua ansiedade.

> ### Encontre o seu círculo de controle
>
> Este exercício o ajuda a identificar as coisas em que você pode interferir e aquelas sobre as quais não pode fazer nada. É um passo importante para se desvencilhar de certas preocupações.
>
> 1. Desenhe dois círculos, um ao lado do outro — um "círculo de controle" e um "círculo sem controle";
>
> 2. Preencha os dois com todas as coisas que o preocupam. Coloque-as nos círculos apropriados, identificando o que está sob seu controle e o que não está. Não tem problema mudar de ideia e passar as preocupações de um círculo para o outro;
>
> 3. Identifique três atitudes positivas que pode tomar dentro do seu círculo de controle.
>
> Com isso, você descobriu que muitas de suas preocupações pertencem ao círculo sem controle? Em tempos incertos, é muito útil focarmos o que está sob nosso controle — a maneira como passamos o tempo, por exemplo — e os objetivos que são importantes para nós.
>
> O que seu vizinho ou colega de trabalho faz está fora do seu controle. O que está no seu controle é o que *você* faz. Foque isso e deixe de lado o comportamento das outras pessoas.
>
> Fazer algo construtivo força você a focalizar aquela atividade e interrompe os pensamentos ruminantes, aliviando parte da tensão e ansiedade. Quando você escolhe fazer algo útil dentro do seu círculo de controle, o sentimento de preocupação cessa.

O luto

Após o período difícil que passamos, outra emoção que você pode estar sentindo agora é o luto — ou mesmo suas várias formas. Essa é uma emoção normal diante de tanta incerteza e da dor aguda que vêm com as perdas.

O mundo mudou com a pandemia. Sabemos que essa mudança é provisória, mas não parece; e de certa forma sabemos também que as coisas nunca retornarão completamente à maneira como eram. A perda da normalidade e das conexões e as consequências econômicas são dolorosas. Em um evento vivenciado de maneira tão ampla — como uma pandemia —, lamentamos essas coisas de forma coletiva, e isso fica totalmente fora de nossa zona de conforto.

Além do luto pelo que perdemos, também estamos vivenciando um luto antecipatório. *Luto antecipatório* é aquela experiência emocional que temos quando nosso futuro parece totalmente incerto. Podemos vivê-lo quando tememos perder alguém, como um parente idoso, ou perder algo pelo qual ansiávamos, como casamento, formatura ou planos de viagem.

Também podemos sentir esse luto em relação a coisas pelas quais esperamos a longo prazo, nossos futuros imaginados. Esse tipo de luto pode ser muito confuso. Nossa mente primitiva sente que há um redemoinho vindo em nossa direção, ou que algo ruim está "lá fora", mas não conseguimos ver. Isso quebra nossa sensação de segurança, e nós sentimos essa perda não apenas individualmente ou em nossas comunidades, mas em toda parte. É um sentimento estranho para nós: uma dor coletiva mundial atingindo o mundo em ondas, como nunca vimos antes.

Não importa se a causa é a pandemia ou alguma outra grande mudança, perda ou incerteza que você esteja enfrentando; o que você pode fazer quando sente ondas de pavor, perda ou luto se aproximando?

Um bom ponto de partida é compreender os cinco estágios do luto. A psicóloga Elisabeth Kübler-Ross desenvolveu esse modelo em 1969, e ele tem sido amplamente utilizado e citado desde então. Ele define os cinco estados mais comumente observados nos enlutados, como a negação, raiva, barganha, depressão e aceitação. É interessante observar como esses estágios se desenrolaram em nossas respostas ao coronavírus.

Nesse contexto, não foi necessariamente a perda de uma pessoa pela qual estávamos de luto, embora isso tenha afetado muitas pessoas. Houve também a perda da certeza, das maneiras de viver com as quais estávamos acostumados.

No começo, vimos a negação: vocês estão me obrigando a ficar em casa e tirando a minha diversão.

Houve barganha: se eu me isolar por quatro semanas, tudo ficará bem, certo?

Houve tristeza: não sei quando tudo isso vai acabar.

E, finalmente, houve aceitação: isso está realmente acontecendo; preciso descobrir como seguir em frente.

Embora possamos vivenciar diferentes estágios de luto em momentos diferentes, esse estágio final de aceitação talvez seja onde o poder reside, porque é o lugar em que encontramos coisas que podemos controlar durante as épocas incertas.

Isso não quer dizer que progrediremos de maneira ordenada ao longo dessas cinco etapas até alguma conclusão. Esse modelo nunca teve a intenção de ser linear; não importa o tipo de luto que estamos vivendo, é comum avançar e recuar entre diferentes estágios, dependendo do que está acontecendo. Algumas pessoas nem sequer vivenciam todos esses estágios e têm emoções e pensamentos que não se encaixam perfeitamente nesse modelo. Agora entendemos que o luto é muito peculiar e difícil de prever.

Com o luto antecipatório, pode parecer mais difícil encontrar coisas que podem ser controladas e tomar medidas positivas, porque sua mente vai para o futuro e espera os piores cenários. Ela tenta protegê-lo e ativa seu sistema de ameaças ao mostrar futuros imaginários de tragédia iminente. Nesse momento, o luto antecipatório prejudicial se torna medo e ansiedade.

Quando isso acontece, ao contrário do que imagina, seu objetivo não é evitar essas imagens — sua mente não permitirá que você faça isso, e é desagradável forçá-la. O objetivo é encontrar um equilíbrio nas coisas que você pensa. Ao ver a pior imagem do futuro tomando forma, reserve um tempo para criar um espaço para imaginar resultados diferentes e melhores.

Você também pode viver o luto por meio de perdas que não são reconhecidas publicamente, ou ainda que não são socialmente aceitas e discutidas, como um filho natimorto ou aborto espontâneo, um rompimento ou divórcio e até mesmo seus filhos adultos saindo de casa.

A experiência da perda é real, mas se ela não se encaixa com o que normalmente fazemos como sociedade quando as pessoas morrem, podemos viver a chamada perda ambígua. A doutora Pauline Boss desenvolveu essa ideia para descrever os tipos de sentimentos que acontecem quando um ente querido parte sem algum tipo de resolução ou encerramento.

Vimos isso durante todo o período da pandemia, mas pudemos perceber essa experiência também em ataques de guerra ou mesmo terrorismo, nos quais as pessoas nunca puderam se despedir dos entes queridos.

No mundo moderno, quando a incerteza das viagens interrompe a união das famílias, as separações prolongadas podem ser vividas como essa perda ambígua: a ausência de membros da família que são distantes, acompanhada pelo que a doutora Boss chama de "perda não nomeada e melancolia que nunca passa"[4].

Para ajudar a aliviar algumas dessas experiências de luto, perda e também incerteza, e para conseguir se voltar ao aqui e agora, não importa *por que* você está vivendo tudo isso; o que importa mesmo é lembrar que o antídoto para a incerteza não é ter certeza: é estar presente. Para se acalmar, volte-se para o presente com uma prática de atenção plena.

Prática simples de atenção plena

A atenção plena pode ser tão simples quanto nomear cinco objetos na sala.
· Há um sofá, uma cadeira, uma foto da família; de onde você está sentado, dá para ver o forno da cozinha e uma TV;
· Respire;
· Perceba que, neste momento, nada do que você esperava ou com que se preocupava aconteceu. Neste instante, você está bem;
· Sintonize os seus sentidos e perceba o que eles estão dizendo. O sofá é confortável. O ar está com cheiro de bolo no forno. Você pode ouvir os pássaros lá fora.

Esse exercício ajuda a processar a dor que você pode estar sentindo, trazendo sua atenção ao que está acontecendo agora.

Se, de vez em quando, você ainda se sentir sobrecarregado pelo luto, saiba que não está sozinho. A linguagem nos dá o poder de nomear as experiências internas, e nomear o que estamos sentindo como luto é potente. Isso nos ajuda a sentir o que está dentro de nós e a chegar a uma compreensão melhor — e talvez a não nos sentirmos tão sozinhos. A perda ambígua e o luto desamparado são emoções difíceis de sentir, assim como a culpa do sobrevivente: ao mesmo tempo, sentir gratidão por estar vivo, mas culpa por as pessoas com quem você se importa terem morrido, acompanhada de algum pensamento latente — "se ao menos..." — dizendo que você poderia ter mudado a situação. Não importa qual seja a sua perda, é importante reconhecê-la e honrá-la. Só então poderá passar da perda ambígua e do luto para a resolução, e então ser capaz de seguir a vida e crescer. Só então poderá integrar as experiências que teve com a vida e com os amores que perdeu, sem a necessidade de parar de pensar neles, caso se sinta muito chateado.

Quando você nomeia a sua emoção, pode senti-la e deixar que ela o atravesse. Um estudo[5] confirmou que a tristeza é a emoção mais duradoura, enquanto vergonha, surpresa, medo, desgosto, irritação e alívio duram menos. Mas até a tristeza passa. Portanto, se dê permissão para experimentar a dor. Deixe que ela passe por você. E depois siga.

Se você viveu a perda de um ente querido durante tempos incertos, é importante se permitir dar tempo e espaço para o luto e procurar ajuda se precisar. Se um amigo estiver nessa situação, entre em contato e ofereça apoio da forma que puder. Dependendo de suas circunstâncias atuais, você pode não ser capaz de dar ou receber um abraço pessoalmente, mas há muitas maneiras de mostrar a alguém que ele não está sozinho — por exemplo, fazendo uma chamada de vídeo, enviando uma mensagem sincera, um cartão postal, ou assando alguns biscoitos e mandando uma cesta de café da manhã.

Colocando um sorriso no rosto

Em tempos incertos, muitas pessoas se sentem obrigadas a aguentar firme e colocar um sorriso no rosto, por seus filhos ou por outras pessoas que os amam, mesmo que não se sintam assim por dentro. Será que você deveria fingir que está feliz? A resposta é mais complicada do que imagina. Fingir estar feliz não significa felicidade verdadeira, obviamente. Não trará todos os benefícios que a felicidade genuína traz. No entanto, quando você abre um sorriso, algo surpreendente acontece: as próprias expressões faciais nos fazem senti-lo. Se você enrugar o nariz e estreitar os olhos como faria se estivesse irado, o seu corpo irá liberar um pouco de adrenalina, e sua frequência cardíaca pode aumentar como se realmente estivesse zangado.

Esse processo é válido para outras emoções. Isso significa que, às vezes, nós simplesmente devemos sorrir, mesmo se não estivermos com vontade. Por mais forçado que pareça, há uma explicação científica por trás dessa ação que, de fato, nos fará sentir mais felizes.

A expressão facial por si só, sem mesmo a experiência daquela emoção, é suficiente para criar mudanças distintas em seu sistema nervoso autônomo. Sorria e aperte os olhos, e seu corpo irá liberar todos os tipos de substâncias para o cérebro.

Tente apertar um lápis entre os dentes — o que estimula os músculos do sorriso — e você talvez perceberá o ritmo cardíaco diminuir, se sentindo mais calmo e feliz. Um estudo relatou que é possível achar as coisas mais engraçadas por um momento (mas, na minha experiência, você também pode começar a babar).

Não recomendo que esse esforço para sorrir, quando estamos em meio a sentimentos terríveis, seja feito por nós ou nossos filhos. Quando as crianças estão se sentindo angustiadas ou apenas mal, precisamos treiná-las emocionalmente para que aprendam a navegar em suas experiências negativas. Isso significa ajudá-las a identificar suas emoções e expressá-las com segurança, enquanto aprendem técnicas que as ajudam a seguir em frente e se envolver em uma atividade que traga uma gama diferente de sentimentos a elas.

Enquanto isso, lembre-se de encontrar espaço para que esteja em segurança com as suas vulnerabilidades. Pode ser falar com a família e os amigos — ou talvez seja útil falar com alguém que não esteja diretamente conectado a você, como nos serviços de assistência à saúde mental e instituições de apoio emocional (perto de você ou on-line).

Então, sim — às vezes você precisa colocar um sorriso no rosto. Eu entendo. Só não se esqueça de que até os super-heróis deixam cair as máscaras quando estão com os amigos mais confiáveis. Tire um momento para fazer isso por si também.

Priorize o Quarteto Fantástico

Se tudo parece angustiante e melancólico, então é hora de trazer de volta um pouco de alegria. Uma maneira de ser gentil e empático consigo mesmo é priorizar conscientemente as atividades que o fazem se sentir bem. Quando você se sente triste, tende a ser menos ativo do que o normal e pode parar de fazer coisas que elevam o seu ânimo. Você acaba apenas "sobrevivendo" e se sente ainda pior, sendo levado a uma espiral descendente de infelicidade, ansiedade e ainda mais estresse, também conhecido como funil da exaustão. À medida que fica mais ocupado, você desiste de algo na sua vida para abrir espaço para coisas "importantes", como trabalhar e se ocupar. O que geralmente acontece é que você decide desistir de atividades gratificantes e nutritivas, como tempo em família e recreação, e pensa nelas como "opcionais". Tudo o que gosta pode esperar. Você diz a si mesmo que está deixando essas coisas de lado só por um tempo e que voltará a elas em breve. Então, não sobra nada além de trabalho e outras tensões diárias em sua vida que o drenam como um vampiro de energia. Você acaba totalmente esgotado e exausto.

Para sair dessa espiral, pode ser muito útil fazer atividades que lhe dão uma sensação de prazer ou de realização. Às vezes, não nos valorizamos o suficiente para nos permitir experimentar o prazer. Colocamos as necessidades das outras pessoas em primeiro lugar e nos mandamos para o fim da fila, vendo o prazer como algo para desfrutar só "quando der". Mas a vida é atribulada; o perigo, então, é esse momento nunca chegar.. Isso é especialmente verdadeiro para alguns pais, que colocam as necessidades de seus filhos muito acima das suas próprias, não se permitindo nenhum tempo e espaço pessoal.

Mesmo que você não ache que merece se divertir agora (mas, de verdade, você merece), trazer prazer à vida é um pilar fundamental de resiliência pessoal. Fazer atividades prazerosas, como se envolver com os hobbies e interesses que deixou para trás há um tempo, ou fazer as coisas de que você gostava quando era mais jovem, antes de a vida ficar muito mais complexa, pode ser extremamente útil para aliviar os sentimentos depressivos. Isso também vale para exercício físico, conexão social e atividades que trazem um senso de realização — como atingir pequenos objetivos ou agir com propósito.

Parte dessa questão é que negligenciamos as coisas que nos nutrem para simplesmente seguir em frente — e isso torna a incerteza muito mais difícil de se lidar. Por isso é importante que qualquer estrutura que você crie para a sua semana inclua uma boa mistura do quarteto fantástico: atividades prazerosas, físicas, sociais e com metas.

Quando há uma boa mistura dos quatro, você pode interromper a queda no funil da exaustão. E mais: o quarteto fantástico vai ajudá-lo a escalar para um lugar onde atividades interessantes e prazerosas são novamente uma parte regular da sua programação semanal, em vez de ser a primeira coisa cancelada quando outras tarefas ou obrigações interrompem sua semana. Fazer um esforço consciente para trazer o quarteto fantástico para a sua semana ajudará muito a elevar o seu ânimo e a encontrar alegria na vida, mesmo em tempos difíceis. Ele também fornece uma estrutura alternativa para cumprir alguns dos cinco passos para o bem-estar (conectar-se, aprender, movimentar-se, perceber, doar-se) do capítulo 3 "Estrutura".

> Incorporando o quarteto fantástico[6]
>
> Identifique as atividades que você poderia fazer que se encaixem em cada uma das seguintes categorias:
> - Atividades prazerosas;
> - Atividades baseadas em metas e realizações;
> - Atividades físicas;
> - Atividades sociais.
>
> Faça uma programação equilibrada para a sua semana. É essencial fazer uma série de atividades de cada grupo e distribuí-las ao longo dos dias. Algumas atividades podem se encaixar em mais de um grupo — um café virtual ou presencial com amigos pode ser prazeroso e social.

Mantenha um diário

Muitas pessoas acham que manter um diário privado (diferente do público, como blogs e postagens nas redes) fornece um espaço seguro para que elas revelem seus sentimentos mais íntimos. Há evidências de que, uma vez que escrevemos nossos sentimentos no papel, começamos a nos sentir menos abalados por emoções complicadas, que têm menos chances de rodear nosso corpo e mente, liberando espaço para outras emoções mais edificantes.

Ao pensar em um diário, é possível que tenha em mente a imagem de um caderno bonito nas mãos de uma menina tentando se encontrar e lidar com o drama adolescente. Na verdade, muitos dos principais líderes e influenciadores do mundo, do passado aos dias modernos, de Marco Aurélio a Marie Curie, de Lady Gaga a Tim Ferriss, tinham ou têm um diário.

Manter um diário nos ajuda a ficar mais conscientes (e autoconscientes), nos dando suporte para detectar padrões inúteis à espreita em nossos pensamentos e comportamentos. Isso nos permite ter um controle mais ativo sobre nossa vida e ajuda a colocar as coisas em perspectiva. Também é útil para migrar de uma atitude negativa para uma mais positiva, principalmente no que diz respeito a nós mesmos.

Um diário efetivo requer mais do que despejar as ideias na página. Para obter todos os benefícios, escreva em um espaço confidencial e personalizado, livre de interrupções. Mantenha o seu diário exclusivo e particular — não é para a sua família, nem os seus amigos, nem mesmo o seu parceiro ou parceira. Procure escrever pelo menos uma vez por dia e, em tempos intensos ou particularmente estressantes, tente escrever pelo menos três ou quatro vezes por dia, se conseguir. Se estiver em movimento, basta anotar algumas ideias no seu celular e transferi-las para o seu diário mais tarde.

Pensando no que escrever? Kay Adams, do Therapeutic Writing Institute, desenvolveu um ótimo exercício para manter um diário usando um acrônimo conveniente: ANOTE. Eu o adaptei aqui.

> ### Anote
>
> **A.** Assunto. Sobre o que quer escrever? O que se passa com você? Como se sente? Em que você pensa? O que quer?
>
> **N.** Nomeie e reflita sobre o seu assunto. Feche os olhos. Respire fundo três vezes. Foque. Você pode começar com "Eu quero...", "Eu sinto...", "Eu acho...", "Aqui...", "Agora..." ou "Neste momento...";
>
> **O.** Observe atentamente os seus pensamentos e sentimentos. Comece a escrever e não pare. Deixe fluir ininterruptamente por um tempo. Siga a caneta ou seus dedos no teclado. Caso sinta bloqueio ou fique sem palavras, feche os olhos e volte a si mesmo. Leia outra vez o que já escreveu e continue a escrever;
>
> **T.** Tire um tempo. Use um cronômetro por cinco a quinze minutos. Escreva a hora de término agendada na parte superior da página. Use o temporizador do relógio, celular ou forno. Defina um alarme para soar quando o tempo acabar;
>
> **E.** Encerre relendo o que escreveu e reflita sobre isso em uma ou duas frases: "Ao ler isso, posso ver que...", "Percebo que..." ou "Sinto que...". Observe qualquer outra atitude que queira tomar como resultado dessa anotação no diário.
>
> Ele não só vai ajudá-lo a processar o que está acontecendo com você, mas futuramente também servirá como um registro fascinante de como você se sentia naquele momento.

Nossa vida emocional é uma parte muito importante de como passamos por uma crise e por incertezas. Isso inclui desenvolver uma consciência sobre como a crise afeta aqueles com quem nos preocupamos e, o mais importante, como ela afeta e influencia nossas decisões.

Ao aprender a lidar com nossas próprias emoções difíceis, começamos a ser mais abertos a compreender a experiência dos outros. Isso nos coloca em um lugar melhor para tomar melhores decisões sobre como ajudar uns aos outros e a nós mesmos. Entretanto, o caminho para nos entendermos melhor é complicado. No próximo capítulo, veremos que, embora nossa mente tente nos ajudar encontrando atalhos para nos salvar do trabalho, isso às vezes nos causa problemas.

> Como processar seus sentimentos
>
> · Identifique preocupações improdutivas — se estiver preocupado com algo que não pode mudar, ficará ainda mais ansioso;
> · Anote as suas preocupações num diário — isso pode interromper o ciclo de preocupações e ajudá-lo a seguir em frente;
> · Aceite o que não pode controlar;
> · Atenha-se às rotinas para ter uma sensação de controle;
> · Pratique a atenção plena — volte-se ao aqui e agora;
> · Encontre oportunidades para rir e se divertir — quando estamos rindo de um programa de TV engraçado ou da piada de um amigo, estamos realmente no aqui e agora;
> · Nomeie sua emoção — isso vai ajudá-lo a processá-la e seguir em frente;
> · Dê prioridade às atividades que fazem você se sentir bem;
> · Pratique a autoempatia.

capítulo 6

as peças que nossa mente prega

Uma decisão simples... Será mesmo?
Embora tenhamos passado as últimas centenas de anos separando as coisas e nós mesmos, tentando descobrir como elas (e nós) funcionam, não estamos muito próximos de entender como os sistemas complexos, feito a mente humana, operam.

Nossa mente é projetada para nos ajudar a lidar com um mundo de incerteza, tomando atalhos para que possamos processar grandes quantidades de informações ou para preencher as lacunas cuja falta nos impede de adotar comportamentos que salvam vidas. Embora essas regras gerais sejam realmente úteis na maioria das circunstâncias, elas podem nos causar problemas em algumas situações em que a ameaça persiste por um longo período. A solução que nossa mente encontra talvez nos auxilie a passar pelo perigo imediato, mas também nos configura para problemas maiores.

A premissa básica que subjaz grande parte do nosso trabalho de detetive, sobre como nossa mente complicada funciona, é que somos seres racionais e lógicos, e podemos descobrir sistemas complexos localizando e identificando todos os seus componentes. Uma vez que o fizemos, tornou-se simplesmente uma questão de descobrir como eles trabalham juntos para computar uma solução lógica aos problemas que nós enfrentamos.

O problema é que esse modelo de "computador racional" da mente humana não parece se desenvolver conforme nossas experiências. Na verdade, contamos com nosso cérebro emocional (ou não consciente) para a maioria das decisões. Quando temos várias escolhas e precisamos decidir, não ponderamos cuidadosamente as opções para, em seguida, chegarmos a uma conclusão, não importa o quão atraente essa possível explicação soe. Pelo contrário: tendemos a usar atalhos mentais — muitos dos quais são imprecisos e podem nos enganar. Para qualquer decisão (tomamos muitas delas a cada instante), nosso cérebro não consciente faz uma quantidade impressionante de análises invisíveis que então geram um sentimento, como um sinal, para nosso cérebro consciente. Nosso pobre e sobrecarregado cérebro racional (ou consciente), entretanto, está lutando com todas as informações que tem para processar e, agradecido, recebe esse sinal codificado de sentimento do cérebro emocional para tomar uma decisão. Portanto, não importa o quão racionais pensemos que somos; as decisões são, em grande medida, dependentes da emoção — como *nos sentimos* a respeito de uma situação específica.

Uma vez que começamos a entender isso, a forma como pensamos em alterar o nosso comportamento para gerir melhor os nossos medos e ansiedades começa a mudar. O que costumávamos pensar como um processo racional de tomada de decisão, seguindo uma série de deduções usando a lógica "se-então", simplesmente não é a maneira como as pessoas fazem escolhas. Tendemos a superestimar o poder e a importância do cérebro consciente. Isso também explica por que às vezes ficamos perplexos com o comportamento de outras pessoas e até mesmo com nossas próprias ações. Assumimos que podemos prever o comportamento delas (e o nosso) aplicando regras lógicas. No entanto, a maioria dos comportamentos é impulsionada por processos não conscientes no cérebro que não podemos ver ou articular.

A maioria de nós não pode explicar por que, como ou o que faremos no futuro. Apesar disso, para manter um eu coerente, ao nosso ver e ao dos outros, racionalizamos o que fazemos com base na manutenção (ou mudança) de nossa própria história.

Para manter ainda mais nosso eu coerente à medida que passamos pela vida, usamos nossas experiências únicas para construir um padrão de como o mundo funciona e de como trabalhamos neste mundo de objetos e pessoas. Armazenamos esses padrões como redes neurais, e visto que todas as nossas experiências são originais — mesmo se formos gêmeos, nossos padrões são diferentes —, esses padrões têm uma influência maciça sobre nosso comportamento, e ao que nos atentamos ao tomar decisões. Esses padrões são nossas maneiras estabelecidas de ver e de fazer as coisas.

Nosso cérebro evoluiu para procurar ameaças em nossos ambientes. Por causa disso, coisas novas ou inesperadas — que não se encaixam em nossos padrões de expectativa de como o mundo deveria ser — captam nossa atenção de forma muito eficaz. Na verdade, nosso cérebro não só procura o inesperado, mas também anseia por ele. A razão para essa busca constante por padrões, e nossa atenção que está sendo capturada pelas coisas que não cabem neles, é que nosso cérebro acha difícil tratar das ocorrências aleatórias. Quando vemos nuvens, nós vemos coisas nelas — um golfinho, um macaco etc. Ao vermos um conjunto de luzes piscando (aleatoriamente) quando a música toca, pensamos que elas estão no mesmo ritmo.

Nosso cérebro procura padrões para ver se pode encontrar uma correspondência com padrões que já temos na memória. Quando isso acontece, ele pode facilmente processar as novas informações e (aparentemente) tomar uma boa decisão. Quando não a encontramos, o cérebro recalibra e armazena novos padrões, ou tenta integrar a nova observação a padrões já existentes. Dessa forma é preciso menos trabalho, e podemos acomodar novas informações sem ameaçar perturbar velhos padrões e maneiras de ver o mundo.

Mas essa maneira eficaz com a qual a mente trabalha nos deixa vulneráveis a um erro específico: ela perde as nuances. A busca constante por padrões, em seu ambiente, que correspondam ao que você já vivenciou antes e que desencadeiem comportamentos de atalho corre o risco de que sua resposta não seja realmente adequada às circunstâncias em que você se encontra. Uma resposta melhor só pode ser organizada quando fazemos uma pausa, prestamos muita atenção e somos capazes de projetar uma resposta do zero.

Escolhendo bem

A maneira como tomamos decisões é determinada pelo número de opções e pelo número de variáveis que precisamos considerar. Nosso cérebro consciente funciona melhor quando há poucas escolhas e poucas variáveis. Mas, cada vez mais, somos confrontados com decisões em que temos muitas opções para escolher e muitas variáveis para compreender.

Quando as coisas não estão claras, quando recebemos muitas informações, nosso cérebro não consciente toma decisões melhores. Quando temos muita informação para que nosso cérebro racional entenda, este recorre, em geral, a um subconjunto de informações que baseiam sua decisão. Infelizmente, nem sempre estamos cientes de que isso está acontecendo.

Imagine que você está escolhendo um carro. Se não for muito experiente nisso e não tiver um padrão de experiência desenhado a partir do seu cérebro não consciente, seu cérebro consciente poderá basear sua decisão em uma variável que não é muito importante, como a cor. Pesquisas parecem indicar que nosso cérebro consciente só pode processar até dez variáveis e, em alguns casos, apenas cerca de quatro. Isso é muito menos do que o número de variáveis que temos que considerar na maioria das situações. Muitas vezes, as pessoas se saem melhor depois de olhar para uma escolha e tomar uma decisão imediata (quando seu cérebro não consciente processa as informações atuais e as integra à experiência passada e decide), em vez de estudar o problema ao longo de dias, semanas e meses, esperando que seu cérebro racional decida.

Naturalmente, há uma opinião contrária de que é "melhor pensar do que piscar" (ou fazer um julgamento rápido). Mas compreendo que a intuição existe por uma razão.

Temos caminhos neurais, das nossas entranhas ao nosso cérebro, que remontam à nossa história evolutiva, quando algo que comemos provavelmente nos fez mal — e a maneira de parar de nos sentirmos mal foi expelir as impurezas. Nosso instinto reagir mal é um sinal de que estamos chateados; mesmo que racionalmente não possamos ver qual é a ameaça, nossa rede neural, ou sistema nervoso não consciente, está nos dizendo algo diferente.

É por isso que pausar e criar espaço para mais processamento e reflexão é realmente importante. Quando você pausa e reflete, está pondo seu cérebro racional no jogo. Pode então dar um passo atrás para entender por que seu cérebro não consciente está lhe enviando um sinal no qual precisa prestar atenção. Naturalmente, você pode escolher ignorá-lo. Mas, se o fizer, faça-o com atenção e sabendo que pode precisar voltar para um plano B. Responda em vez de reagir.

Tome a atitude oposta

A Terapia Comportamental Dialética, uma terapia comumente usada que ensina novas habilidades para ajudar no gerenciamento de emoções dolorosas, oferece uma técnica chamada *ação oposta,* que pode ajudar quando surgem momentos complicados. Sempre que você sente emoções negativas, a técnica exige recordar deliberadamente um momento em que você sentiu o oposto. Por exemplo, se você estiver ansioso, recorde um momento em que se sentiu calmo e livre. Quando estiver zangado, lembre-se de quando se sentiu amoroso e compassivo. Penetrar na profundidade dessa emoção e recriá-la em seu corpo dá a você uma experiência real de mudar seu estado emocional e físico conforme desejado.

Essa prática lembra que as emoções são eventos passageiros e podem viajar por sua mente e corpo em questão de instantes. Ela diz que você não é um receptor passivo dos seus estados emocionais — que também pode moldar a sua experiência.

Desfazendo os nós internos

Deixe-me fazer uma pergunta: o que uma vida prazerosa e produtiva significa para você? E quais são as coisas que surgem que o impedem de viver essa vida? Para muitas pessoas, as barreiras não são relacionadas a eventos estressantes que acontecem externamente, mas muito mais ao que está acontecendo internamente: seus sentimentos e pensamentos — ansiedade, preocupação, estresse, pensamentos negativos, baixa autoestima e assim por diante. Às vezes elas têm a sensação de que seus sentimentos e pensamentos estão tomando conta.

Digamos que você chega em casa do trabalho se sentindo tenso, no limite. Talvez tudo que você queira fazer é se esconder da sua família. A última coisa que quer fazer é falar sobre o que aconteceu no trabalho, então acaba sendo ríspido com o seu parceiro ou parceira — mesmo sabendo que a pessoa não merece — e se sente mal por isso logo em seguida. Talvez não consiga parar de pensar no trabalho mesmo quando está em casa.

Como tentar parar de pensar nisso? Muitas pessoas dizem que simplesmente tentam abstrair. No entanto, também dizem que, de fato, não surte efeito. Talvez funcione por um tempo, mas então algo surge, fazendo com que se sintam irritadas de novo. Algumas pessoas dizem que se dedicam a estratégias de distração e engajamento, como a faxina. No fim, a casa realmente fica limpa — às vezes elas até se levantam de madrugada para limpar. E isso funciona enquanto elas limpam. Contudo, mesmo durante essa ação, outras preocupações podem surgir, assim como os pensamentos iniciais sobre o trabalho.

Será que a faxina era parte do que você achava que uma vida agradável e eficaz seria? Se você se identifica com o exemplo, talvez deva adicioná-la à sua lista para uma vida agradável.

Nós, seres humanos, somos animais peculiares. Fazemos uma série de coisas para tentar reduzir essas neuras internas indesejáveis que podem interferir na nossa vida. Faça sua escolha. Para começar, temos:

- Abstrair;
- Se esconder;
- Não pensar nisso;
- Fazer uma faxina;
- Usar compulsivamente as redes sociais;
- Tentar colocar tudo em perspectiva.

Às vezes, ficamos bastante sofisticados ou criativos e empregamos estratégias como a ironia ou o "pensamento positivo" irrestrito. Elas funcionam por um momento, com certeza; mas, como as outras estratégias, com o tempo não são capazes de prevenir o surgimento de pensamentos indesejáveis, preocupações e sentimentos.

Esse cenário faz sentido para você? Você usa todas essas estratégias elaboradas uma vez ou outra para evitar se sentir mal ou ter pensamentos negativos e, no entanto, a longo prazo, elas não funcionam. De vez em quando, as estratégias podem até mesmo piorar a situação.

Por que fazemos isso, então?

Existe uma teoria que diz mais ou menos isto: a linguagem humana e o pensamento racional nos deram uma tremenda vantagem como espécie. Conseguimos resolver os problemas complexos, fazer planos para o futuro e outras coisas fantásticas. E para 95% de nossa existência, no mundo externo aos nossos corpos, nossa mente fez milagres. Basta olhar para o que somos capazes de fazer — computadores, organizações complexas de muitos tipos, foguetes que enviam robôs para Marte, smartphones e tablets, belos monumentos e edifícios, entre outros. Ao longo da nossa história, somos notavelmente bem-sucedidos porque temos trabalhado seguindo uma regra que funciona, grosso modo, da seguinte maneira:

"Se não gostarmos de uma coisa, é só descobrir como nos livrar dela ou alterá-la, para então torná-la melhor!"

Nossos ancestrais não gostaram de estar com frio; então descobriram como se manter aquecidos. Quando sentir fome não foi uma experiência agradável, eles descobriram como armazenar e cultivar alimentos. No mundo externo ao nosso corpo, a regra funciona bem ainda hoje. Isso tem tudo a ver com controle. Nós, seres humanos, fomos muito bem-sucedidos no controle do ambiente ao nosso redor. Funciona muito bem para o mundo *externo.*

Mas há outro aspecto em nossa experiência vivida: os outros 5% de nossa vida que são vividos *internamente.* Esse é um território muito importante, porém desconhecido. Nele, nada é concreto — nem as cadeiras, os tablets ou iPhones. É um mundo virtual de pensamentos, emoções e sensações físicas. Muitas vezes pode parecer o mundo real, mas *não* é.

Apesar do nosso sucesso para lidar com problemas externos, nós humanos tendemos a ter dificuldades com a maneira como lidamos com problemas internos. Frequentemente, tentamos aplicar a régua do controle que funciona tão bem no mundo real (externo) ao mundo virtual (interno). Tentamos mudar, remover ou evitar os pensamentos, sentimentos e memórias de que não gostamos. Mas isso não funciona internamente. Não é fácil parar de pensar em algo que não queremos. Na verdade, tentar não pensar nos faz pensar ainda mais.

O problema é que quando tentamos controlar pensamentos e sentimentos, embarcamos em uma luta invencível com partes de nossa própria experiência. E essa luta interna nos custa caro. Ironicamente, é mais provável que as coisas contra as quais lutamos se tornem mais importantes — não menos. E a luta nos afastará do momento presente, do aqui e agora, de maneira contínua. Também pode envolver evitar situações ou pessoas e reduzir nossa capacidade de atingir nossos objetivos na vida.

Por causa desses desgastes, no mundo interno, os esforços para controlar nossos pensamentos e sentimentos se tornam o problema, não a solução. Não precisa acreditar em mim; basta pensar se tudo isso se aplica a você.

Podemos controlar nossos pensamentos?

Imagine uma deliciosa barra de chocolate. Abra a embalagem e olhe para ela, ansiando pelo seu sabor. Agora, coloque-a na boca e deixe-a derreter; sinta-a começando a se dissolver e ficando quente conforme você saboreia a doçura se alastrando pela língua. Deixe-se levar por esse pensamento, esse sabor, por alguns segundos antes de continuar a ler.

Agora pare de pensar no chocolate. Estou o instruindo a não pensar nele até o final deste capítulo. Se começar a pensar em chocolate, quero que pare imediatamente. Note que pensou, mas pare. Você não deve pensar no chocolate.

O objetivo deste pequeno exercício é entender como é difícil para nós não pensar em algo. Aposto que já pensou no chocolate. Se sim, não foi o único. É assim que a mente funciona — quanto mais tentamos não pensar em algo, mais acabamos pensando —, isso é chamado de *efeito do urso branco*[7].

Tropeçando no urso branco

Às vezes, especialmente quando você está tentando espantar determinados pensamentos de sua mente, como quando a incerteza de sua situação atual o deixa ansioso e com medo, parece que você e sua mente não estão jogando no mesmo time. Quanto mais você tenta não pensar sobre o assunto, mais ele está lá. Mesmo que sua habilidade de suprimir o pensamento indesejado seja aprimorada, ela não parece funcionar a longo prazo. Tentar jogá-lo para escanteio simplesmente não funciona. A supressão de pensamentos também tem impactos comportamentais. Em um experimento[8], pessoas que estavam proibidas de pensar em chocolate acabaram comendo mais chocolate quando tiveram oportunidade do que aquelas que não receberam a instrução de suprimir o pensamento.

Uma teoria para explicar isso é que tentamos nos distrair pensando intencionalmente em outra coisa. Além disso — e aí vem a parte irônica —, nossa mente inicia um processo de monitorização inconsciente para verificar se ainda estamos pensando na coisa que não deveríamos — para verificar se o nosso processo consciente está ou não funcionando. O problema surge quando deixamos conscientemente de tentar nos distrair e o processo inconsciente continua olhando para aquilo que estamos tentando suprimir. Qualquer coisa que se pareça minimamente com o alvo aciona o pensamento outra vez, e entramos em outro ciclo de pensamento, o mesmo que estávamos desesperados para tentar esquecer.

Portanto, a ironia da supressão de pensamentos é que tentar ativamente controlar nossa própria mente às vezes pode fazer mais mal do que bem.

O poder da aceitação

Se você quiser aceitar um sentimento (ou um pensamento), precisa percebê-lo primeiro. Observar a si mesmo como um cientista curioso ajuda a cultivar uma abertura para seus próprios sentimentos — auxiliando a reconhecer em vez de *evitar*, tentar derrotar ou ignorar e fingir que eles não existem. O simples ato de observar ou perceber um sentimento com curiosidade, em vez de ser capturado por ele, muitas vezes leva à aceitação — e se não, pelo menos é um passo na direção certa. Aqui está um guia de como dar esse passo.

> ### O que podemos fazer em relação aos nossos pensamentos?
>
> • A chave é abandonar as tentativas de exercer o controle do pensamento e praticar a aceitação. Em poucas palavras, aceitação é permitir que nossos pensamentos e sentimentos sejam como são — independentemente de serem agradáveis, dolorosos ou apenas irritantes;
> • Esteja aberto, dê espaço para eles e pare de lutar. Deixe-os ir e vir como naturalmente fazem. Confira o exercício "Folhas no riacho" mais adiante neste capítulo (consulte as páginas 98 e 99) para praticar;
> • A distração pode funcionar como uma solução a curto prazo, mas, a longo prazo, a prática da aceitação exige muito menos esforço do que estar o tempo todo de guarda para afastar pensamentos indesejados. Além de ser uma tarefa desgastante, tanto mental quanto fisicamente, a distração simplesmente não funciona muito bem.

Podemos ter sentimentos dolorosos por muitas razões diferentes — isso é natural. Mas você pode observar e abrir espaço sem travar uma luta contra eles. Isso vai torná-lo muito mais capaz de se comprometer inteiramente com a vida e de fazer o que realmente é importante para você.

Quando reconhecermos que é normal e natural ter sentimentos dolorosos — que é uma parte inevitável do ser humano —, seremos mais propensos a aceitá-los.

Se você diz certas coisas a si mesmo — por exemplo: "Pessoas normais não se sentem assim"; "Deve ter alguma coisa errada comigo" —, elas terão uma influência enorme na sua atitude perante seus sentimentos.

Aqui está um rápido exercício para você tentar.

Como reconhecer um sentimento

· Quando surgir um sentimento, perceba que você está sentindo aquilo. Repare onde você o sente. Observe onde ele se manifesta de forma mais intensa;

· Muitas pessoas acham que respirar fundo as ajuda a abrir espaço para o sentimento. A respiração lenta e diafragmática parece funcionar bem. Então, tente reconhecer qual é a sensação e respire suavemente. Enquanto você observa o sentimento e percebe onde o sente, tente apenas imaginar se abrindo um pouco para ele;

· Se esse sentimento fosse um objeto, pergunte-se como seria. Quando você o reconhecer, pode perceber que ele começa a mudar. Repare caso isso aconteça, mas não force. Ele fica menor? Pode ser que fique maior. Lembre-se: não importa quão grande o sentimento fique, ele não será capaz de ficar maior do que você. Então, observe-o, respire e abra espaço para ele.

As nove emoções básicas

A maioria das pessoas concorda (com algumas divergências) que existem nove emoções humanas básicas. Conforme você ler a lista abaixo, quero que as classifique como emoções negativas (ruins) ou positivas (boas). Uma coisa ou outra — negativo ou positivo — não hesite; apenas dê sua resposta imediata.

· Amor;
· Alegria;
· Curiosidade;
· Raiva;
· Medo;
· Tristeza;

- Culpa;
- Choque;
- Nojo.

Suponho que você tenha classificado como negativas seis das nove emoções humanas básicas e normais. Isso lhe diz alguma coisa sobre o que significa ser humano?

Dois terços das emoções que cada pessoa sentirá ao longo da vida não são boas. Mas vivemos em uma sociedade focada no bem-estar, que nos diz que devemos nos sentir bem o tempo todo. Quão realista é isso?

A autocompaixão — ser atencioso e gentil consigo mesmo — acrescenta outra dimensão à aceitação. Vamos voltar para quando você reconhece um sentimento de que não gosta.

- Traga essa experiência agora para a sua mente e corpo;
- Coloque a mão onde a sente com mais intensidade e veja se consegue se abrir para ela;
- Sustente-a delicadamente.

Às vezes, queremos focar em nossas emoções, como quando estamos aprendendo a observá-las (como agora), ou quando estamos enlutados. Em outras ocasiões, estarmos muito concentrados em nossas emoções pode nos atrapalhar a viver. Quando notamos que o sentimento contra o qual estamos lutando não precisa estar nos holofotes — que é um dos muitos atores em um palco bem iluminado —, podemos começar a notar que é apenas um entre muitos outros. Ele não é o único ator no palco: não representa todo o espetáculo.

- Observe essa sensação novamente e repare na sua respiração;
- Note o seu corpo e o espaço ao seu redor;
- Perceba que existe muita coisa acontecendo.

Portanto, a alternativa para tentar controlar nossos pensamentos e emoções é a aceitação. Ou seja, se estamos dispostos a experimentar uma emoção ou pensamento pelo que é, sem lutar, então podemos escapar de todos os problemas inevitáveis que vêm com lutas internas — como mais estresse, ansiedade, preocupação e uma capacidade reduzida de estar no aqui e agora. Praticar técnicas de atenção plena nos ajuda a ter um vislumbre dos pensamentos como pensamentos, das emoções como emoções — não são verdades; não são o mundo real.

Quando vemos nosso mundo interno como ele é, é muito menos provável que nos envolvamos em lutas inúteis contra nossa experiência interna, e nossas experiências ficam muito menos propensas a interferir em nossos desejos de uma vida agradável e produtiva.

Tente este exercício, "Folhas no riacho", para ver como técnicas de atenção plena são úteis.

Folhas no riacho

- Sente-se numa posição confortável e feche os olhos ou descanse o olhar suavemente num local fixo;
- Imagine-se sentado ao lado de um riacho de correnteza suave, com as folhas deslizando pela superfície da água. Dê a si mesmo alguns momentos para se sentir integrante da paisagem;
- Durante os próximos minutos, recolha cada pensamento que entrar na sua mente e coloque-o numa folha. Deixe-o deslizar. Faça isso com cada um deles — seja prazeroso, desagradável ou neutro. Mesmo que tenha pensamentos maravilhosos ou ansiosos, coloque-os numa folha e deixe-os deslizar;
- Se os seus pensamentos pararem temporariamente, continue a observar o fluxo. Aguarde alguns momentos e os pensamentos começarão a aparecer outra vez;

- Permita que o riacho continue no seu próprio ritmo. Não tente apressá-lo e acelerar os seus pensamentos. Você não está tentando empurrar as folhas ou "se livrar" de seus pensamentos, mas, sim, permitindo que venham e vão em seu próprio ritmo;
- Se a sua mente diz "Isso é estúpido", "Estou entediado" ou "Não estou fazendo isso certo", coloque também esses pensamentos nas folhas e permita-os deslizar para longe. Faça uma pausa de vinte segundos;
- Se uma folha ficar presa, deixe-a até que esteja pronta para deslizar. Se o pensamento surgir novamente, observe-o deslizar outra vez. Faça mais uma pausa de vinte segundos;
- Se surgir um sentimento doloroso ou desagradável, basta notá-lo. Diga a si mesmo: "Eu percebo que tenho um sentimento de tédio/inquietação/frustração". Coloque esses pensamentos nas folhas e permita que deslizem;
- De vez em quando, seus pensamentos podem capturá-lo e distraí-lo de estar totalmente imerso neste exercício. Isso é natural. Assim que perceber que se distraiu, retorne suavemente sua atenção ao exercício de visualização;
- Continue colocando seus pensamentos nas folhas por mais alguns momentos. Observe quão lenta ou rapidamente eles flutuam e com que frequência as folhas aparecem. Não existem respostas certas ou erradas, apenas repare com curiosidade;
- Observe a sua respiração, leve suavemente a sua consciência de volta ao seu ambiente por meio do que você ouve e sente, e lentamente abra os olhos.

Praticando a autocompaixão

Trabalhe mais. Faça mais. Seja o melhor. Vença. Somos soterrados de mensagens como essas todos os dias. Muitas vezes, a fonte delas somos nós mesmos. Não há nada de errado em ter sonhos. Mas, de modo geral, não temos tempo para parar e refletir se essa atitude autocrítica e competitiva de fato nos ajuda a alcançar esses objetivos e a realizar nossos sonhos, ou se está nos atrapalhando de verdade.

Atitudes e conversas autocríticas podem ser autodestrutivas. Quando nossa autoestima depende dos outros — quando queremos competir com os outros para nos sentirmos bem —, podemos realmente nos tornar mais ansiosos e inseguros. Se falharmos, ficamos ainda mais autocríticos e somos levados a um ciclo negativo e a mais infelicidade.

Quando somos criticados, ficamos na defensiva. Além disso, a competição pode fornecer as circunstâncias perfeitas para a desconexão. Em vez de construir conexões sociais, vemos os outros como obstáculos a serem superados — e acabamos nos sentindo mais distantes deles —, o que não ajuda o nosso bem-estar.

A autocompaixão, no entanto, nos ajuda a nos valorizar não em comparação com os outros — seja positiva ou negativamente. Pelo contrário: nos valorizamos apenas porque somos intrinsecamente merecedores de cuidado e compaixão — assim como todos os outros. Nos tratamos como se fôssemos nossos melhores amigos. Em vez de repreender, julgar ou aumentar o desespero deles, ouvimos com empatia e compreensão e os encorajamos a ver que os erros são normais.

E não são apenas os muito autocríticos que carecem de autocompaixão — algumas das pessoas mais gentis que você conhece, também. Há pouca correlação entre o traço de autocompaixão e a compaixão para com os outros. Precisamos praticar a gentileza com nós mesmos, já que costumamos ser gentis com os outros.

A autocompaixão aumenta a força e a resiliência, melhora a produtividade e diminui o estresse. Também podemos aprender a praticá-la melhor. Aqui estão algumas sugestões:

1. Anote sua conversa consigo mesmo. Se você acabar se repreendendo por dizer a coisa errada em uma situação, escreva as

palavras autocríticas que você diz a si mesmo e pergunte-se se alguma vez as diria a um amigo. O que um amigo diria em vez disso?

2. Escreva uma carta para si mesmo. Quando você notar que está escrevendo coisas ruins, adote a perspectiva de um amigo compassivo. O que ele lhe diria agora? Quais seriam as palavras? Escreva-as como se fosse uma carta para você. Volte a ela mais tarde e entregue-a para si mesmo. Guarde-a por semanas e meses e a leia regularmente;

3. Crie um dizer de autocompaixão. Quando algo complicado acontece em sua vida e você acaba sendo autocrítico, tenha um dizer de referência que possa usar como lembrete para ser mais gentil consigo mesmo: "Este é um momento de dor, e a dor e o sofrimento são uma parte da vida. Quero ser gentil comigo mesmo agora e me dar a compaixão de que preciso neste momento".

Sua mente pode pregar infinitas peças em você mesmo. Este capítulo mostra apenas uma pequena parte delas, mas há milhares de outras possibilidades. Para evitar cair nessas armadilhas, uma das melhores coisas que você pode fazer para si mesmo é dar uma pausa, respirar e dar um passo atrás. E como já vimos, não se pode fazer isso quando seu corpo e sua mente estão em alerta e tudo parece uma ameaça.

Criar espaço para conseguir refletir, ser autocompassivo e calmo lhe dá a melhor chance de evitar se sabotar e de construir um repertório de novos padrões que vão ajudá-lo a ver o mundo como ele realmente é.

Também será útil para ver o seu lugar interligado ao mundo: com as pessoas e com todas as relações complexas entre os diferentes estados do seu corpo e da sua mente.

Quando você pratica o suficiente, começa a construir hábitos que podem se juntar para mudar toda a sua abordagem sobre a vida.

E é exatamente sobre essa ideia que iremos discutir no próximo capítulo.

> Como evitar cair nas pegadinhas da mente
>
> · Observe e abra espaço para os seus sentimentos sem ficar atolado neles;
> · Aceite que as emoções negativas fazem parte da vida;
> · Pratique a autocompaixão — seja gentil e cuide de si mesmo;
> · Molde a sua mente — quando sentir uma emoção negativa, pense deliberadamente num momento em que sentiu de forma oposta;
> · Faça uma pausa, respire e dê um passo atrás para ficar calmo e ver o mundo como ele realmente é.

capítulo 7

estilo pessoal

Esperança e confiança em resultados e futuros melhores são marcas de uma atitude mental conhecida como *otimismo*. Os otimistas esperam que coisas positivas aconteçam e tendem a ter melhores habilidades de enfrentamento e saúde física, menores níveis de estresse, além de persistirem mesmo quando enfrentam obstáculos para atingir seus objetivos. Os otimistas têm três maneiras particulares de explicar como as coisas acontecem em suas vidas. Eles se perguntam:

- O evento é estável ou instável? As coisas permanecem iguais não importa por quanto tempo eu as deixe, ou o tempo fará com que mudem?
- É local ou global? Esse evento reflete apenas uma parte da minha vida ou é a minha vida como um todo?
- É interno ou externo? Eu sinto que os eventos são causados por mim ou acontecem comigo?

Os otimistas explicam eventos bons em suas vidas por causa de suas escolhas e ações (internas). Eles pensam que mais coisas boas acontecerão no futuro (estável) e que isso afetará positivamente outros aspectos (globais) de suas vidas. Também explicam que eventos terríveis não são culpa deles (externos); são azar (instável), e não têm nada a ver com seu futuro ou outras áreas da sua vida (local).

Os pessimistas enxergam seus mundos de forma diferente. Eles veem eventos positivos como eventos pontuais de sorte (locais), com causas sobre as quais não têm controle (externas), e provavelmente não acontecerão novamente (instáveis). Acreditam que coisas ruins são causadas por seus próprios erros ou traços de personalidade (internos). Também interpretam como um sinal de que coisas piores acontecerão (estável), e repercutirão em tudo (global).

Digamos que seja promovido. A sua versão otimista dirá que acredita que você conseguiu a promoção porque é bom no seu trabalho e que isso é apenas o início de um futuro brilhante. Mas sua versão pessimista vê a promoção como um acaso, uma sorte, e isso significa que você será observado cuidadosamente a partir de agora — o que parece assustador. E se você não for promovido, seu lado pessimista provavelmente pensará que é porque você não é bom o suficiente e que isso pode acontecer muitas outras vezes. No entanto, seu lado otimista possivelmente colocaria na conta do mês terrível que você teve, porque seus filhos adoeceram e você precisou passar muito tempo afastado do trabalho. Mas tudo bem, pois eles estão bem agora e você terá a oportunidade de fazer melhor e tentar novamente no futuro.

Cultivando o otimismo

A boa notícia é que há muitas evidências de que o otimismo não seja algo fixo. Não é um objeto que você possui ou não; não é um traço fixo de personalidade. É algo que se pode *aprender*. E sabemos que a maneira como explicamos o que acontece em nossos mundos pode ter um grande impacto no nosso bem-estar físico, bem como na nossa saúde mental. Portanto, se pudermos mudar a forma como olhamos para o mundo, ele pode parecer muito diferente.

É comum muitas pessoas reviram os olhos quando ouvem a palavra "otimismo". Para elas, isso equivale ao "pensamento positivo" — aquele pensamento implacável, indiscriminado, de que tudo ficará bem se você simplesmente pensar positivo —, se não der certo, é porque você está fazendo errado. Fazendo ou não, a culpa é sua.

O caminho para o otimismo está de fato repleto de quinas pessimistas esperando o encontro com nossos dedos do pé. A essência de navegar nesse campo minado está em entender um ensinamento central do trabalho de Martin Seligman (um influente psicólogo dos Estados Unidos, atuante do campo da psicologia positiva): construir o otimismo não é uma questão de pensar de forma mais otimista — e, sim, de pensar de forma menos pessimista.

Preste atenção aos seus pensamentos e às palavras que usa para falar consigo mesmo. Elas pendem para o lado pessimista da balança? Generalizações negativas? Autojulgamento severo? Desgraça e melancolia na maior parte do tempo?

A maneira como você cria generalizações a partir de eventos específicos é importante.

Depois de identificar esses pensamentos, examine-os. Verifique-os do começo ao fim. Faça a si mesmo estas perguntas:

- Qual é o problema ou contratempo que me preocupa?
- No que eu acredito a respeito dessa situação?
- Essas reações, pensamentos e crenças são verdadeiros? Realmente verdadeiros?

E quando as coisas não saem do seu jeito ou você comete erros, esqueça as generalizações radicais. Só porque o carro não pegou hoje cedo não significa que você está condenado a ficar para sempre sozinho, tendo um monte de gatos como únicas companhias. Evite usar palavras como "sempre" e "nunca". Incidentes difíceis não significam que a vida vai inevitavelmente descer ladeira abaixo até que você termine completamente sozinho.

Tente praticar a observação das situações de todos os ângulos e perspectivas. Embora um divórcio possa ser devastador e desencadear sentimentos de arrependimento e culpa, também pode estimular emoções como entusiasmo diante da liberdade recém-descoberta e da oportunidade de explorar uma vida diferente. Nunca há apenas um lado.

Estabelecer um equilíbrio entre estar aberto a novas oportunidades e exercer um ceticismo saudável é uma habilidade útil a ser desenvolvida para combater uma visão excessivamente pessimista. Aqui vai um exercício para colocá-lo no caminho da aprendizagem para ser mais otimista, mantendo os pés no chão:

> O caminho para o otimismo de pés no chão
>
> Quando o cinismo ou o pessimismo o sobrecarregarem, concentre-se no que você controla: o que pensa, diz e faz.
> Pergunte-se:
> • Que pensamentos posso ter para me ajudar a melhorar essa situação desagradável?
> • O que posso dizer para melhorar essa situação?
> • Que medidas posso tomar?
>
> Conforme avançar no exercício, você pode sair do reino do pessimismo paralisado, ou mesmo do cinismo, para se tornar ativamente uma parte da solução para o problema. Lembre-se de que é um participante muito importante e ativo neste mundo — e isso é motivo de otimismo.
>
> Concentre-se no que consegue controlar em vez do que não consegue. Otimismo fundamentado é reconhecer as dificuldades — em vez de construí-las positivamente — acreditando que as coisas podem melhorar e, em seguida, fazê-las acontecer.

O lado mais escuro e brilhante

"Você nunca deve confundir a fé de que você prevalecerá no final — a qual nunca poderá perder — com a disciplina para confrontar os fatos mais brutais de sua realidade atual, sejam eles quais forem."

— Almirante James Stockdale, oficial da Marinha dos Estados Unidos e prisioneiro de guerra no Vietnã por mais de sete anos.

Adotar uma perspectiva otimista não quer dizer que tudo será um mar de rosas. O otimismo excessivo, ou mesmo a arrogância, pode levar as pessoas a superestimar as chances de viverem coisas boas ao evitar coisas ruins. Isso pode levá-las a assumir riscos que realmente aumentam suas chances de ter um mau resultado ou grandes problemas ao longo do caminho.

Podemos até cair na armadilha de valorizar mais os sentimentos positivos e ignorar, ou até mesmo suprimir, os negativos e incentivar os outros a fazerem o mesmo. Isso invalida completamente suas próprias experiências emocionais e as de pessoas que estão passando por momentos difíceis.

Em vez de evitar sentimentos negativos em nós mesmos ou implorar aos outros para "olhar pelo lado positivo", vale a pena considerar o que realmente pode estar acontecendo; o que realmente estamos evitando reconhecer. No entanto, poderia haver benefícios em abraçar nossas emoções e pensamentos negativos?

"Prepare-se para o pior e espere o melhor" parece ser o lema de vida daqueles conhecidos como pessimistas defensivos. Funciona assim: eles estabelecem baixas expectativas para o resultado de uma situação específica e, em seguida, imaginam tudo o que pode dar errado para tornar o pior cenário uma realidade. Isso, então, dá ao pessimista defensivo um plano de ação para garantir que quaisquer armadilhas em potencial não aconteçam de fato. Por exemplo: um pessimista defensivo que consegue uma entrevista de emprego, depois de pensar em todas as coisas que podem dar errado, traça um plano visando se preparar para a entrevista e chegar cedo.

Aparentemente, essas pessoas de fato confiam no mau humor para chegar ao seu melhor plano[9]. Quando estavam de bom humor, os pessimistas defensivos tiveram um mau desempenho em um caça-palavras, mas se saíram melhor quando estavam de mau humor. O pessimismo também parece ser uma estratégia útil em situações nas quais você está à espera de notícias a respeito de um resultado sobre o qual não tem controle (pense no exemplo da entrevista de emprego e a espera para saber se o conseguiu). Quando os resultados não são tão bons quanto o esperado, os otimistas se sentem pior e demonstram mais decepção do que os pessimistas.

A estratégia de "estar preparado" do pessimista defensivo também pode ter alguns benefícios muito reais para a saúde em tempos incertos. Embora, por exemplo, eles possam se preocupar mais do que otimistas em adoecer durante um surto de doença infecciosa, também são mais propensos a tomar medidas preventivas eficazes[10].

A principal diferença que distingue os pessimistas defensivos de pessoas que apenas têm uma tendência a pensar de modo mais negativo, ou que estão ansiosas ou deprimidas, é seu estilo de enfrentamento. Enquanto as pessoas comuns evitam situações em que estão se sentindo deprimidas ou ansiosas, os pessimistas defensivos usam as previsões negativas para motivá-los à ação a fim de se sentirem mais preparados e no controle dos eventos.

Talvez, o pessimismo defensivo seja um estado de espírito que também pode ser útil neste mundo moderno.[11]

Finalizarei com outro pensamento do almirante James Stockdale, cujas ideias são tão poderosas que deram nome a um paradoxo. Quando entrevistado por Jim Collins para seu livro *Empresas feitas para vencer*, Stockdale foi questionado sobre seu período como prisioneiro de guerra no Vietnã durante sete anos e meio: o que ele lembrava a respeito das pessoas que não conseguiram sobreviver à prisão?

"Os otimistas", respondeu ele. "Ah, foram eles que disseram: Vamos ser soltos no Natal". E o Natal chegava e passava. Então eles diziam: 'Vamos sair na Páscoa'. E a Páscoa chegava e passava. Depois Ação de Graças, e então Natal... Eles morreram de decepção...".

Destacando-se da multidão

Parece arriscado ser ou pensar diferente — sobretudo em tempos incertos, quando as pessoas tomam o caminho do meio, por onde todos parecem caminhar. Se tantas pessoas escolhem essa estratégia, não deve ser tão ruim, certo? Não podemos estar todos errados? Bem, às vezes, sim, e isso realmente requer novas reflexões para que você saia dessa situação. Você precisa se desviar do seu caminho.

O desvio é, muitas vezes, visto como uma coisa muito, muito ruim. É definido frequentemente como o comportamento intencional que foge das normas da sociedade, ameaçando o bem-estar do outro. Exemplos de comportamento desviante costumam ser roubos ou atitudes antissociais. Mas é possível desviar-se de modo positivo? Você pode ter comportamentos intencionais que desviem da norma de maneira notável? Sim, sim, você pode — e o poder do desvio positivo pode desbloquear uma série de oportunidades.

Pessoas que se desviam de maneira positiva parecem encontrar soluções melhores para problemas complexos e generalizados em comparação com seus colegas e vizinhos, apesar de terem acesso aos mesmos recursos. Seus "comportamentos incomuns" podem então ser difundidos e adotados de modo mais amplo pela comunidade. O desvio positivo é um conjunto de comportamentos que quebram as restrições da norma aceita, podendo ter efeitos profundos sobre as pessoas e organizações que promovem e incentivam esses comportamentos.

A ideia pode ser rastreada até o início da década de 1990, quando Jerry Sternin era o diretor do programa *Save the Children*, no Vietnã. Ele observou que as mães das crianças mais bem alimentadas desviavam-se das normas existentes das famílias. Elas faziam coisas como dar várias refeições menores, no lugar de duas maiores, e reduzir o desperdício alimentando ativamente seus filhos, em vez de apenas colocar a comida na frente deles na mesa. Ao aprender com esses comportamentos incomuns e ensiná-los a outras comunidades, essas mães conseguiram fazer grandes incursões nos níveis de desnutrição que essas comunidades estavam vivendo anteriormente.

Os "desviantes positivos" estão, com frequência, na mesma situação que nós, mas encontram soluções que os outros não conseguem. Quando aprendemos com essas pessoas, focamos pontos fortes que podem ser propagados para melhorar o bem-estar de comunidades inteiras. Esse modelo de desvio positivo tem sido usado de maneiras interessantes, como nos Diabetes Dinner Clubs[12], nos quais pacientes diabéticos encontraram maneiras de gerenciar de modo criativo seus remédios e dietas, e foram convidados a passar seus conhecimentos para outros não tão bem equipados para lidar com a doença.

Aqui estão as principais coisas sobre o desvio positivo:
- Embora a maioria dos problemas tenham causas complexas e interligadas que os subjazem, os desviantes positivos demonstram que é possível encontrar boas soluções no aqui e agora, antes que todas as causas implícitas sejam abordadas;
- Você não precisa abordar todas essas causas implícitas para ter soluções hoje;
- Supõe-se que há um *know-how** útil, apenas esperando ser descoberto;
- Como esse *know-how* está enraizado no contexto, já sabemos que funciona, é aceitável e é relativamente fácil de adotar e difundir;
- O foco é mudar a prática, não o conhecimento. É mais fácil agir da sua maneira a partir de uma nova forma de pensar do que pensar da sua maneira buscando uma nova atitude.

---

* (N. T.) Em inglês, "saber-como". Refere-se a um conjunto de conhecimentos práticos, adquiridos pela experiência.

É possível nutrir seu desvio positivo inerente? Quanto do seu comportamento é tanto admirável quanto contrário à norma social? Você não quer estar no mundo sozinho o tempo todo, mas há algo a ser aprendido nadando contra a maré.

Aprendendo a ser mais resiliente

Seja mais resiliente. Reaja. Reconstrua, ainda melhor. A resiliência como um conceito teve o infortúnio de ser atrelada a muitos slogans, muita retórica — e ouvir a palavra induz a um suspiro cínico. Virou uma palavra tão rotineira na vida moderna que quase se tornou sem sentido, e você só se deixou levar. No entanto, quero que você pare apenas um segundo antes de descartá-la como apenas mais uma baboseira: a resiliência pode ser a ideia que reúne todo este livro para você.

Resiliência, como mencionei na introdução do livro, é a ideia de se adaptar positivamente, progredir e se desenvolver em resposta às adversidades e mudanças. Significa superação e crescimento à medida que negociamos os contratempos em nossa vida. Para melhorar a resiliência, podemos nos prevenir e treinar nossa habilidade de suportar estresse e incertezas da vida antes que eles irrompam. Também podemos tomar atitudes curativas para nos acalmar quando o estresse e a incerteza chegarem, podendo assim dar um passo para trás, nos sentir melhor, recalibrar e tentar encontrar um resultado melhor para o problema.

Pessoas resilientes *aprendem* a não mergulhar ou ruminar sobre o fracasso. Reconhecem e se agarram à realidade da situação que enfrentam, *aprendem* com seus erros e seguem em frente. Observe que eu digo aprender. As pessoas podem cair na armadilha de pensar que, ou são resilientes, ou não. É comum que organizações, empregadores ou professores relacionem a resiliência (ou a ausência dela) de seus funcionários e estudantes a um traço da personalidade.

É muito importante recordar que é possível mudar atitudes, aprender novas habilidades — e que a resiliência é um processo. Pode levar tempo, mas nós conseguimos nos tornar mais resilientes, desde que tenhamos uma plataforma segura e sólida para atender às nossas necessidades fundamentais: comida, segurança e conexões humanas.

Martin Seligman teve uma ideia valiosa sobre isso, que mencionei na seção sobre cultivar o otimismo. Essas ideias de resiliência, otimismo e pessimismo defensivo estão todas conectadas. Isto é, os estilos explicativos de Seligman são compostos por três elementos — permanência, difusão e personalização. Pessoas otimistas — e, portanto, propensas a serem resilientes — veem os efeitos de eventos ruins como temporários, e não permanentes. Relacionam eventos ruins a outros aspectos de suas vidas em vez de conectá-los a tudo. Também não se responsabilizam quando coisas ruins acontecem, atribuindo o evento ao que está fora de seu controle.

Isso tudo é muito bom, mas talvez seja uma linha tênue entre resiliência e ilusão, ou mesmo evitar a responsabilidade. Talvez a resiliência de uma pessoa seja a arrogância de outra. Tenho certeza de que todos nós conhecemos pessoas que se recusam a assumir qualquer responsabilidade por eventos ruins, mesmo que seja um indicador claro de que alguma coisa não está certa e afetará tudo, a menos que algo seja feito. Na pior das hipóteses, podemos exercer o otimismo e a resiliência como armas para acusar os outros de serem fracos e lhes apontar a necessidade de engolir o choro e seguir com a vida.

Fique atento: essa armamentização, ou mudança de responsabilidade, é real, e as pessoas podem se sentir vitimizadas e culpadas por eventos que estão fora de seu controle. Evite agir com esse tipo de comportamento e tome cuidado com outros egos fora de controle que usam essa tática para transferir a responsabilidade para você ou outros em vez de assumi-la.

A estrutura parece muito importante para ajudar as pessoas a se manterem resilientes. A teoria *Drive to Thrive*[13] sugere que a resiliência é moldada se os hábitos e estruturas da vida diária forem mantidos. Em tempos estressantes, as pessoas acham difícil sustentar suas práticas diárias (por exemplo, descansar, se alimentar bem, se exercitar, trabalhar e se divertir). Quando suas rotinas diárias são alteradas para além de um "ponto de ruptura" específico, segue-se uma rápida quebra nas estruturas de estilo de vida, resultando em uma rápida deterioração na saúde física e mental e no bem-estar. Em outras palavras, a rotina e a estrutura diária que *resistem* ao choque e danos causados por um estressor servem de base para a resiliência.

É verdade que a resiliência pode se desenvolver como resultado dos desafios da vida: é a ideia de que passar por eventos difíceis pode fortalecê-lo. Há um pouco de verdade nisso, mas é uma verdade arduamente conquistada —, e volta aos valores como uma estrutura fundamental que orienta como vivemos nossa vida.

A experiência de passar por eventos terríveis significa que algumas pessoas recalibram e reajustam suas vidas em direção a uma atitude mais intencional que reflete o que desejam, em vez de continuar como antes. Vimos isso na Nova Zelândia em vários desastres, de maneira notável na recuperação dos terremotos de Canterbury em 2010 e 2011; pesquisadores identificaram um processo semelhante em todo o mundo à medida que as pessoas se recuperavam de eventos críticos. Depois de um período tentando descobrir o sentido da vida enquanto buscam soluções para a experiência adversa que estão vivendo, as pessoas se sentem compelidas a agir de acordo com esses valores. Um exemplo disso são aquelas que descobriram que valorizavam os relacionamentos pessoais mais do que a aquisição de coisas; logo, trocaram seus empregos por outros de salários mais baixos, mas ganharam contato mais humano de uma maneira que consideraram gerenciável. Nesse sentido, a ruptura na trajetória de vida desencadeada por um evento desastroso não significava um caminho implacável para o desespero e a saúde mental precária. Ao contrário, foi vista como uma oportunidade — embora negociada e ajustada ao longo de um período — para tomar um novo rumo que refletisse as novas circunstâncias de vida, levando a um nível diferente e melhorado de satisfação e bem-estar.

Portanto, resiliência também é entender que a estrutura é uma ferramenta importante para suportar a turbulência que eventos ruins podem provocar. Além do mais, é ser capaz de dar um passo atrás para ter a visão e o espaço necessários, reconhecendo que a turbulência em sua vida pode ser causada por uma ruptura na estrutura diária; mas que também demanda um reajuste nas coisas que você acredita serem importantes. Se você se sente instável quando tenta se ater ao que sabe e às estruturas que funcionaram em algum momento, vale a pena considerar se elas ainda estão dando certo para você. Talvez você necessite de uma estrutura diferente para ajudá-lo com os acontecimentos presentes e futuros.

Saber quando mudar e ser flexível o bastante para fazer mudanças são a chave. Respire. Entre em um espaço mental calmo e terá ideias que não tem quando está estressado.

> Como cultivar o otimismo
>
> • Evite generalizações arrebatadoras, como "Eu *nunca* faço a coisa certa" e "Eu *sempre* estrago tudo";
> • Observe as situações de todos os ângulos;
> • Concentre-se no que você pode controlar;
> • Reconheça as situações difíceis e acredite que elas podem melhorar — então faça isso acontecer;
> • Reconheça falhas, aprenda com seus erros e siga em frente — isso é resiliência.

capítulo 8

quando o pequeno se torna grande

Quando você pensa sobre estresse, provavelmente pensa na sensação de estar estressado, como uma pressão ou tensão emocional. Se sua experiência for algo assim, então está praticamente alinhada a uma abordagem sobre a qual os psicólogos têm pensado. No entanto, há algumas diferenças e nuances que podem ser úteis.

Uma linha de pensamento definiu o estresse como uma característica do ambiente externo, que é de alguma forma tóxico e tende a colocar um fardo sobre as suas costas. Quando isso acontece, a sensação que você tem é chamada de *reação de tensão*, ou uma sensação de estresse em seu corpo e mente. Mas, de maneira um pouco confusa, o estresse tem sido investigado tanto como a *causa* e a *resposta* ao que acontece conosco nessas situações, o que não é nada útil. Irei me ater à convenção amplamente adotada de que o estresse é uma experiência em nossa mente e corpo como resultado da exposição a diferentes tipos de estressores: para sentir o estresse, você precisa ser exposto a um estressor.

Os estressores geralmente podem ser classificados em duas categorias: aguda e crônica. Os estressores *crônicos* são aqueles que persistem por um período mais longo — por exemplo, cuidar de um pai com demência ou ficar muito tempo desempregado. Estressores *agudos* tendem a envolver um episódio distinto, tido como uma sobrecarga, como cair e quebrar a perna.

A palavra-chave aqui é "sobrecarga", o que me leva a outra maneira importante pela qual os psicólogos definem o estresse. Eles acreditam que nos sentimos sobrecarregados porque detectamos que os recursos que temos para lidar com o desafio a ser enfrentado não são suficientes — há uma incompatibilidade, na qual a demanda do estressor supera o que podemos fazer para gerenciá-lo efetivamente.

Nossos recursos de enfrentamento são uma combinação de habilidades e conhecimentos que temos para lidar com qualquer situação, mas há também o apoio social que podemos obter para nos ajudar: ser capaz de pedir dinheiro emprestado para superar um momento ruim ou pedir para amigos buscarem as crianças na escola quando quebramos a perna. É por isso que a solidão é uma questão tão importante hoje. Não evoluímos para lidar com situações estressantes sozinhos: geralmente procuramos apoio de nosso círculo social — nossos amigos e familiares — para nos ajudar a lidar com eventos inesperados e a incerteza que eles produzem. Quando estamos isolados, temos menos recursos para lidar e podemos sentir mais facilmente o estresse emocional e físico, o que pode ter consequências para nossa saúde física e mental.

Tipos de estressores

Um tipo especial de estressor externo extremo são os eventos potencialmente traumáticos. São as situações em que alguém pode ser exposto à morte (ou ameaçado) ou a ferimentos graves. Eventos ou experiências nessa categoria incluem (mas não somente) exposição a combate militar, ameaça ou agressões (por exemplo, ataques físicos, roubo, agressão sexual e abuso infantil), diagnósticos de doenças potencialmente fatais, separação e divórcio conjugais, ataques terroristas e acidentes graves (de avião, tráfego ou trem, por exemplo). Um evento traumático também pode ter repercussões para pessoas que não foram diretamente afetadas por ele, mas que o testemunharam ou talvez ajudaram a controlar a situação. Isso é conhecido como "trauma vicário" e também é um fator de risco para os efeitos dos eventos.

Algumas pessoas expostas a eventos extremos como esses continuam a desenvolver Transtorno de Estresse Pós-Traumático (TEPT), que é uma complexa reação crônica ao estresse. É possível vivenciar memórias dolorosas e intrusivas do evento, sobre as quais elas têm pouco controle — tanto acordadas quanto dormindo; reação agitada a pequenas surpresas, sons ou luzes; estados emocionais cronicamente negativos; desinteresse e desconexão com os outros; explosões de raiva; esquivamento de quaisquer lembranças do evento ocorrido.

A maioria dos estressores externos aos quais podemos estar expostos, no entanto, não são nem de longe tão intensos quanto esses exemplos. Outros potenciais estressores que enfrentamos envolvem situações ou eventos que significam uma necessidade de mudança em nossa vida; logo, precisamos de tempo para nos ajustar a eles. Eventos assim podem incluir desastres (que não envolvam a dimensão potencialmente traumática descrita anteriormente), ou a morte de um membro próximo da família, divórcio, casamento (muitas vezes tido como um evento positivo, mas ainda um evento complexo, que muda a vida e requer todos os tipos de ajustes para muitas pessoas, especialmente nas famílias mistas de hoje) e se mudar de casa — veja mais adiante neste capítulo.

A teoria é a seguinte: a quanto mais estressores você estiver exposto, maior será a carga sobre você. A cada tipo de evento é atribuída uma carga em uma escala de severidade, e conforme elas se somam você chega a uma medida objetiva do quanto de carga está carregando. Um dos problemas dessa maneira de pensar sobre o estresse é que, embora possa descrever como, por exemplo, o luto está ligado a uma experiência de estresse, isso não explica por que ele pode acontecer. Somente quando olhamos mais de perto, vemos que pessoas enlutadas se sentem tristes e estressadas, pois estão sozinhas, ou porque perderam a pessoa que cuidava das finanças da casa, e então se sentem perdidas, sobrecarregadas (pois não têm mais os recursos para lidar com os desafios da vida) e com medo.

Portanto, olhar para como os principais eventos podem estressá-lo tem a vantagem de ser fácil de medir e analisar — porém, não é uma forma muito boa de explicar o que está acontecendo. Mas quais são as outras maneiras de pensar sobre o estresse?

Os potenciais estressores nem sempre envolvem eventos extremos ou importantes. Pense nos aborrecimentos diários — as pequenas irritações, os problemas do dia a dia e as chateações da vida, como perder as chaves, voltar do trabalho no horário de pico, brigar com irmãos ou familiares. Há também os que são conhecidos como estressores ambientais — incômodos globais de baixo grau que fazem parte do seu pano de fundo. Costumam ser coisas como a poluição, o barulho dos vizinhos, o trânsito e multidões, e têm algo em comum: você não tem muito controle sobre elas.

É fundamental saber que esses aborrecimentos diários e estressores ambientais podem se acumular, nos deixando tão estressados quanto grandes eventos de mudança de vida o fazem. Grandes eventos não acontecem com tanta frequência, mas esses estressores menores, sim. Nesse sentido, pequenos eventos podem se somar e apresentar o mesmo desafio que um grande evento — e, em alguns casos, ainda mais por desencadearem constantemente sua resposta ao estresse.

Como a incerteza interage com os estressores?

Nosso corpo está mais conectado a estressores agudos do que àqueles muito pequenos e constantes, ou à incerteza crônica contínua que interfere e derrota nossa necessidade de previsibilidade. Os estressores diários e a incerteza de eventos que não têm um resultado previsível são diferentes dos estressores agudos, porque se tornam onipresentes. Eles estão sempre lá — são um fardo que carregamos sem necessariamente estar conscientes deles.

Os seres humanos são mais bem configurados para lidar com um estressor de curta duração, como ver um predador, tomar atitudes evasivas para fugir dele e, em seguida, ter um tempo de recuperação. Estressores diários e ambientais contra um cenário de incerteza contínua (se você terá dinheiro suficiente para pagar o aluguel e as contas do mês) simplesmente não dão qualquer tempo de recuperação. Estamos sujeitos a uma constante barragem de estressores que se somam e se acumulam em seus efeitos sem que o fim pareça próximo.

Grandes eventos estressantes também podem roubar nossos recursos para lidar com os problemas diários — já gastamos nossas habilidades e suprimentos para lidar com grandes preocupações imediatas. Se mais de um evento ocorre sucessivamente, ou se um deles tem impactos duradouros e exige ajustes conforme os efeitos ressoam em sua vida, sobra menos recurso para você lidar com o inesperado. Quantas vezes você administrou, com sucesso e habilidade, uma crise no trabalho e simplesmente perdeu a cabeça por algo trivial quando chegou em casa? Adicione a incerteza constante a essa cena e verá como ela tem o potencial de roubar seus recursos de enfrentamento; assim, você atinge seu limite pessoal e sente os impactos emocionais e físicos do estresse de maneira muito real. E é perceptível — sua família e amigos próximos também sentirão que você está passando dos limites.

Quando o grande e o pequeno se chocam

Uma das coisas mais estressantes que você pode fazer na vida é se mudar. Temos períodos na vida em que podemos fazer isso com mais frequência, como quando saímos de casa — embora isso esteja acontecendo mais tarde do que antigamente. O início da vida profissional é muitas vezes uma época em que as pessoas se mudam muito — eu me mudei dezoito vezes ao longo de um período de nove anos. Incomum, talvez, mas não uma experiência incomum. Agora, a pressão por casas acessíveis para comprar e alugar é adicionada ao estresse paralelo que mudar de casa traz. E isso é frequentemente acompanhado pelas dificuldades do trajeto, pois somos forçados a nos afastar dos principais centros, do trabalho e talvez de nossos amigos e familiares para encontrar lugares mais acessíveis para morar.

Um estudo de caso baseado em registros do final dos anos 1800 e início dos anos 1900 de Chelsea, Massachusetts (Estados Unidos), indica que as pessoas sempre se mudaram[14]. Enquanto a população em 1914 era bastante diferente da de 1875, a mudança foi menor em comparação com a dos Estados Unidos entre 1995 e 2000, quando aproximadamente 50% da população se mudou de casa. Trinta e cinco por cento dos norte-americanos trocaram de casa em busca de moradia, de emprego e de circunstâncias econômicas melhores. Ainda assim, uma grande proporção não se mudou; essa estabilidade residencial estava associada a empregos estáveis, assalariados e a laços com organizações formais. Sair da casa dos pais mais tarde também parece afetar o número de mudanças pelo resto da vida.

No entanto, também é notável que aqueles que escolheram se mudar pareciam estar tentando escapar das alterações na situação financeira e ter uma vida melhor. Dados da Nova Zelândia, do Survey of Dynamics and Motivation for Migration, de 2007, relatam que a razão mais dominante para um terço dos migrantes foi econômica — ou seja, a compra ou construção de uma casa.

Uma possibilidade que poderia explicar uma maior tendência moderna de se mudar é a internet e como nos sentimos mais conectados por meio dela. A expansão da conectividade facilita a migração, em vez de agir como um substituto para ela[15]. Como estamos conectados de outras maneiras, não sentimos mais a necessidade de estar fisicamente perto das pessoas de quem somos mais próximos. Mas como a mudança de casa, sobretudo a mudança frequente, afeta o nosso bem-estar?

Para alguns, a decisão de se mudar está associada à empolgação. No entanto, mudar-se para um novo lugar também pode ser estressante; além dos arranjos práticos e da logística da mudança em si, algumas pessoas se sentem muito ansiosas e possivelmente solitárias. Pesquisas sugerem que a experiência psicológica de se mudar afeta até mesmo a decisão sobre a cidade onde você talvez escolha viver. Quando começam a pensar na vida em uma nova vizinhança, as pessoas sentem ansiedade, o que as motiva a procurar referências que são familiares e reconfortantes[16]. Para a maioria das pessoas que estão acostumadas a viver em ambientes desenvolvidos e urbanizados, com edifícios parecidos e ruas movimentadas, redes de lojas famosas provavelmente serão mais reconhecíveis do que as lojas locais em seu pequeno bairro.

Sendo assim, quando as pessoas se sentem ansiosas, elas são mais propensas a buscar o que já conhecem para acalmar seu sentimento de ansiedade, enquanto compram o que realmente precisam para o novo lar. Isso pode explicar em partes o sucesso de shoppings e redes de lojas em lugares onde a maior parte da comunidade mora — e por que ruas movimentadas são tão parecidas nessas cidades em que pessoas vêm e vão o tempo todo.

A antecipação da solidão, junto da ansiedade, é uma experiência comum quando se pensa em mudança de casa. Mudar-se pode significar que amizades e relacionamentos estabelecidos serão afetados ou até mesmo perdidos. Em experimentos de laboratório, pessoas que foram convidadas a pensar sobre um estilo de vida móvel expressaram maiores preocupações sobre ter menos amigos no futuro. No entanto, elas também foram motivadas a estender sua rede social em comparação com aquelas que não pretendiam se mudar[17]. E, na realidade, embora as pessoas que mudam com frequência acabem com muitas conexões sociais, as relações que criam podem ser menos profundas — por exemplo, adultos norte-americanos que se mudam bastante relatam ter menos relações sociais de alta qualidade do que aqueles que se mudam menos[18].

Cuidando de nós e de nossos filhos ao mudar de casa

Diferenças de personalidade também podem transformar a maneira como a mudança afeta o bem-estar individual. Por exemplo, as pessoas que se mudavam frequentemente quando crianças tendem a ser adultos menos felizes se forem mais introvertidos do que extrovertidos. Uma das razões implícitas para esse efeito pode ser o quanto a mudança afeta a capacidade de formar e sustentar amizades próximas. Em comparação com os extrovertidos, os introvertidos tendem a ter mais dificuldade para estabelecer novas amizades e, portanto, são menos propensos a ter relações sociais de alta qualidade após a mudança.

Uma das principais razões pelas quais crianças e adolescentes são afetados negativamente por mudanças é que estas são muitas vezes antecipadas por problemas que trazem ainda mais incerteza — uma separação parental ou a perda de um emprego — e atingem a família. Ou talvez a família se mude porque o trabalho do pai ou da mãe exige, mas isso significa a perda de emprego do outro. Quando os pais estão estressados e brigando, a criação dos filhos é afetada — e as crianças percebem. Mudanças também são muito mais difíceis com crianças em outros momentos de transição — como a puberdade. Aparentemente, o período entre onze e treze anos é o mais complicado para elas se mudarem.

Embora a maioria dos adultos possam ser capazes de discutir com clareza como a mudança os afeta, as crianças, sobretudo quando são novas, não conseguem articular seus sentimentos. Elas podem ser erroneamente consideradas como resilientes e adaptáveis à mudança, mas na verdade estão lutando para verbalizar sua confusão, estresse ou ansiedade.

O que você pode fazer

Quando os pais se ajudam e trabalham para tornar a mudança tranquila, tanto para eles quanto para seus filhos, eles se ajustam de maneira a evitar a ansiedade o máximo possível.

Para simplificar, concentre-se em três coisas:
1. **Significado.** Por exemplo: estamos nos mudando para que possamos passar mais tempo juntos;
2. **Suporte mútuo.** Por exemplo: eu sei que é difícil, mas podemos trabalhar juntos para tornar isso o mais fácil possível;
3. **Flexibilidade e controle.** Esteja preparado para que seus filhos fiquem tristes ou mesmo irritados — provavelmente não foi deles a decisão de se mudar, então, em grande medida, eles se sentem impotentes. Certifique-se de que eles têm maneiras de manter as amizades e os relacionamentos do lugar anterior quando se mudarem.

Aqui estão mais algumas dicas que podem ajudar:
- **Coloque sua própria máscara de oxigênio primeiro.** Embora todos nós tenhamos alguns elementos de exaustão como pais, colocar a tensão da mudança no topo não será uma boa plataforma de apoio para seus filhos. Mudar-se é estressante, seu filho precisará mais de você. Cuide-se, durma o suficiente e solicite mais apoio se possível;
- **Pacote de experiência guiada.** Se puder levar seus filhos para visitar a nova casa, faça-o. Mas não pare por aí — visite as lojas do bairro; deixe-os explorar o parquinho; marque uma visita para conhecerem a nova escola. Deixe que as crianças se entusiasmem não apenas com a casa nova, mas com toda a ideia de novos lugares, possibilidades e conexões;
- **Abra espaço para o luto.** Aqui é o momento em que a sua empatia pode brilhar. É saudável para as crianças expressarem a sua tristeza ao dizerem adeus a tudo o que conhecem. Isso

facilitará a adaptação ao novo lugar. Esteja preparado para a raiva também, e cuidado para não fazer promessas que não poderá cumprir. Por exemplo, não prometa que seu filho pode ter um cachorro se não for possível após a mudança — talvez isso faça com que ele tenha mais dificuldade para confiar no que você diz;

- **Pouco, mas sempre.** Fale com as crianças sobre a mudança o mais cedo possível, dando-lhes o máximo de tempo para se acostumarem com a ideia. No entanto, você é a melhor pessoa para decidir o momento — algumas crianças podem ruminar muito, então veja a próxima dica para ajudar. Dê a elas informações pertinentes sobre a nova casa de acordo com a faixa etária delas. Crianças pequenas têm um limiar de atenção mais curto, então você pode falar sobre a mudança por pouco tempo antes de mudar para um assunto completamente diferente;
- **Faça um scrapbook sobre a mudança.** Comece com fotos e legendas da casa atual, colando-as num álbum. Em seguida, fale sobre a mudança — as legendas podem mudar para algo como: "Então a mamãe conseguiu um emprego e tivemos que nos mudar para outra cidade". Certifique-se de reconhecer como é difícil ter duas emoções conflitantes ao mesmo tempo — por exemplo, entusiasmo com a mudança e tristeza por deixar os amigos para trás. Termine o álbum com fotos das coisas que vocês esperam na casa e bairro novos, e seus planos para o futuro — sempre tendo em mente as emoções mistas que decerto estarão presentes;
- **Traga estrutura.** Quanto mais previsibilidade você puder trazer à rotina dos seus filhos, mais rapidamente eles se ajustarão. Este não é o momento de incluir mais mudanças, como fazer a transição do berço para a cama — quanto menos mudanças puder fazer, melhor. Adaptem-se lentamente a outras mudanças assim que as coisas se ajeitarem.

Diferenças que podem deixá-lo mais vulnerável

No início da década de 1990, quando estava fazendo a pesquisa que levou ao meu doutorado, eu estava realmente interessado no que torna algumas pessoas capazes de lidar com situações estressantes de maneira bem-sucedida, enquanto outras na mesma situação se desesperam. Passei um tempo observando toda uma gama de explicações possíveis sobre por que as pessoas respondem de forma diferente a situações estressantes, desde a personalidade até a autoestima. O que descobri teve profundas implicações no meu pensamento a respeito do que podemos fazer para ajudar as pessoas que precisam lidar com a incerteza. Uma vez que usei vários modelos estatísticos (muito chatos para aparecerem aqui) para levar em conta todos os tipos de diferenças pessoais, a única coisa que parecia fazer diferença em como as pessoas reagiram emocional e fisicamente ao estresse foi o quão bem elas pontuaram em um questionário projetado para medir um traço pessoal chamado "neuroticismo"[19].

O que quero dizer com neuroticismo? Bem, não me refiro a alguém reagindo emocional ou fisicamente de forma drástica ou irracional. Essa referência na cultura moderna vem da palavra "neurose", originalmente usada no século XVIII para descrever uma série de transtornos psicológicos que não estavam ligados a uma causa física. Não é a isso que estou me referindo. Neuroticismo, neste sentido, é o grau em que as pessoas experimentam emoções negativas como raiva, ansiedade, tristeza e até estresse. O neuroticismo também foi descrito como labilidade emocional — uma tendência a ter maiores oscilações na experiência emocional em comparação com outras pessoas, mas tendendo a um estado negativo e mais ansioso.

As pessoas com um grau mais elevado de neuroticismo vivenciam um enorme estresse quando grandes eventos negativos acontecem em suas vidas, e também ficam mais chateadas com pequenas irritações diárias. Uma das razões é que essas pessoas parecem mais propensas a interpretar situações comuns como ameaçadoras e a ver frustrações menores como irremediavelmente difíceis e impossíveis de resolver. É quase como usar vários óculos — com cada um deles você vê o mundo de uma maneira diferente. Pessoas com grau de neuroticismo mais baixo em testes de personalidade tendem a ser mais emocionalmente estáveis e a lidar melhor com situações estressantes.

Como a estrutura e a empatia podem ajudar

A estrutura ajuda a aumentar a previsibilidade quando a vida é incerta. Podemos usar isso a nosso favor quando nos encontramos em uma situação na qual as irritações diárias e os estressores ambientais se acumulam, e talvez aconteçam ao mesmo tempo que um grande evento da vida, ou até mesmo um evento potencialmente traumático.

Ao criar estrutura e aumentar a previsibilidade, nos damos a oportunidade de recuperação. Seu sistema de detecção de ameaças se acalma, o que lhe dá a liberdade de baixar a guarda. Talvez isso não anule totalmente sua experiência de estresse — isso é difícil diante da incerteza contínua e à medida que as consequências dos principais estresses se alimentam em outras áreas da sua vida. Mas dará uma trégua, um tempo para você se recompor e uma oportunidade de pensar mais estrategicamente sobre o que quer fazer.

Planejar com antecedência é uma maneira simples de melhorar a estrutura para minimizar o impacto dos estressores em sua vida. Levantar-se mais cedo para tentar pegar a estrada antes que o trânsito piore pode ser uma maneira de reduzir o efeito que ele tem em sua vida. Crianças bagunceiras? Desenvolver uma estratégia de recompensas e desincentivos talvez o impeça de perder a calma várias vezes ao dia quando você se depara com o estado do quarto delas.

Construir uma estrutura que lhe dê tempo para fazer uma pausa também cria um espaço para que você responda de forma ponderada em vez de reagir automaticamente. Muitas vezes, nossas reações nos prejudicam tanto quanto têm o potencial de ajudar, sobretudo no mundo social hiperconectado em que vivemos. Uma explosão ou reação de raiva pode arruinar aqueles relacionamentos em que você precisa confiar, pois eles vão ajudá-lo a sair de uma situação difícil em algum momento no futuro. Se não tivermos cuidado, podemos reagir mal e depois sentir remorso sobre coisas ruins que acontecem.

Criar espaço reduzindo o seu nível de alerta de ameaça pode libertá-lo para responder de forma diferente. Um dos exercícios que mencionei sobre praticar empatia com um plano de ação é útil aqui: fazer uma pausa antes de reagir. Talvez o motorista que corta na sua frente esteja distraído ou zangado com algo em sua própria vida, seja idoso ou supercauteloso sobre o limite de velocidade. Uma vez que somos capazes de pensar em razões mais benignas para as pessoas se comportarem de determinada forma, em vez de vê-las como vinganças dirigidas pessoalmente, podemos nos sentir menos vitimizados e raivosos — tudo isso só aumenta nossos níveis de estresse.

> Como evitar ficar sobrecarregado
>
> • Peça ajuda aos seus amigos e familiares para que possa lidar melhor com aborrecimentos diários e pequenas irritações — isso evitará que eles se acumulem e se mostrem um desafio maior;
> • Não se isole da sua rede de apoio — os humanos não evoluíram para lidar com situações estressantes sozinhos;
> • Crie uma estrutura no seu dia a dia — a estrutura fornece previsibilidade em tempos incertos e lhe dá o espaço necessário para você se reorganizar e recuperar;
> • Planeje com antecedência para evitar pequenas irritações — por exemplo, acordar mais cedo para evitar ficar preso no trânsito;
> • Pratique a autoempatia;
> • Faça uma pausa antes de reagir.

capítulo 9

bem-estar mental completo

Você se sente cansado? Não agora, enquanto está lendo isto, mas ao longo das últimas semanas, meses. Talvez até anos? E se estiver, você já pensou no porquê?

Por que é que pensar nos exige tanto? Por que você está se sentindo exausto, irritado e tendo problemas para descobrir o seu caminho, sem falar em todas as coisas que estão acontecendo agora, com as quais você precisa lidar?

Deixe-me tranquilizá-lo: o que você está vivenciando é provavelmente *ser um humano*. E os humanos se cansam. Humanos precisam descansar. Humanos são brilhantes, mas não são robôs. Não somos servos das nossas circunstâncias. Claro, fazemos o que precisamos — e o fazemos por um senso de propósito, vocação e, se formos honestos, para colocar comida na mesa. A curto prazo, podemos trabalhar ao extremo e cumprir as exigências. Mas, no geral, nada é sustentável a menos que cuidemos de nós mesmos.

Quando chegamos ao limite no trabalho ou em nossa vida pessoal, podemos nos colocar em risco de *burnout*. É um termo muito falado, por isso é bom entender o que ele significa e como pode se mostrar.

O *burnout* não é classificado como uma condição médica. A 11ª edição da Classificação Internacional de Doenças o categorizou como um fenômeno ocupacional: "*Burnout* é uma síndrome conceituada como resultante de estresse crônico, no local de trabalho, que não foi gerido com êxito".

Três dimensões caracterizam o *burnout*:
1. Sensação de esgotamento ou exaustão;
2. Aumento da distância mental do trabalho, sentimentos de negativismo ou cinismo relacionados à ocupação;
3. Produtividade profissional reduzida.

Uma característica do *burnout* é a falta de energia, que definitivamente afetou algumas pessoas durante a pandemia, assim como alguns dos outros sintomas. Mas talvez você esteja vivenciando uma falta de energia sem aumento do cinismo ou redução da produtividade.

Então, se não é *burnout*, o que é isso que estamos vivendo? É depressão?

Podemos pensar em *depressão* como um transtorno de humor: sentimentos de tristeza, perda ou raiva que atrapalham as atividades diárias de uma pessoa. Ela também é bastante comum. O Centro de Controle e Prevenção de Doenças estima que 8,1% dos adultos norte-americanos com vinte anos ou mais tiveram depressão em algum período. As pessoas vivenciam a depressão de maneiras diferentes. Para alguns, pode afetar o trabalho, reduzindo a produtividade ou dificultando o foco. Também pode influenciar as relações e algumas condições crônicas de saúde.

Uma marca da depressão comum a homens e mulheres — porque aparentemente homens e mulheres podem vivenciar a depressão de forma diferente — é a desesperança. Portanto, se você não estiver passando por isso, é improvável que seja depressão — mas se estiver, pode ser hora de consultar seu médico ou obter conselhos de outro profissional de saúde qualificado.

Mas se você não está passando por esgotamento ou depressão, então por que diabos está se sentindo assim? Bem, uma experiência que pode explicar a sua falta de perspectiva e alegria é o definhamento. O *definhamento* é uma sensação de lentidão, estagnação e de vazio. Você sente que os dias se arrastam, enquanto olha para a vida usando lentes embaçadas. E pode ser a experiência predominante das suas últimas semanas e meses — e dos nossos tempos modernos.

Embora você possa ter se afastado dos perigos da insegurança em grande parte de sua experiência diária, quando essa sensação retorna e se faz notar, você pode acabar colocando um fardo emocional crônico e significante em si mesmo. E se não tiver cuidado, pode se esquecer de que o carrega, e os efeitos traiçoeiros tomam conta.

Na psicologia, pensamos no bem-estar mental em uma única dimensão, da depressão ao florescimento. O florescimento é o ápice do bem-estar: você tem um forte senso de valores, domínio e importância para os outros. A depressão é a profundidade do mal-estar: você se sente desanimado, esgotado e sem valor. Na verdade, é um pouco mais complicado, mas falaremos mais sobre isso adiante.

Adam Grant, um psicólogo organizacional norte-americano, disse em seu artigo recente no *New York Times* que você pode "pensar no definhamento como o filho do meio negligenciado da saúde mental". E, embora o termo tenha chegado às manchetes mais recentemente, ele surgiu de um sociólogo norte-americano chamado Corey Keyes em 2002.

Keyes notou que muitas pessoas que não estavam deprimidas também não estavam florescendo. Sua pesquisa implica que o definhamento pode ser considerado como um prenúncio de problemas ainda por vir; que as pessoas mais propensas a viver transtornos de depressão e ansiedade na próxima década não são aquelas com sintomas hoje. São os indivíduos que definham aqui e agora.

De fato, parece que ele descobriu alguma coisa. Dados recentes sobre os trabalhadores da saúde na Itália mostram que aqueles que estavam definhando na primavera de 2020 eram três vezes mais propensos a serem diagnosticados com Transtorno de Estresse Pós-Traumático mais tarde, ainda durante a pandemia[20].

Parte do problema é que quando você está definhando, pode não notar a sua falta de alegria ou o apagamento do brilho da sua motivação. Você não se vê deslizando lentamente para o isolamento; é indiferente à sua própria indiferença. Quando não consegue ver seu próprio desamparo, tende a não procurar ajuda ou fazer algo para se ajudar. Você não enxerga, por causa das lentes embaçadas, as suas próprias necessidades.

O definhamento não é algo novo, mas a vida moderna e seus desafios e incertezas podem estar tornando essa experiência muito mais comum. Tem sido uma epidemia silenciosa desde muito antes desta pandemia. O fato é que nós não falamos sobre isso. Pense nas manhãs em que você passou uma ou duas horas a mais na cama sem motivo; nos hobbies ou projetos que você abandonou; ou em momentos em que se sentiu indiferente a respeito da chance de ser promovido, das viagens no pós-pandemia ou das reuniões de família. O definhamento afeta a forma como pensamos sobre o nosso presente e futuro, e as nossas atitudes em relação a nós mesmos e aos nossos interesses, bem como as relações com outras pessoas.

Ele chega de mansinho; prospera quando perdemos o foco e, depois, a vontade de recuperá-lo. Não nos importamos muito.

O poder de nomear

Quantos de vocês acabaram de ter um momento "eureca"? Tudo isso soa familiar para você ou para alguém que conhece? Embora ainda tenhamos muito a aprender sobre o que leva ao definhamento e como consertá-lo, dar um nome a ele pode ser um primeiro grande passo nessa jornada. Ter um vocabulário para descrever uma experiência que estamos enfrentando é uma das melhores estratégias para entender, experimentar e superar as emoções difíceis. Reconhecer e nomear o nosso definhamento limpa os nossos para-brisas para dar uma visão mais nítida do que parecia ser uma experiência obscura. Essa linguagem compartilhada nos ajuda a lembrar que não estamos sozinhos em nosso definhamento e que podemos ajudar a fornecer soluções para gerenciá-lo.

Compreendê-lo melhor também lhe permite ajudar as pessoas que você sabe que o estão enfrentando. Talvez o seu entender do definhamento como uma experiência comum pode resultar em uma melhor compreensão para os outros. Recentemente, fiz uma palestra e logo depois dela uma mulher veio até mim para descrever sua experiência.

"Minha família está preocupada e me pergunta se estou deprimida. Querem que eu vá ao médico. Eu sei que não estou deprimida — mas sei que algo não está certo. Sinto que estou desinteressada no trabalho, e até eles perceberam não pareço ser eu mesma. Mas agora que o ouvi falar sobre isso, acho que o que você descreveu — definhamento — é o que tenho sentido todos esses meses."

Imagine um mundo onde reconhecer e entender o definhamento como uma experiência humana comum seja algo cotidiano. Poderia ser sobretudo um contrapeso à positividade tóxica que muitas vezes inunda nossas redes sociais, e nos levaria a conversas mais reais — embora provavelmente mais difíceis — em casa e no trabalho. Entretanto, temos que começar de algum jeito.

O definhamento é real — ao reconhecê-lo e dar-lhe um nome, temos o potencial de desenvolver ferramentas para enfrentá-lo. Ignorar isso só cria problemas. Estar definhando hoje pode levar a problemas mais sérios amanhã.

Mas não nos castiguemos por sermos menos produtivos e sociais do que éramos no passado. O definhamento faz isso com você. Em vez disso, reflita e perceba o que está acontecendo em si mesmo e nos outros. Porque quando o definhamento se torna parte do seu vocabulário, você o vê ao seu redor. Você o percebe quando se sente triste até mesmo depois de fazer sua caminhada à tarde. De alguma forma, ela não correspondeu às suas expectativas. E se ainda se pergunta como é ou como reconhecê-lo, lembre-se da resposta de seus filhos ao perguntar-lhes como foi a aula de hoje: "Ah... foi normal".

Saúde mental: mais de uma dimensão

Quando pensamos e falamos sobre saúde mental, frequentemente a associamos a um *continuum*: a saúde mental positiva em uma ponta e o marasmo da depressão, da ansiedade e dos distúrbios de trauma na outra.

O universo científico trata a saúde mental como a ausência de doença mental. E, até os últimos anos, isso bastava. Infelizmente, como ouvimos falar dessa definição simples várias vezes, assumimos que esse *continuum* deve ser a única maneira de pensar sobre saúde mental.

Mas nossa própria experiência nos dá pistas de que as coisas não podem ser tão simples. Por que é que você se sente mal por dias e, contudo, ainda encontra a alegria em coisas simples, como prestar atenção a um arco-íris surgindo durante a chuva? Assim como existem muitas maneiras de ser fisicamente saudável e doente, também existem muitas maneiras pelas quais as pessoas podem ser mentalmente saudáveis e doentes. O modelo contínuo que diz que a saúde mental é apenas a ausência de doença mental simplesmente não funciona. No entanto, permaneceu incontestável por décadas.

Nos últimos anos, isso mudou. Um modelo de "saúde mental completa"[21] usou duas dimensões, não apenas uma, para descrever mais detalhadamente as experiências reais de saúde e doença mental. Em partes, isso emergiu das experiências descritas pelas pessoas que estavam se recuperando de alguma doença mental. Durante esse período, queriam ter a oportunidade de levar uma vida gratificante e agradável mesmo com a sua doença. Ter uma doença mental não significa que elas não deveriam ter "oportunidades para viver, trabalhar e amar em uma comunidade com a qual possam contribuir de maneira significativa"[22]. O que as pessoas querem ao se recuperar das doenças mentais é a capacidade contínua de desfrutar dos prazeres da vida e sentir que estão alcançando objetivos para si mesmas e para as pessoas com quem se importam.

Nesse modelo de saúde mental completa, a doença e a saúde mental positiva são duas dimensões diferentes, em vez de apenas extremidades opostas do mesmo *continuum*. A saúde mental positiva se relaciona a todos os sentimentos, pensamentos e comportamentos ligados a ter uma vida satisfatória. Podemos pensar nela dividida em duas partes: bem-estar emocional e funcionamento positivo. O *bem-estar emocional* diz respeito a emoções positivas, como felicidade e satisfação com a vida; o *funcionamento positivo* trata do quão engajado e realizado você se sente sobre sua vida pessoal, bem como suas relações com amigos, família e sua comunidade.

Sentindo-se bem e funcional na vida

O que isso significa? Ter saúde mental completa significa mais do que uma ausência de doença mental. Significa também ter bem-estar emocional e experiências positivas na dimensão psicológica, e afetivas com o seu círculo social. Quando os pacientes são questionados sobre o que envolve a recuperação de doenças mentais, dizem que, além do alívio dos sintomas, é importante ser capaz de experimentar maior bem-estar. Isso inclui estados mentais positivos, sensação de conexão e apreciação para com os outros e o senso de propósito e significado na vida.

Esse modelo mais amplo do que é ser mentalmente saudável também significa mudar de um modelo simples de "sim/não" sobre nos sentirmos bem, para um modelo que tem muito mais sutileza e reflete com mais precisão o que realmente acontece em nossa vida. A saúde mental completa não se trata apenas de reduzir a carga de doenças mentais; trata-se também de otimizar a saúde mental positiva. É se sentir bem e funcional na vida.

A boa notícia é que isso significa que é possível ter um alto nível de saúde mental positiva, mesmo que você tenha o diagnóstico de uma doença mental — o que parece refletir as experiências vividas. O contraponto mais complicado desse modelo é que você pode ter baixa saúde mental positiva mesmo que não tenha uma doença mental — o que também parece representar com precisão o que as pessoas relatam em suas vidas.

A restauração e a otimização podem trabalhar juntas para promover a saúde mental completa. Pessoas com doença mental podem trabalhar para controlar as limitações de seu transtorno por meio da redução dos sintomas, bem como a cura do estigma social de seu sofrimento. Isso é *restauração*.

Um processo paralelo acontece, no qual as pessoas vivenciam felicidade, prazer e oportunidades de terem um senso de realização dos objetivos importantes — sentem-se impelidas, de uma boa maneira, a desenvolver novas habilidades e pontos fortes pessoais e sociais. Isso é *otimização*.

Nada disso acontece isoladamente, sem considerarmos também as nossas relações com o mundo social. Não somos eremitas, ocupados com nossa vida e bem-estar sozinhos. Sabemos que um dos maiores preditores de como as pessoas tendem a se sair na incerteza e na crise é o apoio social que elas podem recrutar. Por exemplo, um estudo[23] descobriu que, apesar de terem dependência de drogas ou álcool e precisarem de tratamento, pessoas com boa saúde mental tinham níveis mais altos de envolvimento na comunidade do que a média. O estudo também encontrou mais evidências que sustentam o que conhecemos há muito tempo: a participação da comunidade prediz a saúde mental.

Mas também precisamos comer, ter um teto seguro sobre nossas cabeças e conseguir pagar as contas, educar a nós mesmos e nossas famílias, bem como obter acesso a bons cuidados de saúde e um bom emprego. Por essa razão, os melhores programas concebidos para combater as doenças mentais também apoiam intervenções comunitárias destinadas a combater a pobreza, aumentar o acesso aos serviços, lidar com a marginalização social e a exclusão (por exemplo, racismo e violência de gênero) e promover o envolvimento cívico e a participação social.

Pesquisas[24] que utilizam esse tipo de modelo parecem produzir seis estados diferentes de saúde mental completa. Podemos experimentá-los a partir dessas diversas combinações de doença e saúde mental positiva. Além disso, elas indicam as proporções das populações que os vivenciam:

1. Doença mental e definhamento (7%);
2. Doença mental e saúde mental moderada (15%);
3. Doença mental e florescimento (1%);
4. Ausência de doença mental e definhamento (10%);
5. Ausência de doença mental e saúde mental moderada (51%);
6. Ausência de doença mental e florescimento (16%).

Vale a pena notar que menos de um quinto dos adultos alcançou o estado ideal de saúde mental completa, com nenhuma doença mental e florescendo também.

O *continuum* florescimento-definhamento inclui um espaço intermediário no qual as pessoas são descritas como moderadamente saudáveis. Aquelas que estavam prosperando mostraram melhor saúde mental positiva do que as que eram moderadamente saudáveis, que estavam melhor do que quem estava definhando. Pessoas que floresceram e que também estavam livres de doenças mentais relataram menos dias de trabalho perdidos, menores taxas de doenças cardiovasculares, menos condições físicas crônicas, menor número de consultas médicas e hospitalizações e menores níveis de uso de medicamentos. De acordo com elas, também tiveram os mais altos níveis de resiliência e melhores relacionamentos próximos e intimidade do que outros grupos.

O efeito protetor de estar em um estado de florescimento é claro; mas assim é a vulnerabilidade para as pessoas que estão definhando. Por isso, precisamos nos concentrar não apenas no tratamento de transtornos mentais, mas também em ajudar as pessoas a otimizarem sua saúde mental positiva.

Intervenções baseadas na restauração, que ajudam pessoas com estratégias de otimização e criam melhores ambientes sociais, têm a melhor chance de ajudar as pessoas a:
- buscar objetivos significativos na vida;
- reduzir o impacto de sua doença mental;
- restaurar as competências alteradas pela sua doença mental;
- desenvolver suas forças e habilidades pessoais e sociais;
- aproveitar as oportunidades para aumentar o envolvimento na comunidade.

Embora a restauração e o alívio dos sintomas sejam importantes, eles não são o foco deste livro. Quero focar quais estratégias de otimização podem ajudá-lo a sair do definhamento, além da sua jornada em direção à prosperidade. Mas, antes disso, vale a pena prestar atenção ao que um outro estado de definhamento pode sinalizar.

Definhamento como proteção e preparação

Outra maneira de pensar sobre o definhamento é que não é necessariamente um vácuo ou uma desaceleração psicológica. Em vez disso, essa sensação de apatia, falta de propósito e direção pode realmente ser um intervalo de "pousio", indicando que precisamos descansar antes de fazer o que é necessário.

Se fôssemos agricultores, isso poderia ser comparado a permitir que os campos permanecessem em pousio por um tempo. Isso significa que a terra é lavrada e maltratada, mas deixada por um tempo sem ser semeada para renovar sua fertilidade. Uma vez que o período de pousio é feito, passamos a arar, semear e colher novas culturas no campo e em nossa vida. O objetivo do pousio é permitir que a terra se recupere e armazene matéria orgânica e umidade enquanto interrompe o ciclo de vida dos patógenos, removendo temporariamente seus hospedeiros — não há nada para eles se alimentarem. Nossa vida em pousio talvez pareça estar paralisada por fora; mas, na verdade, por dentro há renovação e uma fertilidade de ideias.

O definhamento também pode ser protetor no sentido da retirada de patógenos sociais, como relacionamentos difíceis na vida ou nas redes sociais, ou ambientes de trabalho tóxicos. Mas, invisíveis e subterrâneos, um novo eu e um novo potencial a serem criados estão à espera.

E já vimos isso antes, quando as pessoas saem de crises com um senso renovado de propósito sobre o que é importante para elas; mudam de emprego, carreira ou qualquer outro aspecto necessário para se alinharem a essa mudança. Isso foi discutido, à medida que avançamos na pandemia de coronavírus, como "A grande renúncia". Para alguns, a pandemia precipitou uma mudança nas prioridades, incentivando-os a buscar "o emprego dos sonhos", reconhecendo que a vida é curta e que eles não a estão vivendo em sintonia com seus desejos mais sinceros. Para muitos, a decisão foi motivada pela maneira como o chefe os tratou durante a crise. Emergindo do definhamento, esse senso renovado de si mesmo talvez os faça perceber que a situação do emprego atual simplesmente não funciona mais — eles não se sentem valorizados e ouvidos, e assim migram para novas oportunidades nas quais poderão florescer.

Em certo sentido, o definhamento é um estado de pousio que nos prepara para o que virá a seguir. Talvez ele realmente se difira de como as pessoas o descreveram. Entretanto, como a maioria dos conceitos psicológicos, há dois lados da história. E talvez o definhamento deva ser compreendido não só como um alerta de que algo pode estar errado, mas também um sinal de que algo pode não estar certo, e que saímos de cena para nos preparar para o que vem a seguir. Assim, interpretar o definhamento dessa maneira nos motiva a refletir e analisar nossos pensamentos e sentimentos o suficiente para influenciar e exercer algum controle sobre nossas escolhas, a respeito do que queremos para o futuro e de como nos preparamos para isso.

Como funciona a otimização?

É necessário ficar de olho na possibilidade de o definhamento ser de fato um estado mental útil (mesmo que apenas por períodos relativamente curtos). Se buscamos melhorar nossa saúde mental, indo do definhamento ao florescimento, que tipo de coisas devemos fazer?

As experiências ideais são caracterizadas por[25]:
- Ficar tão absorto em tudo o que você está fazendo que o seu senso de tempo desaparece;
- Estar altamente envolvido em qualquer coisa que fizer, seja você pago para isso ou não;
- Apreciar a experiência;
- Ter controle sobre a tarefa para que não seja tão fácil, mas desafiador o suficiente para você sentir que está ficando mais habilidoso;
- Atingir um senso de realização.

Tudo isso pode ser resumido em uma palavra: *fluxo*.

Deixe fluir

O *fluxo* é aquele estado muito evasivo de absorção total e foco em uma atividade relevante ou em um vínculo intenso momentâneo, no qual sua consciência do tempo, do lugar e do eu se dissolve. O que estimula o estado de fluxo são atividades (desde sair com amigos até tocar piano) que o transportam para fora de si. Elas curvam o tempo e o senso de lugar: fazem o tempo parecer que simplesmente desapareceu, e você pode até esquecer onde está. Mas a todo momento se sente satisfeito e absorvido pelo que está fazendo.

O fluxo parece fundamental para evitar estados negativos de definhamento. Nos estágios iniciais da pandemia, o melhor preditor de bem-estar não era uma atitude otimista ou atenção plena; era o fluxo. Pessoas que conseguiram se entregar e ficar mais absortas em seus projetos evitaram o definhamento e mantiveram seus níveis de felicidade pré-pandemia.

Embora deparar-se com novos desafios, experiências gratificantes e um emprego significativo sejam soluções para o definhamento, é difícil encontrar fluxo quando você não consegue se concentrar. Isso se relaciona ao que escrevi no capítulo 1 "O problema da incerteza" — que a atividade contínua de nosso sistema de ameaças não faz bem para nossa capacidade de prestar atenção, e isso pode ser exaustivo quando nosso foco está fraturado dessa maneira.

Esse é um problema que existia muito antes da pandemia (mas se intensificou nos últimos tempos), quando as pessoas verificavam seus e-mails cem vezes por dia e mudavam de tarefa a cada dez minutos. Tentar permanecer na mesma atividade, apesar das interrupções de crianças em casa, colegas em todo o mundo e chefes, também tornou-se parte da vida moderna.

E quando você está em constante estado de alerta sem aprender a desativar o seu sistema de ameaças, pode entrar em um estado de definhamento. Com a atenção fragmentada, é difícil entrar em um estado de fluxo, porque estamos sendo trazidos constantemente ao aqui e agora por nosso sistema de ameaças. É complicado suspender a sensação de tempo e prestar atenção a uma tarefa prazerosa, ou mesmo relaxar, quando estamos constantemente em alerta para o perigo.

Um dos melhores caminhos para fluir é fazer uma tarefa desafiadora, mas que também expanda suas habilidades e fortaleça sua determinação — é difícil, mas é possível praticar sem que ela se torne estressante.

Para se envolver nesse tipo de tarefa, você precisa dedicar um tempo diário para se concentrar em um desafio significativo para você — um projeto extraordinário, um objetivo que vale a pena, uma conversa importante. Pode ser um simples passo para redescobrir um pouco do espírito e entusiasmo de que você sente falta.

Redefinir para vencer o definhamento

Quais são as outras ferramentas que você pode usar para lidar com os aspectos negativos do definhamento? Todos nos deparamos com momentos desafiadores na vida, de quando nos sentimos vulneráveis às tensões do dia a dia. Isso pode ser real especialmente quando estamos vivendo muitas incertezas.

Muitas estratégias foram apresentadas para ajudar a construir nossa resiliência pessoal e nosso bem-estar, e para enfrentar as condições que causaram o definhamento. Aqui vai o meu grupo de quatro práticas projetadas para ajudá-lo a se concentrar na automanutenção básica e no relaxamento, além de algumas reflexões sobre o que você quer para a sua vida. Tudo isso ajuda a construir uma plataforma para reconstruir seu controle de atenção e fornecer condições ideais para que você experimente o fluxo em sua vida novamente.

1. **Preste atenção em sua alimentação, exercício e sono.** Se você dorme mal, não se alimenta bem e está em má forma física, torna-se muito mais propenso a ter um humor pior. As tarefas diárias podem drenar seus recursos para lidar com o definhamento e você pode ficar de mau humor mais rápido se não estiver cuidando bem de si mesmo. Por conta do funcionamento dos ciclos do sono, tente ir para a cama mais cedo para passar por todos os estágios do sono necessários para se sentir melhor.

Observe a ingestão de álcool: não apenas há calorias extras no álcool e riscos para a saúde do coração, entre outros, como também pode afetar a qualidade e o tempo de sono.

Tente controlar o que come: comer pouco, ou muito, acarreta um risco — você se torna mais propenso à irritação, cansaço e fraqueza, além de ter mais chances de voltar aos hábitos alimentares que estava tentando mudar.

Praticar exercícios é bom, mas certifique-se de ir aos poucos para evitar lesões. E como alguém que está se recuperando de lesões, esse último reverbera fortemente em mim neste momento.

2. **Esclareça os seus valores e objetivos.** Como gasta seu tempo? Uma das principais razões para o mau humor é a má combinação do que você valoriza e do que você faz. Pode ser difícil definir de que maneira isso se mostra na vida, mas muitas vezes é por meio do mau humor, da insatisfação e até mesmo da depressão.

Pensar em seus valores às vezes pode parecer autoindulgente. Mas é fundamental para o seu bem-estar.

Escreva uma declaração pessoal de valores e objetivos. Isso vai ajudá-lo a descobrir se o que faz no trabalho e na sua vida pessoal está alinhado aos seus valores.

Se achar que não está, pode ser útil para você descobrir que tipo de mudanças precisa fazer para sair do buraco onde você talvez se encontre agora. Veja mais sobre esse tópico no capítulo 15 "Encontrando sua bússola interior em um mundo incerto" para saber mais.

3. **Coloque prazeres na vida.** Um dos perigos da vida moderna é ser mal interpretado nas redes sociais. Um post sobre o sucesso do novo trabalho pode ser interpretado por alguns como vaidade, presunção ou esnobismo. E nós evitamos ser rotulados dessa forma. Mas, às vezes, podemos exagerar.

Muitas vezes, as pessoas não se valorizam o suficiente. Nós até nos rebaixamos, negando nossos prazeres. Colocamos as necessidades das outras pessoas em primeiro lugar e nos mandamos para o fim da fila, vendo o prazer como algo para desfrutar só "quando der".

O perigo é nunca conseguirmos. Alguns pais são assim. Colocam as necessidades dos filhos muito acima das suas, não reservando um tempo e espaço para si mesmos. Ainda que pense que não merece se divertir agora, tenha certeza de que você faz coisas que aprecia.

Inserir prazeres na vida — não apenas fazer as tarefas de casa e trabalhar porque você sente que não tem energia para mais nada — é fundamental para construir de uma plataforma de resiliência pessoal, derrotando o funil da exaustão (leia mais no capítulo 5 "Todas as emoções") e rompendo com um estado de definhamento.

4. **Não coloque todos os seus ovos numa única cesta.** Nada vai bem o tempo todo. Todo mundo passa por períodos em que o trabalho, ou alguma parte dele, vai mal. Ou há dificuldades em relacionamentos próximos ou a vida, em geral, parece estar cheia de problemas.

Se você colocar todo o seu senso de autoestima em apenas um aspecto da sua vida — muitas vezes isso significa trabalhar ou ser uma boa mãe (ou pai) — haverá momentos em que você pode se sentir muito vulnerável. Quando se sentir mal, pense em quanto do seu senso de autoestima está ligado a apenas um aspecto da sua vida.

Se seu padrão de mau humor sugerir uma conexão muito próxima com apenas uma parte de sua vida, é provável que você tenha ovos demais nessa cesta.

Para se proteger desse tipo de dependência, é aconselhável dar importância a várias áreas diferentes da sua vida: trabalho, amigos, filhos, animais de estimação, família, passatempos, sua vida em casa e fora dela, relações com os outros e consigo mesmo.

Em qualquer momento, quando parte de sua vida parece não ir bem, você pode buscar o conforto e o apoio de outras partes. Diversifique seus interesses não só para proteger o seu bem-estar mental, mas também para aumentar suas oportunidades de entrar no fluxo.

A habilidade de compartilhar tanto o seu fardo quanto os seus prazeres é só uma das diversas razões pelas quais a sua rede social é crucial para o seu bem-estar.

No próximo capítulo, teremos como foco de análise o que sabemos sobre manter a conexão com os outros durante épocas difíceis.

> A terapia funciona para o definhamento?
>
> A resposta rápida para isso — quanto ao tipo mais comum, a Terapia Cognitivo-Comportamental (TCC) — é: provavelmente não. Um estudo do Reino Unido[26] de 2019 descobriu que a TCC, com rotinas para ansiedade e depressão, foi mais eficaz na redução dos sintomas do que no aumento do bem-estar.
>
> Isso está de acordo com o modelo de restauração e otimização descrito anteriormente. Embora fazer mais sessões de TCC estivesse associado a uma maior redução dos sintomas de ansiedade e depressão, isso não parecia fazer qualquer diferença nas mudanças de bem-estar.
>
> E não está claro se outras abordagens psicoterapêuticas mais recentes, como a Terapia de Aceitação e Compromisso (ACT, na sigla em inglês), são melhores para otimização.
>
> Por exemplo, um estudo[27] usando uma breve versão on-line da ACT também foi menos eficaz na reparação do bem-estar em comparação com o alívio dos sintomas.

Como se sentir bem e funcional

· Nomeie sua experiência — é empoderador falar sobre suas dificuldades;

· Encontre o seu fluxo — seja absorvido por uma atividade significativa para que o tempo pareça desaparecer;

· Dedique tempo todos os dias para realizar um desafio que seja importante para você — ele deve desafiar suas habilidades, mas sem se tornar estressante;

· Alimente-se bem, durma bem e se exercite;

· Esclareça as suas metas e valores — dedique tempo às coisas que são importantes para você;

· Reserve um tempo para o que lhe dá prazer e alegria;

· Compartilhe a carga e os bons momentos.

capítulo 10

mantendo a conexão

Décadas de pesquisa mostram incansavelmente que o fator número um que nos ajuda a nos adaptar a circunstâncias mais desafiadoras é o acolhimento social[28]. Quanto mais conectados e acolhidos nos sentimos, melhor podemos nos adaptar e lidar com o que surge.

Nós nos sentimos acolhidos quando recebemos cuidados, quando sabemos que a ajuda dos outros está disponível se precisarmos e quando fazemos parte de uma rede social de apoio. Esse acolhimento pode vir de muitas formas, desde apoio emocional até prestação de informações e conselhos, apoio prático — como ajuda financeira ou ajuda para conseguir um emprego — e apoio social, ou mesmo um senso de companheirismo e pertencimento.

E não é só o apoio real que conta. Mesmo a percepção de que o acolhimento está disponível pode ser suficiente para diminuir nossos níveis de estresse e aliviar o sofrimento mental, sobretudo se esse apoio for da família e amigos. Comunidades e instituições também são importantes, porque formam uma parte mais ampla do ecossistema a partir do qual obtemos apoio. Gostamos de pensar em nós como indivíduos autônomos, mas confiamos nas outras pessoas para nos acolher. Somos feitos dessa forma, conscientes disso ou não. Nenhum homem, ou mulher, é uma ilha.

Um estudo recente do American Enterprise Institute descobriu que a proporção de pessoas capazes de citar seis amigos próximos caiu drasticamente desde a década de 1990: de 55% para 27%[29]. Apenas 50% dos norte-americanos disseram que têm o que chamariam de melhor amigo. Ainda mais revelador, os resultados sugerem que a proporção de pessoas que não tinham nenhum amigo aumentou alarmantemente de 3% para 12%. Para homens solteiros, a situação era terrível: um em cada cinco disse que não tinha amigos próximos.

Construir relacionamentos solidários é uma das melhores coisas que você pode fazer para melhorar seu bem-estar mental em tempos incertos e fortalecer sua resiliência para os inevitáveis desafios futuros que encontrará. Ter alguém em quem confiar, seja um parente, um parceiro ou um amigo, é uma das formas mais importantes de se proteger de um estado depressivo quando algo ruim acontece. Se você não tem uma relação solidária próxima, ou se seus amigos não fornecem o apoio de que você precisa, então vale a pena fazer o esforço para construir esse acolhimento. É importante lembrar que a qualidade que parece ser a mais importante é a intimidade, e não somente o número de pessoas que você conhece. Não me refiro à intimidade sexual, e sim o sentimento de profundidade de conexão; sabendo que você é visto, valorizado e amado por quem você é.

Criar relações íntimas e solidárias requer tempo e esforço. Como imigrante da Nova Zelândia que vive do outro lado do planeta, sei disso muito bem. Não acontece da noite para o dia. Quando construir relacionamentos parece difícil, vale a pena lembrar que isso pode ser feito em qualquer estágio da vida e que há muitas etapas ao longo do caminho.

1. **Conheça novas pessoas.** Saia fazendo contato com grupos de pessoas com interesses parecidos, vizinhos, clubes ou grupos voluntários;

2. **Construa uma amizade.** Foque em experiências, atividades e prazeres compartilhados. Façam coisas juntos. Não espere para ser convidado: seja aquele que sugere uma atividade e tente manter a leveza sobre a resposta ao seu convite. Se a pessoa disser não, tente não levar a rejeição para o lado pessoal. Se ela também se sente isolada, talvez seja difícil se comprometer com alguém ou algo novo. Repita o convite uma outra hora, ou convide alguma outra pessoa;
3. **Consolide amizades.** Mantenha contato. Contate com regularidade. Torne-se um bom ouvinte e um bom falante. Tente manter contato mesmo quando não se sentir bem para socializar, ou tiver receio de incomodar;
4. **Cultive as suas amizades.** Procure formas de mostrar que se importa, seja durante épocas boas ou ruins. Tolere os momentos de mau humor, inconveniência ou silêncio. Eles acontecem, especialmente quando estamos estressados com as provações da vida moderna;
5. **Use suas amizades para apoio mútuo.** Não fuja das pessoas quando se sentir mal. E não se afaste dos amigos quando eles precisarem de alguém a quem recorrer. Tente oferecer um ouvido atento e empático, e lembre-se: a empatia funciona melhor com um plano de ação. Note, no entanto, que uma relação acolhedora não deve ser sufocante — precisamos da nossa própria independência e autonomia, assim como de apoio.

É claro que, mesmo que você tenha conexões fortes, os desafios da vida moderna significam que nem sempre é possível se conectar com as pessoas com a frequência ou a profundidade da qual gostaríamos. Então, como você pode cultivar o seu bem-estar social quando a vida já está tão cheia, você está pressionado pelo tempo, é bom de papo, mas negligencia o cultivo necessário para boas relações? A solução óbvia é a tecnologia. Muitas vezes, as pessoas a acusam de ser a causa da solidão, dizendo que gastamos muito tempo olhando nossas redes sociais e não temos tempo suficiente para interagir na vida real. Mas pesquisas recentes fornecem uma imagem mais sutil: *como* você usa as redes sociais parece importar mais do que *quanto* você as utiliza. Todos podemos nos beneficiar da aquisição de hábitos digitais que reforcem conexões humanas significativas para nutrir nossas relações.

Aqui estão algumas dicas para ajudá-lo a se conectar com outras pessoas usando a tecnologia de formas social e psicologicamente mais saudáveis.

1. **Cara a cara a distância.** Muitas vezes (mas nem sempre), a segunda melhor coisa para a comunicação presencial é uma chamada de vídeo; pistas faciais, linguagem corporal e outras comunicações não verbais são importantes para uma conexão e compreensão genuínas. Tente fazer videochamadas, em vez de enviar mensagens ou ligar, e teste fazer coisas que normalmente faria pessoalmente. Por exemplo, experimente um jantar on-line com alguém que você conheceu no aplicativo de namoro; um café virtual com um colega ou um encontro do clube do livro em uma videochamada em grupo;

2. **Pratique sessenta segundos de gentileza.** Ter muitas curtidas em um post nas redes sociais pode lhe dar uma dose de dopamina, mas receber uma mensagem privada ou um e-mail com um elogio verdadeiro é mais íntimo e também mais duradouro — e não leva muito mais tempo para fazer e enviar. Quando você se vir percorrendo as postagens no *feed*, pare e envie algumas palavras gentis para alguém. Todos nós poderíamos ser um pouco mais gentis para compensar o estresse e a incerteza da vida moderna;

3. **Amplie ou aprofunde as suas conexões.** Em resumo, há duas maneiras de superar a solidão: nutrir suas conexões atuais ou fazer novas. Pense no seu atual estado de saúde social e, em seguida, dê um passo digital para aprofundá-lo (entre em contato

com um amigo ou membro da família com quem você não fala há algum tempo), expandi-lo ou ampliá-lo (fale com alguém que gostaria de conhecer melhor);
4. **Puxe assunto.** Cada vez mais, aplicativos e plataformas nas redes sociais nos ajudam a otimizar as interações on-line com os amigos e a família. Mas considere puxar assunto para variar um pouco. Há várias dicas na internet se você procurar por "puxar assunto", mas aqui vão algumas perguntas para ajudar:
   - Como seria o seu fim de semana perfeito?
   - Qual é a coisa mais útil que você possui?
   - Quem é seu amigo mais antigo? Como vocês se conheceram?
   - Se você tivesse uma música tema, qual seria? Por quê?
   - Se pudesse abrir um negócio, qual seria?
   - Quem na sua vida lhe traz mais felicidade?
   - Quem teve o impacto mais profundo em quem você se tornou?
   - Qual é o hábito mais irritante que alguém pode ter?
   - Se você tivesse que trocar de nome com alguém, quem seria?
5. **Frequência é melhor que duração.** Está bem, isso nem sempre é verdade, mas muitas vezes ajuda ter conversas mais rápidas e frequentes em vez de conversas menos frequentes e mais longas. Meus pais vivem a meio mundo de distância, mas não ligo uma vez por semana para uma longa conversa; faço uma ligação rápida para eles todos os dias. Isso funciona conosco. Descubra o que funciona para você e para seus entes queridos;
6. **Não há problema em ser entediante.** Podemos não ter muito a relatar um para o outro, mas a conexão social é valiosa mesmo que não haja muito a dizer. Ajuste essa chamada de vídeo para criar uma atmosfera aconchegante, para estarem juntos a distância, mesmo que não queira "dizer" nada.

Chamadas em grupo também podem ser úteis para crianças mais velhas que precisam estar em casa por algum motivo, ou durante as férias, para recriar a sensação de estar de volta com seus colegas e amigos, em uma sala de aula ou biblioteca. Durante uma chamada em grupo, todos eles fazem seu trabalho ou tarefa em silêncio (desligam o microfone para que não ouçam os sons uns dos outros digitando etc.), mas podem se ver, para que se sintam juntos e possam ligar o microfone se tiverem algo a dizer.

Solidão

E se você fizer tudo isso e ainda se sentir solitário? Em diversos lugares do mundo, a solidão já é uma luta diária para muitas pessoas. Em 2018, uma pesquisa[30] da American Association of Retired Persons descobriu que um em cada três adultos com mais de 45 anos se sentia solitário. Uma pesquisa da YouGov em 2019[31] descobriu que cerca de um em cada cinco britânicos com mais de 55 anos diz que não fez uma amizade nos últimos seis anos. Na Nova Zelândia, a maioria das pessoas mais velhas não se sente tão solitária, mas os resultados do The Social Report[32] em 2016 mostram que 10% das pessoas com idades entre 65 e 74 anos e 13% das pessoas com mais de 75 anos se sentem solitárias o tempo todo, na maior parte do tempo ou em alguns momentos.

No entanto, o estereótipo da pessoa idosa solitária não significa que outras faixas etárias não sejam afetadas pela solidão. Os resultados da mesma pesquisa da YouGov sugeriram que os jovens britânicos são muito mais propensos a sofrer de solidão a longo prazo do que as pessoas mais velhas: 88% dos britânicos com idades entre dezoito e 24 anos disseram que vivenciaram a solidão em algum grau, 25% a experimentou frequentemente e 7% disseram que estão solitários o tempo todo. Compare isso com 70% daqueles com mais de 55 anos dizendo que se sentem solitários em certa medida; apenas 7% se sentindo solitários com frequência e 2% o tempo todo. Um relatório sobre a solidão na Nova Zelândia[33] descobriu que a solidão na juventude aumentou de 5,8% antes da pandemia para 20,8% durante o confinamento inicial, no início de 2020, e permaneceu em 17%.

O ex-cirurgião-geral norte-americano Vivek Murthy, entre muitos outros, expressou sua preocupação com a ideia de a solidão ter se tornado uma epidemia de saúde pública. Ela pode deixar você irritado, deprimido e egocêntrico, e está associada a um aumento de 26% no risco de morte prematura[34].

Embora a crise e a incerteza possam piorar a solidão, não há uma relação direta. Vamos voltar à pandemia como um exemplo. Curiosamente, alguns estudos realizados nos Estados Unidos sobre as fases iniciais do distanciamento físico e das restrições de movimento sugerem que isso não aconteceu. Quando a solidão aumentou um pouco, esse aumento não foi nem de longe tão íngreme ou significativo quanto o esperado. E eu digo distanciamento *físico* em vez de distanciamento *social*, porque a última coisa que precisamos fazer em tempos de crise ou incerteza é nos distanciarmos socialmente. É disso que se trata este capítulo.

Por que as pessoas não relataram estar muito mais solitárias quando a maioria estava fisicamente mais distante das outras pessoas e as rotinas normais foram interrompidas como nunca? Não sabemos de fato, mas os pesquisadores propuseram algumas explicações.

O senso de solidariedade que as pessoas sentem quando estão coletivamente sob alguma ameaça ou passando por um desafio juntas é considerado um forte fator de proteção — e decerto se mostrou mais forte do que os pesquisadores esperavam no início. Embora a sensação de união tenha sido reconhecida como protetora em outras situações de desastre, o interessante aqui é que a sensação de solidez parecia resistir mesmo quando as pessoas não podiam se unir fisicamente. Como as medidas de saúde pública da pandemia forçaram muitos estabelecimentos e empresas a fecharem temporariamente, os vizinhos confiaram mais uns nos outros. No entanto, à medida que repetidos confinamentos e outras restrições ocorreram ao longo do tempo, esse senso de solidariedade desapareceu, visto que a experiência das pessoas se tornou mais pessoal e menos coletiva.

Outra ideia é que a pressão social para participar das atividades acabou. Quando todos ficam em casa, a ideia de FOMO* — acompanhar nas redes sociais quem está indo a uma festa, e talvez se sentir excluído ou rejeitado — é um problema muito menor.

As pessoas também podem se conectar umas com as outras de maneiras não físicas: conversando virtualmente com a família e amigos, fazendo caça ao tesouro ou treinos na porta da frente de casa. Essas foram maneiras saudáveis de manter a conexão durante a crise.

A magia do toque

Se você se sentir sozinho ou isolado, há uma coisa simples que pode fazer para sentir um pouco de amor e carinho, não importa a situação: descobrir a magia do toque.

Nós, humanos, fomos feitos para o toque. Desde o dia em que nascemos até a morte, nossa necessidade e desejo de contato físico são constantes. A fome de toque — também chamada de "fome de pele" ou "privação de toque" — acontece quando alguém recebe pouco ou nenhum toque de outros seres vivos. Se você mora sozinho, isso pode ser muito, muito difícil, sobretudo em confinamento — e ainda mais se você não tem um animal de estimação que pode acariciar (eles podem realmente ajudar).

Uma das substâncias químicas cerebrais por trás dos efeitos positivos do toque é a ocitocina. Ela é responsável pelo vínculo pais-bebê, bem como por muitas outras situações relacionadas aos laços humanos e ao bem-estar.

---

* (N. T.) Sigla em inglês para a expressão *Fear Of Missing Out* — medo de estar perdendo algo.

A liberação de ocitocina costuma ocorrer em resposta à proximidade nas boas relações; mas o interessante é que massagear e acariciar a pele, em certa medida, pode imitar os efeitos do bem-estar. E o mais fascinante é que você pode também obter alguns desses efeitos sem uma outra pessoa. Acariciar a sua própria pele, ou até mesmo pressioná-la suavemente, reproduz esses efeitos o suficiente para que você possa iniciar a liberação de ocitocina no seu corpo, o que ajuda a melhorar o humor e fazer você se sentir melhor.

Praticar a autocompaixão dessa maneira é de fato muito simples. Um jeito fácil de se acalmar e confortar quando você está se sentindo mal é se dar um abraço afetuoso, fazer um cafuné em si mesmo ou colocar gentilmente a mão no seu coração e sentir o calor. Talvez seja estranho no início, mas o corpo não distingue o seu próprio toque do de outra pessoa. Ele simplesmente responde ao gesto físico da compaixão e do carinho, da mesma forma que a criança responde ao se aconchegar nos braços da mãe.

Nossa pele é um órgão muito receptivo; pesquisas mostram que o toque físico libera ocitocina, traz uma sensação de segurança, acalma emoções angustiantes e o estresse cardiovascular. Então, definitivamente, vale a pena tentar.

Se perceber que está chateado, agitado, triste ou solitário, tente acariciar seu braço ou o rosto. O fundamental é que entre em contato com a pele com um toque que transmita sentimentos de amor, calor e gentileza. Se outras pessoas estiverem por perto, você pode dobrar os braços de uma maneira que não chame a atenção, se acalmando de maneira reconfortante e suave. Também pode simplesmente imaginar o abraço, se não conseguir fazer o gesto físico exato na situação em que se encontra.

Em períodos difíceis, acaricie sua pele ou coloque a mão sobre o coração algumas vezes por dia, por pelo menos uma semana. Veja se nota alguma diferença. Tente; você não tem nada a perder e tudo a ganhar.

Relacionamentos amorosos

Mas e as relações íntimas? Como a incerteza impacta no seu relacionamento amoroso? Embora uma crise possa destacar os pontos fortes de relacionamentos íntimos, também pode expor os problemas.

Em tempos "normais", a maioria dos casais passa uma grande parte do dia separados, uma vez que um deles, ou ambos, trabalha fora de casa. Desde que a pandemia começou, muitos casais foram obrigados a passar o dia todo juntos, seja por meio de confinamento ou por longos períodos de trabalho em casa. Além de estarem juntos 24 horas por dia, sete dias por semana, as circunstâncias trouxeram outros fatores estressantes comuns, como mudanças dramáticas na rotina, ansiedade em relação à saúde, desemprego em potencial, insegurança financeira, malabarismos no cuidado e educação das crianças em casa, preocupações com pais idosos, falta de conexão social fora de casa e incerteza geral sobre o futuro.

Estar ao redor das peculiaridades um do outro durante todo o dia (e noite), enquanto tenta lidar com todos esses estressores, pode trazer à tona questões que, até agora, permaneceram ocultas. Qualquer vulnerabilidade será trazida à tona e pode provocar infelicidade e brigas, mesmo que no passado tenha sido bem resolvida.

> ### Violência doméstica
>
> Sabemos que os pedidos de divórcio aumentaram em algumas cidades chinesas à medida que emergiam do confinamento da pandemia. O estresse pode levar a excessos nos relacionamentos que já enfrentam problemas, tornando-se o ponto crítico de uma escalada perigosa. Sabemos que a incidência da violência doméstica aumenta em tempos de tensão, sobretudo quando as pessoas estão socialmente isoladas.

> Se testemunhar ou estiver envolvido em uma situação em que alguém seja ferido ou está sendo ameaçado com violência, chame a polícia imediatamente. Você pode salvar alguém de ser ferido ou morto. Em caso de emergência, você não precisa do consentimento da vítima para chamar a polícia. Se não for uma emergência, mas você conhecer uma pessoa que está sendo abusado por um parceiro, ex-parceiro ou membro da família, a melhor coisa a se fazer é desenvolver confiança com ela e dar apoio e informações, sem julgamento, sobre serviços de violência doméstica. Certifique-se de que ela saiba que você não compartilhará nada do que lhe disser sobre a situação, a menos que ela queira, ou a menos que seja perigoso e ela esteja ferida, ou correndo risco naquele momento.
>
> Deixe-a guiar e descubra o que é importante para ela. Ela conhece o parceiro (ou quem quer que esteja abusando dela ou a controlando) melhor do que ninguém, e já estará fazendo o possível para manter a ela e os filhos em segurança. Descubra como você pode apoiar os seus esforços ou oferecer mais opções que sejam possíveis para ela.

Há outras situações em que a maneira como vocês, enquanto casal, passam o tempo juntos pode pressionar o relacionamento. Muitos casais consideram a aposentadoria um momento desafiador, especialmente quando um parceiro acabou de se aposentar e passa mais tempo em casa do que antes, "invadindo" o espaço do outro, cujas circunstâncias pessoais permaneceram inalteradas.

Os casais podem usar mecanismos de enfrentamento distintos para lidar com o estresse. Por exemplo, um parceiro pode ser apaixonado pelo risco, enquanto o outro é obcecado pela tranquilidade do dia a dia. Um tem um comportamento proativo; o outro é mais apático e desesperançoso. Essas diferenças podem levar a discussões, e a polarização pode arruinar o relacionamento se o casal não agir.

O que você pode fazer para ajudar o seu relacionamento a sobreviver em tempos estressantes? Aqui estão algumas dicas que ajudarão vocês a se agarrarem um ao outro e ao seu relacionamento:

- **Escolha as suas batalhas.** Não se exponha a abusos constantes, mas certifique-se de não reagir a tudo o que o seu parceiro fizer e que o atingir. Se ele é mal-humorado, lembre-se: talvez isso não tenha nada a ver com você. Considere dar a ele um tempo extra. Dentro do razoável. No entanto, não deixe que isso dure muito tempo;
- **Não se concentre apenas nos problemas do relacionamento, mesmo que sejam importantes.** Defina um limite (por exemplo, vinte minutos, uma vez por dia) para discutir questões difíceis. E quando o tempo acabar, deixe a discussão de lado. Tente incluir um horário de "conflito/preocupação" na sua agenda. Além disso, deixe claro que qualquer um de vocês pode pedir um intervalo se a situação ficar muito intensa; assim, vocês retomarão a discussão mais tarde;
- **Crie e proteja o seu tempo sozinho.** Se tiver o luxo de uma casa com vários quartos, reserve algum tempo para si mesmo em um cômodo separado. Caso não tenha, os fones de ouvido podem ser uma maneira útil de criar limites artificiais;
- **Envolva-se socialmente com outras pessoas.** Não deixe que o seu relacionamento se transforme no único lugar significativo e prazeroso de contato social. Mesmo que seja difícil sair de casa devido a obrigações de cuidar dos filhos, por exemplo reserve um tempo para socializar com os seus amigos e familiares por meio de uma chamada de vídeo em grupo, ou organize uma noite de jogos, com jogos on-line ou *quizzes*. Assim, seu parceiro não será o único adulto com quem você interage, e ambos sentirão a alegria de se conectar com os amigos;
- **Não se precipite com questões financeiras.** Tente focar maneiras de sobreviver à sua crise particular antes de olhar muito para

frente. O futuro é incerto, e sua mente pode ficar presa na tentativa de resolver um problema sem ser capaz de ver soluções alternativas ou o panorama. O estresse pode fazer isso com você. Para ver esse panorama, precisamos nos sentir seguros e calmos. Durante uma crise, atenha-se a levar cada dia (e semana) conforme ele chega;
- **Escolha a intimidade.** Muitas vezes usamos o sexo para aumentar a intimidade e proximidade, mesmo em tempos difíceis. Isso pode não ser a prioridade quando você se preocupa com os problemas, finanças e as crianças. Mas a conexão romântica é sempre agradável se você encontrar uma maneira de deixar isso acontecer. No entanto, se o seu parceiro não está interessado em sexo agora, resista à irritação e à culpa; e, claro, não o coaja, porque isso vai deixá-lo pior e será tóxico para o seu relacionamento. Segurar nas mãos, abraçar, oferecer uma massagem ou qualquer gesto calmante e reconfortante pode ser uma forma de conexão. Entretanto, se o sexo ainda for algo interessante apenas para uma das partes, veja o próximo tópico;
- **Procure ajuda.** Se você e o seu parceiro precisarem de mais ajuda, procure a terapia de casal. Ter um terapeuta para conversar sobre alguns dos desafios pode ser realmente útil. Muitos conselheiros e terapeutas oferecem sessões individuais (ou de casal) on-line, para que você nem precise sair de casa.

As cinco interações mágicas

Não importa o quão sólido seja o seu relacionamento, é necessário perceber que algum tipo de conflito é praticamente inevitável em tempos estressantes. A diferença entre casais felizes e infelizes é o equilíbrio entre interações positivas e negativas durante as discussões.

Para ter um relacionamento feliz, você precisa neutralizar todas as interações negativas durante uma discussão com cinco interações positivas[35].

E quais são as interações negativas que precisamos observar? Você imagina que a raiva seja uma delas, certo? Sim, mas há um porém. De fato, a raiva pode fazer parte de uma interação negativa, mas é mais prejudicial quando combinada com criticismo ou desprezo, ou se ela for defensiva.

Desdenhar é outra coisa inaceitável. Os casais precisam estar cientes de gestos negativos sutis, como expressões faciais. De acordo com os especialistas em relacionamento John e Julie Gottman, dos Estados Unidos, quatro qualidades negativas são os preditores mais fortes para o divórcio: desprezo, crítica, defensividade e esquiva. Eles sugerem que revirar os olhos tem um poder emocional particular, pois parece ser interpretado como um sinal de uma ou mais dessas qualidades negativas; fazê-lo após um comentário do parceiro pode ser um poderoso indicador de divórcio ou de que o relacionamento está em apuros[36].

Revirar os olhos sugere desprezo. A empatia é a antítese do desprezo. Ela envolve cuidar das emoções e preocupações dos outros. O desprezo é um desdém arrogante, desinteresse e depreciação das preocupações dos outros (ou "eu sei mais"). A empatia fortalece os laços da relação, enquanto o desprezo traz problemas.

É pouco provável que parar de revirar os olhos salve seu casamento, mas é um bom sinal de que algo está acontecendo e precisa ser resolvido.

Essas interações negativas têm um grande poder emocional, e por isso são necessárias cinco interações positivas para superar quaisquer uma delas. Embora também apareçam em relacionamentos saudáveis, elas são reparadas depressa com validação e empatia. Nesses relacionamentos, as discussões também começam de maneira mais gentil, e os casais fazem pequenos reparos assim que passam por buracos na estrada.

Aqui estão algumas interações positivas que aparecem em relacionamentos prósperos:

1. **Mostre interesse.** Quando o seu parceiro levanta alguma questão, você ouve? Demonstra o quão atentamente está ouvindo, fazendo perguntas — e prestando atenção em como as faz?
2. **Demonstre afeto.** Você dá as mãos ao seu parceiro? Você o abraça no final do dia? Demonstrações de afeto — que não precisam ser públicas — podem acontecer de maneira sutil, dentro e fora de qualquer conflito que possa estar acontecendo em seu relacionamento;
3. **Some pequenos gestos.** Demonstrar de maneira sutil — e com frequência — que o seu parceiro importa cria um ambiente de positividade no seu relacionamento. Isso ajuda você a se envolver em interações mais positivas quando o relacionamento sai temporariamente dos trilhos;
4. **Encontre oportunidades para um acordo.** Um acordo durante o desentendimento — algo com que você pode concordar, não importa quão pequeno — pode mudar a forma como vocês discutem. Ao concordar, mesmo que pouco, você está mostrando que é capaz de ver o ponto de vista do seu parceiro como válido. E que você se importa;
5. **Seja empático e peça desculpas.** Se o seu parceiro estiver chateado com algo que você disse ou fez e você encontrar uma brecha na discussão, apenas peça desculpas. Me desculpe por ter feito isso e ferir os seus sentimentos. Fico triste por ter machucado você. Esse simples pedido de desculpas fornece um combustível positivo e empático que realmente ajuda a fortalecer os seus laços;
6. **Aceite a perspectiva do seu parceiro mesmo que discorde dele.** A validação da perspectiva do outro não significa que você concorda com ele, mas mostra que a respeita;
7. **Conte piadas.** Piadas internas que só vocês dois entenderiam fortalecem a exclusividade e o vínculo um com o outro. Mas tome cuidado — brincadeiras e piadas bobas têm seu lugar no

apaziguamento de uma discussão; menosprezar e rir de seu parceiro, não.

Compartilhe essa lista com seu parceiro e assumam o compromisso de promover interações positivas todos os dias. Você pode até copiá-la e colocá-la na geladeira como um lembrete para nutrir e proteger seu relacionamento.

A chave para neutralizar os efeitos destrutivos do desprezo é construir experiências de carinho e admiração. Relembrar e contar histórias de momentos felizes do seu passado juntos pode ajudá-los a se reconectar e mudar sua mentalidade: o que funcionou antes pode ser estendido e transformado para ajudar seu relacionamento a florescer no presente e no futuro. Reacenda o sentido do "nós dois" para descobrir como atravessar, juntos, momentos difíceis e incertos.

Como manter a conexão

• Trabalhe para fortalecer sua rede de acolhimento mantendo contato regularmente;

• Comunique-se com a família e os amigos — use a tecnologia para se reconectar com quem você não pode se encontrar pessoalmente;

• Expanda seu círculo de amizades — tenha coragem —, convide um novo amigo ou conhecido para um café;

• Descubra a magia do toque — abrace alguém, faça carinho no seu animal de estimação, receba uma massagem, se abrace;

• Promova interações positivas diariamente com seu parceiro ou parceira.

capítulo 11

distinguindo a realidade da ficção

Vivemos em um momento incrível de acesso a todo tipo de informação, trazida até nós, sobretudo virtual e pessoalmente, por meio de aparelhos eletrônicos que carregamos conosco e checamos várias vezes ao dia. Embora existam muitas vantagens nessa facilidade de acesso, uma das inúmeras desvantagens é que a informação pode ter sido atualizada ou contestada depois de a termos lido, ouvido ou visto — mas não ficamos sabendo dessas mudanças.

Em 4 de abril de 2020, um relatório do *Los Angeles Times* sobre a mudança da compreensão dos efeitos do coronavírus continha um parágrafo fascinante:

"Uma coisa para se ter em mente antes de prosseguirmos: é possível que as informações que você lerá a seguir sejam contraditas nas próximas semanas, ou que as lacunas no conhecimento hoje sejam preenchidas em breve, à medida que os cientistas continuam a estudar o vírus."

Esse pequeno trecho é interessante, porque o *Los Angeles Times* afirmou que sua informação estava incompleta e seria alterada de modo constante. Organizações de notícias e porta-vozes do governo que procuram transmitir autoridade e competência raramente admitem a possibilidade de falha ou falta de onisciência dessa maneira.

O parágrafo vai ao cerne de um dos desafios monumentais da pandemia, ou de qualquer situação de incerteza em que a informação muda rapidamente: obter acesso a informação de qualidade. Na verdade, toda informação é provisória, e não permanente. Saber que a informação provavelmente mudará não significa que ela não seja verdadeira; é apenas a natureza da compreensão científica. À medida que novos dados são disponibilizados, há uma probabilidade de que seu entendimento da situação mude.

No começo, quando sabíamos pouco sobre o vírus da pandemia e como ele provavelmente nos afetaria, havia muitos dados novos, e nosso entendimento mudou muito. Isso não significa que o que havíamos compreendido era falso. Foi apenas o melhor que pudemos fazer com as informações naquele momento.

Esse padrão continua conforme seguimos adiante. Mais dados, sobre diversos aspectos, são disponibilizados: os impactos duradouros da Covid-19, como as variantes mais recentes são mais facilmente transmitidas em circunstâncias específicas, e como os esforços de vacinação estão progredindo e nos oferecendo proteção. Dessa forma, nosso entendimento é atualizado.

O problema da era da internet é que as informações já existentes não são apagadas quando surgem novos dados que mudam a nossa compreensão. O desafio é verificar a informação nova para refrescar e atualizar nossa compreensão sobre como ela pode afetar nossa vida.

O fenômeno da prova social

O problema é que nem todas as informações oficiais foram fornecidas de uma forma direta e sem contradições — longe disso. Na verdade, em uma situação de incerteza que muda rapidamente, é mais provável que você obtenha diferentes impressões do que pode estar acontecendo, algumas baseadas em fatos e outras mais em especulação — ou até mesmo desinformação, projetada não para informar, mas para direcioná-lo a um lugar diferente, ou talvez para vender algo que ajude a aliviar a sua ansiedade. Falaremos disso mais tarde neste capítulo.

    Com a pandemia, você deve ter acessado informações conflitantes de diferentes fontes governamentais. Viu as restrições mudarem ao longo do tempo, ou mesmo a curto prazo, sem uma explicação clara dos motivos para a mudança. E todos nós recebemos conselhos sobre como nos manter a salvo da mutação do vírus, à medida que as evidências e a compreensão se desenrolaram.

    A questão das máscaras é apenas uma parte fugaz em um amplo grupo de histórias cujos fatos são atualizados diariamente (se não com maior frequência). Esta pandemia não é uma história única, como uma conferência de imprensa ou um acidente de trânsito. É uma narrativa contínua composta por uma série de eventos, declarações públicas, modelagem analítica, descobertas de pesquisa, decisões políticas e outras informações que surgem o tempo todo. Cada uma delas aumenta — e muda — a bola de neve da verdade.

> Essa mudança contínua é confusa e desgastante para as pessoas, sobretudo difíceis de processar em situações incertas. Quando nos sentimos inseguros, olhamos para as pessoas em quem confiamos e que respeitamos para descobrir a maneira "correta" de nos comportarmos. Este é um fenômeno conhecido como ***prova social*** e é norteado pela suposição de que outra pessoa de seu convívio sabe mais sobre uma situação do que você.

    Também faz parte da nossa programação evolutiva: em território desconhecido, é melhor ficar com o rebanho e andar com ele, para não nos tornarmos marginais, muito lentos para responder e sermos capturados pelo predador.

Seja em comunidades on-line como grupos do Facebook, em outras redes sociais como o Instagram ou na vida real, o nível de semelhança que uma pessoa ou grupo pode ter com você é uma influência importante. Uma pessoa contraditória e persuadível tem mais probabilidade de seguir o comportamento e as atitudes daquelas pessoas que aparentam ser autênticas, sendo, portanto, mais fáceis de se relacionar. Análises sobre a prova social mostraram que nossos colegas, em particular, e suas preferências são importantes para nós e influenciam nossas decisões e ações: nós geralmente fazemos as mesmas escolhas que eles.

A prova social se torna mais dominante quando as pessoas ao redor são julgadas como melhores conhecedoras de uma determinada situação ou apenas mais familiarizadas com ela do que o observador. E isso tudo tem a ver com percepção — essa familiaridade nem precisa ser baseada em fatos. O motor da prova social trabalha melhor quando um número maior de pessoas fornece comportamentos e ações que criam a "prova". Quanto maior for o número de pessoas ou "agentes" oficiais que acham uma ideia correta, mais correta e convincente ela será para o observador contraditório e persuadível. Soa como um raciocínio circular, mas aparentemente é o que acontece.

Quando você leva em consideração que cerca de 30% dos adultos dos Estados Unidos acham que o coronavírus foi inventado e disseminado de propósito, e que a ameaça da Covid-19 foi distorcida para prejudicar Donald Trump, você pode ver a rapidez com que as ideias podem se espalhar e como elas têm um potencial muito prejudicial — como quando as pessoas se recusam a usar máscaras ou a obedecer a solicitação de rastreamento de contatos.

A prova social pode ser útil em um contexto de ensino, pois as crianças podem aprender habilidades acadêmicas e pró-sociais observando umas às outras. Também é usada por terapeutas no tratamento de fobias. Crianças com medo de cachorros podem superá-lo rapidamente vendo outra brincar feliz com um cão, ou mesmo assistindo a vídeos de outras crianças brincando com cachorros. A criança observadora ainda sabe que os cães podem ser perigosos, mas esse medo agora é substituído pela prova social de que eles podem ser inofensivos.

Em um mundo completamente dominado pela internet, a prova social se torna uma bagunça. Qualquer coisa que chame a sua atenção nas redes sociais e nos *feeds* da internet, como no Google, Facebook, Instagram, YouTube e Twitter, tem grandes chances de influenciar o seu comportamento.

E os algoritmos que determinam o que aparece nas suas redes sociais são apenas parcialmente baseados no seu histórico pessoal de navegação e cliques. Você também recebe qualquer conteúdo que esteja recebendo muitos cliques e acumulando tempo de exibição em vários canais e plataformas.

O que acontece é o seguinte: as plataformas e redes sociais querem vender coisas. Logo, eles precisam lhe mostrar muita publicidade direcionada. E para criar oportunidades para essas publicidades, eles mostrarão conteúdos que você assistirá por bastante tempo. Quanto mais estranho, extremo ou polarizado o conteúdo, mais tempo assistimos, o que significa que eles podem mostrar mais anúncios e converter sua atenção em vendas.

Em situações incertas gostamos de estar à frente daqueles que conhecemos. Imagine que seu amigo acabou de curtir ou compartilhar um conteúdo estranho ou extremo o suficiente para que ele se envolvesse.

Os algoritmos então colocam isso no seu *feed*, porque você faz parte da rede do seu amigo. E porque respeita a opinião dele, conscientemente ou não, você se envolve com esse novo conteúdo, clicando nele ou não.

Mesmo a demora para rolar o *feed* é registrada pelas plataformas como engajamento positivo; assim, é mais provável que receba conteúdos semelhantes novamente.

À medida que você vê esses conteúdos, ideias mais extremas sobre algo como a pandemia, de onde ela veio e como lidar melhor com ela são pouco a pouco normalizadas por meio da pura familiaridade. Seu cérebro entende que se sua própria rede parece validar essas ideias, então todos os outros também devem validar. É dessa forma, também, que as atitudes mudam e somos moldados pelo que as nossas redes sociais nos mostram.

Uma vez que percebemos isso, como muitos de nós agora, é tentador nos isolarmos e tomar decisões com base em nossos próprios palpites, porque concluímos que são tão bons quanto os de qualquer outra pessoa.

Na maioria dos casos, porém, quando olhamos para ameaças existentes à saúde pública, não é assim. É difícil manter a confiança em especialistas quando eles também estão tentando juntar as peças do quebra-cabeça. Mas também é muito provável que, embora erros possam ser cometidos ao longo do caminho, os especialistas tenham informações mais atualizadas e úteis do que as opiniões polarizadas e as postagens em grupos do Facebook promovidas por algoritmos pagos.

Então, sim, é cansativo ficar por dentro das coisas quando parece que tudo está mudando e ninguém tem fatos sólidos e claros. É tentador fazer vista grossa ou cair em soluções e explicações fáceis que nos ajudam a viver em um mundo mais simples, longe da realidade complexa em que nos encontramos. Mas a que custo?

As vidas e os meios de subsistência daqueles com quem mais nos importamos, as comunidades onde crescemos, os bairros em que vivemos, as instituições e organizações onde trabalhamos (ou que até mesmo construímos) — há muita coisa em jogo para nos isolarmos da realidade por muito tempo. Mas quem pode nos culpar por querer um descanso do horror implacável e da monotonia paralisante de tudo isso, seja causado pela pandemia ou apenas pela tentativa de navegar pelos perigos de viver no século XXI?

Praticando o discernimento

O acesso à informação de qualidade — e a capacidade de discernir essa qualidade — é uma parte essencial da cidadania numa democracia. Hoje em dia, somos bombardeados com artigos de jornais, postagens no Facebook e vídeos no YouTube de uma variedade de fontes, algumas confiáveis, outras nem tanto, e algumas com fundamentos completamente obscuros. É difícil saber em quem e no que confiar.

Com tanta informação chegando até nós, é importante consumir somente aquilo com o qual você pode lidar. É claro que você deve acompanhar as notícias para que possa saber o que acontece no mundo; todos precisam encontrar um equilíbrio entre permanecer informados e dar muita atenção às coisas assustadoras. Quando nos sentimos oprimidos pelo que está acontecendo no mundo, é mais provável que sintamos ansiedade.

> Se você estiver passando por um período difícil ou tiver um dia ruim, não precisa assistir ao jornal, usar as redes sociais, ou deixar as notificações do seu celular ativadas. Em vez disso, tome uma decisão consciente para limitar o tempo que gasta lendo ou vendo coisas que não estão lhe fazendo bem. Seja responsável consigo mesmo e assuma o compromisso de que só assistirá às notícias ou lerá uma atualização sobre alguma situação uma vez por dia.

Isso alivia a ansiedade, reduzindo o tempo que você gasta pensando ou tentando processar novas informações sobre uma situação difícil.

O mesmo vale para as redes sociais. Elas podem ser uma ferramenta maravilhosa para manter contato com amigos, familiares e o mundo em geral. Durante os confinamentos iniciais da pandemia, o uso do Facebook Messenger para chamadas em grupo aumentou em até 70%[37]. As redes sociais também não exigem muita disciplina mental, e isso pode ser atraente em tempos alarmantes. Quando é difícil se concentrar em qualquer outra coisa, muitos de nós pegam o atalho e relaxam simplesmente rolando o *feed*.

Mas também sabemos que as redes sociais têm um lado obscuro. Como é uma tecnologia comparativamente nova, sabemos pouco sobre os efeitos a longo prazo do seu uso. No entanto, muitos estudos encontraram uma ligação substancial entre o uso intenso das redes sociais e o risco aumentado de depressão, ansiedade, solidão, automutilação e pensamentos suicidas. Essas são as últimas coisas de que precisamos quando estamos lidando com uma doença mortal e provavelmente ficando em casa, lamentando a perda da normalidade ou vivendo o luto antecipatório por vidas que serão perdidas.

Você não precisou passar muito tempo nas redes sociais após o início da pandemia da Covid-19 para descobrir que a sensação geral era claramente negativa. De acordo com as empresas de marketing que acompanharam essas métricas, os sentimentos de medo e desgosto aumentaram junto com o número de postagens.

Isso é importante quando consideramos o que tem sido chamado de sistema imunológico comportamental. Mark Schaller, da University of British Columbia, em Vancouver, apresentou esse conceito de um conjunto de respostas psicológicas inconscientes que agem como uma primeira linha de defesa para reduzir o nosso contato com vírus e bactérias potencialmente prejudiciais[38]. A vantagem evolutiva aqui é que qualquer coisa que reduza o risco de infecção deve oferecer uma vantagem distinta de sobrevivência.

Schaller sugere que muitas de nossas regras, protocolos ou normas sociais — a maneira como devemos (ou não) preparar alimentos, a quantidade de contato social que é (ou não) aprovada e aceita ou o descarte de dejetos humanos — ajudam a diminuir o risco de infecção. Ele argumenta que as pessoas que cumprem essas normas realizam um serviço público de saúde, mas aqueles que as violam não só se colocam em maior risco, mas também afetam os outros.

Pode haver um benefício distinto em aderir a esses protocolos em face de um surto contagioso. Por isso é tão importante criar rotinas e reforçá-las juntamente com as normas úteis existentes diante da ameaça de uma pandemia.

O lado negativo é que o sistema imunológico comportamental pode nos tornar mais desconfiados com estranhos e talvez alterar nossas respostas a pessoas de diferentes origens. Schaller sugere que isso pode decorrer dessas preocupações com a não conformidade: no passado, pessoas que não pertenciam ao nosso grupo tinham menor probabilidade de observar os protocolos que protegiam a comunidade contra infecções, então temíamos que elas espalhassem a doença involuntariamente (ou deliberadamente).

Portanto, não gostamos quando as pessoas se desviam das normas sociais e pessoais que regem nossa vida cotidiana. Se virmos algo incomum, ou algo que talvez desafie nossas ideias, isso pode provocar uma forte reação emocional, porque de alguma forma quebra nossa noção do que deve ser feito, ou de como devemos nos comportar. Mas pergunte-se: você realmente precisa alimentar a ansiedade ou indignação, sua e de todos aqueles conectados a você por meio das redes sociais (compartilhando ou não o post ofensivo)? Os algoritmos são muito bons em captar o seu comportamento, tal como a pausa que você faz para prestar atenção em um vídeo, interpretando-a como um engajamento. Assim, é mais provável que a plataforma aumente o número de vezes que mostra esse tipo de conteúdo para outras pessoas também.

Há uma semelhança real entre emoções e vírus. Ambos podem ser contagiosos na vida real, mas, enquanto os vírus não podem ser contraídos virtualmente, as emoções podem — de uma forma muito real. Como já vimos, os algoritmos das redes sociais amplificam e espalham os posts mais extremos para que todos sejamos expostos. À medida que nossos *feeds* se transformam em uma enxurrada de pavor, medo e fúria, há o risco de esses sentimentos se intensificarem e se espalharem por meio de compartilhamentos e curtidas. Por todas essas razões, e para encurtar esta longa história, recomendo administrar nossa exposição praticando o distanciamento das redes sociais e estabelecendo algumas regras. Não há problema em olhar as redes, como o Facebook ou Instagram — mas faça isso uma ou duas vezes por dia. Tudo bem checar o TikTok, mas não depois das nove da noite. Coloque as suas redes sociais em quarentena para impedir que infectem o seu dia inteiro.

Os aplicativos de redes sociais foram concebidos para serem viciantes, por isso não recomendo uma abstinência. Será mais fácil para você substituí-los deliberadamente por outra coisa que o distraia, satisfaça e seja útil: tente ler um livro, dar um passeio, ir ao jardim, cozinhar, tricotar, jogar cartas ou um jogo de tabuleiro, ou ouvir alguma música nova ou de que goste. Em vez de usar os aplicativos do celular, por que não usar os recursos já existentes do aparelho? Faça uma ligação e aproveite os benefícios da conexão genuína.

Navegando no buraco negro das teorias da conspiração

Conscientes ou não, quando nos envolvemos no mundo virtual, encontramos desinformação e teorias da conspiração constantemente. Elas possuem diferenças sutis, mas têm em comum a competição por espaço com fatos verificados. Isso significa que o que precisamos fazer para nos mantermos bem ou tomar excelentes decisões pode se perder no meio de todo o ruído que estamos tentando filtrar e processar.

Vários desses posts chamam a atenção com manchetes chocantes ou "estatísticas". Nas redes sociais, muitas vezes nos movemos rapidamente, passando o olho por informações e não parando para verificar a fonte. Com a facilidade de clicar em "curtir" e "compartilhar", é muito fácil para você ou outras pessoas em sua rede colaborarem com a amplificação da desinformação ou de teorias da conspiração.

A má notícia é que não importa se isso é feito por engano ou por pessoas que as espalham ativamente e recrutam outros para fazerem o mesmo; informações falsas podem afetar seriamente nosso modo de vida, nossa democracia, saúde e economia.

Durante tempos de incerteza ou crise, rumores e teorias conspiratórias podem se espalhar depressa. Em momentos como este, nossa necessidade de estrutura, combinada com nossas habilidades de reconhecimento de padrões, pode ficar hiperativa, criando uma tendência a procurar padrões e confirmá-los — onde, na verdade, não há nenhum.

A capacidade de ver padrões era uma característica de sobrevivência favorável para nossos ancestrais. É muito melhor identificar, por engano, pistas de que um predador está por perto do que ignorá-lo inadvertidamente. Mas leve essa mesma tendência para o nosso mundo on-line, rico em informações, e veremos ligações inexistentes de causa e efeito — também conhecidas como teorias da conspiração — em todos os lugares.

Teorias da conspiração não são novidade. Em 2014, um estudo da Universidade de Chicago[39] estimou que metade do público norte-americano apoia de forma consistente pelo menos uma. Pesquisas posteriores mostraram que as pessoas tendem a recorrer a teorias da conspiração quando estão ansiosas e se sentem impotentes. Outros estudos mostram que essa crença está fortemente associada à perda de controle sociopolítico ou à falta de empoderamento psicológico.

Entre muitas outras razões, a crença em teorias conspiratórias também parece ser parcialmente prenunciada pela impressão de que a sociedade está em perigo e que seus valores essenciais estão mudando. A falta de controle sobre a percepção dessas mudanças pode levar as pessoas a distorcerem a influência que associam aos seus "inimigos" e aprofundarem a crença em conspirações, especialmente se elas também acreditam que as autoridades envolvidas, ou "inimigos", são imorais.

As teorias da conspiração não parecem estar restritas a tempos ou culturas particulares: pessoas ao redor do mundo são vulneráveis a elas, das sociedades modernas às tradicionais. A tendência a suspeitar que outros estejam formulando conspirações contra nós e nosso grupo pode muito bem ser parte integrante da natureza humana.

Uma razão pela qual ficamos tão instigados a aceitar teorias da conspiração é que somos criaturas sociais. De um ponto de vista evolutivo, ter status na sociedade é muito mais significativo do que estarmos corretos; assim, comparamos continuamente nossas ações e crenças com as de outras pessoas, e nos ajustamos para nos encaixar. Se o nosso grupo social acredita claramente em uma ideia, somos mais propensos a seguir o rebanho e aceitá-la também.

O princípio se aplica de maneira poderosa às ideias. Como vimos com a prova social, quanto mais pessoas acreditam em uma informação, maior a probabilidade de ela ser adotada como verdadeira. Se formos repetidamente expostos a uma determinada ideia por meio do nosso grupo social, seja nas redes sociais ou na vida real, ela será implantada em nossa visão de mundo. Na verdade, a prova social é uma técnica de persuasão muito mais convincente do que a prova baseada em evidências, e é por isso que a vemos com tanta frequência na publicidade. Se "80% das mães concordam", então o produto deve ser bom, certo?

Comunidade em conspiração

Há uma escola de pensamento que funciona mais ou menos desta forma: as conspirações atendem a necessidades que não são atendidas na vida moderna — a busca por um senso de conexão e maior previsibilidade. Uma série de estudos[40] ajuda a mostrar que o sentimento de exclusão social cria um estado de insignificância para as pessoas. Esta é uma experiência desconfortável que queremos evitar. Então, as pessoas são levadas a procurar por significado e propósito e a ver padrões em informações que, na verdade, são aleatórias ou desvinculadas.

Em um experimento que explorava sentimentos de ostracismo, as pessoas foram convidadas a escrever sobre uma interação desagradável com os amigos, ocorrida recentemente. Elas avaliaram seus sentimentos de exclusão, sua busca por significado na vida e sua crença em duas conspirações apresentadas (uma sobre a atividade paranormal no Triângulo das Bermudas e outra sobre o governo usar mensagens subliminares e as empresas farmacêuticas ocultarem curas). Os pesquisadores encontraram padrões de resposta das pessoas que se sentiam excluídas, revelando que um maior desejo de significado em suas vidas estava ligado a uma maior probabilidade de crença em conspirações. Nesse experimento, sentir-se excluído parece armar as pessoas para buscarem sentido e propósito; dessa forma, elas se tornam mais vulneráveis para acreditar em teorias da conspiração.

> Talvez isso signifique que há uma linha tênue entre aqueles que acreditam em conspirações e aqueles que não acreditam, e isso está enraizado na sua experiência de exclusão da sociedade. E há talvez outra razão pela qual se sentir socialmente conectado é uma segurança tão importante para o bem-estar mental e físico.

No entanto, evidências mais recentes nos levaram a pensar que essa possível vulnerabilidade não é tão simples quanto parece à primeira vista. Em janeiro de 2021, o American Perspectives Survey[41] sugeriu que o cenário de isolamento social e desconexão da comunidade não era um terreno tão fértil para as teorias da conspiração. A pesquisa descobriu que os entrevistados que eram mais ativos em grupos comunitários locais também aceitavam melhor a conspiração do QAnon (teoria conspiratória que tem Donald Trump como um salvador): mais de um em cada cinco norte-americanos que eram membros de pelo menos dois grupos comunitários acreditam no QAnon, em comparação com 13% daqueles sem associação a esses grupos. Essa e outras descobertas da pesquisa nos levam ao quadro mais perturbador: pessoas com vida social satisfatória podem ser vítimas de pensamentos conspiratórios e das reivindicações inventadas com tanta facilidade quanto as que estão mais socialmente desconectadas.

No entanto, quem compõe sua rede social pode ser uma influência importante: o maior preditor de crença em conspirações foi a segregação política, calculada pelo número de defensores de Trump nas redes sociais.

Pessoas cujas redes de amizade eram compostas por muitos defensores de Trump tinham 22% de chance de acreditar no QAnon, enquanto aqueles com poucos amigos defensores do ex-presidente tinham apenas 5% de probabilidade. O quão sociável você é parece fazer pouca diferença para a probabilidade de ser vítima de crenças em conspirações: as crenças do seu círculo de amizade parecem ser fundamentais.

Por que isso acontece? David Roberts falou pela primeira vez sobre o conceito de "epistemologia tribal" para descrever como as pessoas processam as informações em um ambiente polarizado, onde há pouca confiança no governo. Roberts sugeriu que a informação é aceita não por ser um fato observável ou "verdadeiro", mas na medida em que "apoia os valores e objetivos da tribo e é credibilizada pelos líderes tribais"[42].

Voltamos ao problema dos algoritmos que direcionam o que vemos e cuja informação nos é apresentada. Quando apenas falamos e vemos as opiniões daqueles que partilham da nossa crença política, ela se torna a nossa realidade, profundamente arraigada, e é muito difícil de contestar. A informação e as teorias da conspiração passam a ser ferramentas para reforçar o que já acreditamos, em vez de fornecerem um ponto de vista diferente que pode potencialmente mudar nossas ideias. Ter um grupo de amizades politicamente homogêneo torna mais provável que não só abracemos conspirações, mas também que a força de nossa crença seja mais intensa.

Então, se você está aflito tentando contrariar as crenças de pessoas que não serão convencidas, pergunte-se se os seus esforços estão direcionados ao lugar certo. Talvez seja melhor fornecer apoio e coletividade para aqueles que não acreditam em conspiração, mas que estão emocionalmente esgotados enfrentando esse desafio, porque têm amigos próximos ou entes queridos que estão sendo sugados para a toca do coelho.* Você pode até viver o fardo do estigma de ter um relacionamento próximo com alguém, talvez um parceiro, que está envolvido em uma guerra tribal entre aqueles que se conformam com os valores e crenças do grupo em conspiração e aqueles que não. Nesse caso, pergunte-se: tentar contrariar essas crenças é a atitude mais sábia para o seu próprio bem-estar mental?

Viés de confirmação

Outra falácia lógica que nos faz ignorar as informações é o *viés de confirmação*, essa inclinação que as pessoas têm de buscar informações que sustentem suas opiniões e acreditar nelas, minimizando as que não o fazem. Nós todos fazemos isso. Basta lembrar da última vez que você ouviu alguma notícia no rádio ou viu uma reportagem na televisão. Quão convincente você achou o argumento oposto ao seu ponto de vista, em comparação com o que você concordou?

É provável que, seja qual for o bom senso de ambas as partes, você tenha rejeitado os argumentos opostos enquanto aplaudia aqueles que condiziam com sua opinião preexistente.

O viés de confirmação também se mostra como uma tendência a escolher informações de fontes que corroboram nossas visões

---

*   (N. T.) Do inglês, "*rabbit-hole*". Referência a uma cena do livro *Alice no País das Maravilhas*, quando a personagem segue o coelho até sua toca, que se transforma em um imenso e infinito buraco. É uma expressão amplamente utilizada no que se refere à crença em teorias da conspiração.

(que sem dúvida vêm do grupo social com o qual nos relacionamos). Agora você pode ver como sua opinião política, em grande medida, determina suas fontes favoritas de notícias.

Enfrentando as teorias da conspiração

O que você pode fazer quando encontra desinformação e teorias da conspiração on-line, ou talvez compartilhadas por amigos e entes queridos? Adotar uma abordagem de desmistificação pode parecer uma boa maneira. Talvez invocar o mito e, em seguida, apresentar a realidade pareça uma maneira lógica e baseada em fatos, mostrando informações corretas para que as pessoas possam mudar seu comportamento, com base em evidências. A verdade sempre vencerá, certo?

Há controvérsias com essa estratégia, pois envolve o efeito chamado "tiro pela culatra" — quando o mito acaba se tornando mais memorável do que o fato. Mas a evidência mais recente sugere que, embora tenha sido demonstrado em alguns estudos, o efeito parece ser difícil de replicar. Um estudo que examinou cuidadosamente como os pacientes se lembravam das mensagens relacionadas à gripe, recebidas pelo correio uma semana antes de uma consulta médica, não encontrou evidências de que apresentar fatos e mitos seja contraproducente para lembrar com precisão[43]. Isso sugere que, desde que seja feito com cuidado, uma estratégia de fatos contra mitos pode fazer parte de um conjunto eficaz de ferramentas para combater a conspiração.

Outro bom exemplo de como combater a conspiração é o guia de desinformação vacinal desenvolvido pela Unicef com o Yale Institute for Global Health e os grupos sem fins lucrativos First Draft e Public Good Projects. A Unicef usa uma abordagem chamada escuta ativa — ou rastreamento de tendências nas redes sociais — para encontrar lacunas nas informações e rumores que surgem sobre as vacinas. Para responder a rumores, um método testado é usar mensagens de "inoculação". Supõe-se que se uma pessoa exposta a um boato, da maneira certa e com antecedência, será menos vulnerável a ele mais tarde — semelhante a uma vacina feita de um vírus enfraquecido que protege do próprio vírus. Esse processo de "inoculação" é feito com cuidado para evitar confundir fatos com desinformação e minimizar o risco de que esta seja melhor lembrada do que o fato em si.

A abordagem envolve compartilhar um fato claro e marcante que as pessoas lembrarão; em seguida, é dado um aviso com uma versão enfraquecida do boato, descrevendo as razões pelas quais alguém pode compartilhá-lo para obter ganhos financeiros ou políticos. Por fim, a mensagem é concluída com as informações corretas novamente. Evidências recentes sugerem que esse tipo de abordagem pode ajudar a combater a desinformação; é interessante ver se ele poderá ser adaptado para além do contexto da pandemia.

Mas se você está procurando estratégias alternativas, o que fazer para reduzir a disseminação de desinformação (ou a desinformação total) na internet por meio das suas próprias redes sociais? Aqui vão três sugestões para você tentar.

Primeiro: compartilhe apenas informações que você sabe que são verdadeiras. A pesquisa nos diz claramente que, mesmo que você se considere a mais inteligente das pessoas, alegações falsas podem enganá-lo com facilidade por causa da avareza cognitiva, tendência do cérebro a procurar as soluções que demandem o menor esforço mental. Traduzindo: não queremos pensar, e evitamos a todo custo.

Todos nós criamos hábitos que nos permitem contornar virtualmente o processo de pensamento. Programamos nosso cérebro para pegar atalhos. Para muitos adultos, esse aspecto "não pensante" é executado no piloto automático. É como se o cérebro não conhecesse outra maneira; então devemos nos proteger ativamente contra isso.

A melhor maneira é ter certeza de que você está compartilhando apenas informações de fontes oficiais, e não posts duvidosos do Twitter ou mensagens no WhatsApp. Por exemplo, uma postagem no Facebook em que seu amigo diz que ouviu da irmã que trabalha em um lugar onde eles conhecem um cara que disse que viu alguém fazendo algo que não deveria ter feito, e que de repente causou um surto de Covid-19 que está sendo abafado, e você está sabendo em primeira mão pelo post. Não compartilhe esse tipo de informação, porque você não deve subestimar o poder dos algoritmos das redes sociais para viralizar posts que não são verdadeiros, mas que produzem cliques. Os algoritmos não se importam se a coisa que você está postando é verdadeira ou não. E ao compartilhar, você não é parte da solução — é parte do problema.

Segundo: mantenha suas emoções em dia. Se você se envolver e tentar desmascarar uma afirmação falsa, tente não ficar muito emocionado, porque isso deixa as pessoas que discordam de você muito mais propensas a compartilhar a informação que você está tentando desmascarar. E assim a espiral continua.

Dar informações corretas a um grupo com crenças firmemente arraigadas pode de fato intensificar seus pontos de vista, apesar de as novas informações subvertê-los. Novas evidências produzem inconsistências em nossas crenças, além de desconforto emocional. Então, em vez de corrigir nossas crenças, recorremos à autojustificação e a uma aversão ainda mais profunda às teorias opostas e a visões cada vez mais fortificadas. Conhecemos esse fato como "efeito bumerangue" — e se torna um problema enorme por tentar empurrar as pessoas para melhores comportamentos.

> Para evitar o efeito bumerangue ou o efeito tiro pela culatra, ignore os mitos. Atenha-se aos pontos-chave: as vacinas são seguras e reduzem as chances de contrair o vírus em 50% a 60%. Pare por aí. Não repita ou reconheça os equívocos, pois eles podem ser mais lembrados.

Não deixe as pessoas irritadas ao denunciar a visão de mundo delas. Em vez disso, ofereça interpretações que se alinhem com suas crenças preexistentes. Por exemplo, as pessoas que negam as mudanças climáticas são muito mais propensas a alterar seu ponto de vista se também forem informadas sobre as oportunidades de negócios pró-meio ambiente.

O trabalho realizado pelo psicólogo Dr. Jay Van Bavel mostra que o uso de linguagem moderada, em vez de polarizada, provavelmente aumenta o quão longe seu esclarecimento chega até as pessoas que precisam ouvi-lo, em vez de apenas rondar sua própria bolha ou câmara de eco de pessoas que já concordam com você. Portanto, se você está realmente tentando resolver o problema, não o faça pelas curtidas — olhe além disso, modere sua linguagem e, se puder evitar, não mencione a conspiração.

Terceiro: faça perguntas. Se entrar em um debate intenso com alguém que compartilha uma teoria da conspiração, tente fazer perguntas em vez de simplesmente apresentar fatos. Peça para a pessoa explicar como a sua elaborada conspiração funciona, em vez de por que ela acha que é verdade.

Isso é importante, uma vez que experimentos mostram que o foco em explicar como a conspiração funciona traz à tona o fato de que as pessoas que acreditam nela não entendem os detalhes do problema tão bem quanto imaginam.

Isso é chamado de *ilusão da profundidade explicativa*. Uma vez que você ilumina a superficialidade da teoria da conspiração, parece ser mais útil levar as pessoas a questionarem as próprias crenças em vez de combatê-las apenas com fatos.

Refutar antecipadamente é mais poderoso do que desmascarar a informação. Isso significa alertar, de maneira preventiva, as pessoas sobre as estratégias usadas para disseminar teorias da conspiração, como valores de produção de alto nível e o uso de especialistas falsos.

Uma maneira boa para aprender sobre essas estratégias é usando o Bad News (por meio do jogo on-line ou do aplicativo). Ele simula sites como o Twitter e permite que você construa uma base de seguidores aplicando técnicas de desinformação — como imitar ou deslegitimar contas oficiais, atacando-as de maneiras diferentes, fazendo comentários polarizadores projetados para criar divisões políticas ou criando teorias de conspiração completas. Ao demonstrar técnicas como zombar, falsificar, exagerar, manipular, assustar, negar e mentir descaradamente, o jogo parece ajudar a proteger as pessoas dos efeitos da desinformação quando a encontram na vida real, além de dar alguma visão sobre como proteger a si mesmo e aos outros.

Porém, é necessário entender que você não impedirá que todos espalhem a desinformação; assim como um vírus real, a sobrevivência dela depende do seu número de reprodução.

Todos precisamos desempenhar nosso papel para barrar a propagação de qualquer teoria de conspiração que encontrarmos. Se conseguirmos pessoas o suficiente para não transmitir o vírus da desinformação, podemos reduzir a sua propagação e, pelo menos, controlá-lo, mesmo que não consigamos eliminá-lo.

Como verificar os fatos

A internet é um ecossistema orgânico surpreendente. É o melhor dispositivo de verificação de fatos que a humanidade poderia ter inventado e também o melhor dispositivo de viés de confirmação que poderíamos ter concebido.

Isso significa que a chave para tomar decisões ponderadas é usar o poder da internet para verificar os fatos em vez de transformá-la em um amplificador de crenças que você já possui. O professor Sam Wineburg, da Universidade de Stanford, pesquisou as técnicas usadas por agências profissionais de checagem de fatos, em alguns dos veículos mais prestigiados do mundo, e descobriu que elas usam uma abordagem muito diferente ao entrar em um site desconhecido.

A maioria de nós — incluindo acadêmicos, estudantes e adultos atenciosos — lê uma página da web de cima para baixo e para cima de novo, da mesma forma que leríamos um documento impresso. As agências leem na horizontal. Portanto, quando acessam um site desconhecido, abrem quase imediatamente várias guias, trabalhando em diferentes páginas do site para ter uma noção da organização que fornece as informações. Elas querem compreender e avaliar a fonte antes de absorver o conteúdo.

As agências avaliam o site com ceticismo. Qualquer pessoa pode escrever o que quiser em um site, e uma página "Sobre" pode não contar toda a história — como quem é o dono da empresa ou quem tem influência no conteúdo editorial. Esteja preparado para investigar um pouco mais a fundo para descobrir quem realmente está por trás da organização que compartilha essas informações.

Ao examinar um site, uma das fontes de dados mais úteis pode ser encontrada em seus detalhes de registro de domínio. Ao longo de sua análise, talvez seja relevante saber quem — uma organização ou um indivíduo — possui um domínio específico, bem como outros detalhes, como quando e por quem foi registrado. Na maioria das vezes, essas informações podem ser obtidas por meio de serviços de terceiros, como a Agência Lupa (https://lupa.uol.com.br) e Aos Fatos (https://www.aosfatos.org).

Muitos de nós assumem que, quanto melhor a classificação de uma página no Google, mais confiável é a fonte de informações. Mas nem sempre é assim. O ranking do Google não é um selo de aprovação. A otimização dos mecanismos de busca (SEO, na sigla em inglês) é um negócio complexo e facilmente manipulado por mentes experientes, especialmente quando o dinheiro está em jogo.

Ao tentar verificar a credibilidade de uma fonte, coloque o nome no Google e procure além da primeira página de resultados — até a terceira, quarta ou mesmo quinta. De acordo com a Moz (uma empresa de SEO), a primeira página do Google captura 71% dos cliques de tráfego de pesquisa, chegando, de acordo com relatórios, a cerca de 92% nos últimos anos. Os resultados da segunda página estão muito atrás, alcançando menos de 6% de todos os cliques no site. Como, então, você consegue chegar nessa primeira página de resultados de busca do Google? Muitas vezes, são as organizações que pagam aos especialistas em SEO para otimizar seu conteúdo e terem melhores posições nos resultados em uma busca feita por um usuário. Basicamente, elas estão jogando com o sistema de maneira perfeitamente legítima, mas podem não oferecer o melhor conteúdo para as suas necessidades.

Na pior das hipóteses, a desinformação é projetada deliberadamente para aparecer no topo do ranking de termos de pesquisa populares. É importante se lembrar disso ao procurar informações sobre tópicos polarizantes e controversos, por meio dos quais as pessoas buscam inserir suas informações nos *feeds* sociais de outras pessoas com a otimização de SEO paga. Portanto, podemos ver que ir até a terceira e quarta páginas de pesquisa do Google pode revelar uma visão totalmente diferente dos tópicos do que as informações oferecidas nas duas primeiras páginas. Tenha cuidado.

Por fim, ensine seus filhos a examinarem as suas fontes. Quando você era estudante, talvez tenha ido à biblioteca fazer sua pesquisa. Dependendo da idade, você pode ter olhado os catálogos, microfilmes ou os índices para encontrar artigos nos jornais. Pedíamos ajuda aos bibliotecários para encontrar fontes de informação confiáveis.

Hoje em dia, mesmo no ensino médio, as pesquisas são realizadas on-line. Ensinar seus filhos a não levar tudo a sério e aprender a pesquisar antes de adotar uma teoria é uma habilidade vital na Era da Informação. Os jovens podem ser fluentes em redes sociais e aplicativos, mas isso não significa que eles consigam discernir com facilidade a fonte da informação.

Outro site útil é o Reporters' Lab da Univesidade Duke, que mantém um banco de dados atualizados de sites globais de verificação de fatos. Você pode usar o mapa para conferir sites em todo o mundo (reporterslab.org).

Avaliando os riscos

Como avaliamos os riscos, para nós e para os outros, diante de toda essa desinformação? Quais peças a sua mente está pregando para fazê-lo pegar atalhos ou contornar as regras?

Vamos começar com o viés do otimismo. Às vezes conhecido como "otimismo irrealista", ele se refere à nossa tendência a subestimar a probabilidade de vivenciarmos efeitos adversos (como falhas ou mesmo câncer) apesar das evidências. Querendo ou não, a maioria de nós carrega um pouco de fanfarrice, um falso otimismo ou a confiança de que coisas como acidentes de carro e tragédias acontecem com outras pessoas, não conosco. Esse casulo ilusório de invulnerabilidade, a crença de que coisas ruins não acontecerão, nos permite continuar no mundo sem nos sentirmos paralisados pelo medo; mas pode nos fazer sentir menos em perigo do que realmente estamos e, portanto, mais dispostos a correr riscos.

Outra maneira de olhar para isso é que o viés do otimismo é a diferença entre a realidade e o nosso sentimento de esperança — isso predispõe os humanos a senti-la. Não há nada de errado na esperança. Mas ela pode se tornar um problema quando nos faz perder o controle da realidade e superestimar nossas chances de sucesso, quando a possibilidade de fracasso significa riscos muito altos.

Como isso acontece? Bem, o cérebro humano é essencialmente um sistema construído para tirar conclusões precipitadas. Isso pode ser eficaz se as conclusões forem provavelmente corretas (os custos de um erro acidental são toleráveis) e se economizar muito tempo e esforço.

Tirar conclusões precipitadas é arriscado quando a situação é nova, as apostas são altas e não há tempo para coletar mais informações, ou há um atraso antes que possamos fazê-lo. Essa é a situação que vivenciamos durante a pandemia de Covid-19.

Então, como o cérebro faz isso? Pense que ele tem, em geral, dois sistemas:

- **O sistema um** é a sua reação instintiva ou intuitiva. Ele é rápido e reage a imagens, emoções e impressões — opera automaticamente, com quase nenhum esforço e controle consciente;
- **O sistema dois** representa o pensamento lento, lógico e racional; é o pensamento analítico — ele reserva a atenção para as atividades mentais exigentes que dele necessitam.

Uma tarefa do sistema de pensamento analítico é superar os impulsos de suas reações instintivas. O sistema dois é responsável pelo autocontrole. O melhor que podemos fazer é estabelecer um acordo: aprender a reconhecer situações em que os erros são prováveis e nos esforçarmos mais para evitar erros significativos quando os riscos são altos, colocando o pensamento analítico no comando.

O problema é que a força de vontade, ou autocontrole, necessária para colocar o pensamento analítico racional no comando está se esgotando. Se você precisar se esforçar para fazer algo, estará menos disposto a exercer o autocontrole quando a próxima demanda surgir. Conhecemos esse fenômeno como esgotamento do ego.

Ao contrário de simplesmente ter muita coisa para pensar ao mesmo tempo, o esgotamento do ego é uma perda de motivação. Depois de exercer o autocontrole em uma tarefa, você não sente vontade de fazê-lo em outra, embora seja capaz caso precise. Por exemplo: você tem aderido cuidadosamente ao seu plano alimentar durante todo o dia, com um café da manhã e almoço saudáveis, e até mesmo resistiu às rosquinhas oferecidas no trabalho à tarde. Mas quando chega em casa à noite, já não tem o autocontrole para seguir o plano, então pede comida e passa o resto da noite petiscando enquanto assiste à televisão. No entanto, nos últimos anos, vários experimentos mostraram que as pessoas podem resistir aos efeitos do esgotamento do ego quando recebem um incentivo poderoso.

Qual é o incentivo certo? A culpa parece ser um bom motivador. Em uma situação de crise, proteger a si mesmo e aos outros é bom, mas pode não ser suficiente quando estamos cansados e apenas queremos que a vida volte a ser como era. Nosso cérebro se sente tentado a tomar o caminho mais fácil e se tornar excessivamente otimista, nos levando a assumir riscos desnecessários. No entanto, quando refletimos sobre nosso comportamento, às vezes sentimos culpa — e é esse sentimento que pode motivar o comportamento pró-social. Mesmo *imaginar* como nos sentiríamos pode provocar culpa o suficiente para fazer a coisa certa. Mas quando estamos em um estado de esgotamento do ego, sentimos menos culpa[44], o que significa que somos menos propensos a fazer a coisa certa quando sentimos que tudo ficou muito difícil. Aqui estão três maneiras de refrescar sua capacidade de perseverar quando as coisas ficam difíceis:

1. **Melhore o seu humor.** Estar de bom humor tem um efeito positivo no autocontrole. Pesquisas mostram que as pessoas com esgotamento do ego que assistiram a filmes de comédia tiveram um desempenho tão bom em tarefas de autocontrole quanto as pessoas não esgotadas[45]. Estar de bom humor melhora sua capacidade de se motivar e continuar;
2. **Durma melhor.** O sono parece restaurar o seu autocontrole, além de lhe dar a capacidade de se motivar. Dormir mal tem o efeito oposto, tornando o autocontrole mais desafiador. Basta pensar em como é muito mais difícil resistir a junk food quando você teve uma noite complicada do que quando está descansado;
3. **Pense no que é importante para você.** Atitudes de autoafirmação, como expressar as crenças que mais reverberam em você, podem neutralizar os efeitos do esgotamento do ego[46]. Quando se sentir tentado a "burlar" as regras, é hora de se lembrar das coisas que mais importam para você — confira meu processo para identificar seus valores no capítulo 15 "Encontrando sua bússola interior em um mundo incerto". Coloque o pensamento analítico de volta no comando e seja fiel a quem você é e àquilo e àqueles que realmente importam.

Como distinguir a realidade da ficção

· Limite o tempo que usa as redes sociais (Facebook, YouTube, Instagram etc.), lendo ou vendo coisas que não fazem bem a você;

· Substitua as redes sociais por algo que seja prazeroso, útil ou que o distraia — tente ler um livro, dar um passeio, ir ao jardim, cozinhar, tricotar, jogar bola, baralho ou um jogo de tabuleiro;

· Esteja ciente de que os algoritmos das redes sociais processam o que você assiste e o que você clica para mostrar conteúdos semelhantes (tentando fazê-lo ficar mais tempo no site) — os algoritmos direcionam o que vemos e de onde a informação vem, então nossa fonte de informação acaba enviesada;

· Verifique a fonte de informação antes de curtir ou compartilhar. Se não o fizer, pode ser que replique informações falsas;

· Ignore as teorias da conspiração — se você não as transmitir, poderá reduzir a propagação;

· Atenha-se aos fatos de fontes oficiais.

capítulo 12

apoiando as gerações mais novas

O estresse e a incerteza contínuos são difíceis para crianças, adolescentes e jovens adultos. A vida moderna significa que muitos de nós temos vidas que parecem cada vez mais precárias. Há uma falta de segurança a longo prazo — como empregos significativos, moradia, estabilidade financeira e até mesmo tempo de lazer, quando não estamos tentando gerenciar família, educação, deslocamento para o trabalho e outras formas de manutenção da vida.

Da mesma maneira que os adultos lutam contra a incerteza, nossos filhos também o fazem. Durante a pandemia, eles podem ter enfrentado interrupções no ensino escolar, sem entender quando as coisas voltariam a algum tipo de normalidade. Eles podem ter passado meses sem encontrar os amigos ou a família — e, para muitos, isso ainda acontece. E alguns sentem medo e ansiedade a respeito do que acontecerá, não apenas consigo mesmos, mas também com seus pais — mesmo que disfarcem bem, muitas crianças se preocupam com o estresse de seus pais, bem como dos membros da família que estão longe. Para os adolescentes, há o desafio adicional de todas as mudanças hormonais e de desenvolvimento em curso, enquanto nossos jovens adultos (a geração Z) estão começando suas vidas adultas em um mundo de incertezas.

Os benefícios de brincar

As crianças reagem de forma diferente ao estresse em comparação com os adultos. Elas podem ficar retraídas ou agir de uma forma mais "infantil". Podem parecer ansiosas ou grudentas, mostrar preocupação com doenças ou outras manifestações de sua mente confusa em suas brincadeiras ou desenhos. O estresse pode se mostrar por meio de problemas de sono, pesadelos ou de sintomas físicos, como dores de estômago e de cabeça. Se esses sintomas persistirem, então pode ser hora de procurar ajuda.

    Algumas crianças incorporam o que as incomoda em suas brincadeiras para expressar o que se passa com elas de maneira controlável. Assim como crianças que vivenciam a guerra podem reproduzir cenas de luta em suas brincadeiras, os pequenos na pandemia podem se fantasiar de super-heróis e brincar de sair de casa e salvar o mundo matando o coronavírus, planejar uma festa para o fim da quarentena, brincar de pega-pega do corona, fingir estar doente ou pedir para alguém fingir estar com tosse ou falta de ar. Outras crianças podem reproduzir discussões ou conflitos que estão vivenciando no seu dia a dia com brinquedos, ou entre si mesmas, o que pode levar a algumas interações difíceis e situações em que os professores percebem comportamentos que parecem problemáticos. Quando os pais são chamados na escola porque algo parece estar errado, esse pode ser o primeiro alerta para o verdadeiro estado do seu filho, o que pode desencadear uma gama de emoções — de recriminação entre os pais à culpa e vergonha.

    Embora pareça perturbador ver os filhos fingindo "doenças" ou representando outros sentimentos ou situações problemáticas em suas vidas, esse tipo de brincadeira de faz de conta é uma maneira saudável para as crianças processarem emoções e experiências estressantes. Fazer de conta é muitas vezes um sinal de que uma criança está trabalhando em algo muito intenso e processando como isso se mostra na vida real.

Brincar realmente ajuda as crianças a regular o humor quando estão achando suas experiências difíceis de lidar. Por meio do fingimento e da dramatização, elas podem se afastar um pouco e vivenciá-las menos intensamente. Isso também as ajuda a integrar a experiência, incluindo seus medos do que está acontecendo e do que pode acontecer no futuro. Elas podem então construir uma história em torno disso.

A narrativa que constroem em torno da brincadeira é a parte importante. O que acontece nela é muito mais relevante do que a aparência das situações preocupantes nas brincadeiras. Estudos mostram que crianças com sérios problemas de saúde que incorporam sua experiência de estar no hospital em suas brincadeiras, por meio de cirurgias em seus ursinhos de pelúcia, por exemplo, sentem menos ansiedade do que aquelas que não participam dessas brincadeiras.

Os jogos infantis refletem o que elas estão vivenciando no mundo ao seu redor, o que veem na mídia e o que ouvem nas conversas entre adultos. Por isso, precisamos estar atentos à mídia a que nossos filhos estão expostos e ao que eles ouvem em nossas conversas. Lembre-se: as crianças ouvem tudo.

Brincar também pode ajudar uma criança a recuperar o senso de controle. Se uma criança cria uma caixa e coloca suas bonecas e brinquedos de pelúcia, pedindo que elas fiquem lá dentro, isso pode refletir a sua compreensão da quarentena ou do isolamento. Mas são elas que dão os comandos e fazem pedidos, logo, elas estão no controle da situação de algum jeito.

Portanto, se o seu filho precisa colocar uma capa e transformar sua condição de saúde em um cara mau ou problemático como o Loki em seu faz de conta de super-herói, isso pode aliviar a sensação de ansiedade dele. Os problemas de saúde são o novo bicho-papão, o monstro assustador que vive debaixo da cama ou dentro do armário, cuja porta nunca deve ser deixada aberta à noite. Ou pode ser o xixi que o coloca em apuros quando molha a cama à noite, ou suas roupas íntimas durante o dia. Transformar essas situações em histórias, *externalizar* pela terapia narrativa, é uma técnica eficaz para criar o espaço entre a criança e o problema que está vivenciando. E desse espaço vem o potencial para narrar um processo no qual a criança adquire controle e pode gerar um final diferente — em que ela supera o problema a tempo e emerge menos afetada pela vergonha ou culpa. Para as crianças, o faz de conta é uma maneira poderosa de lidar com tudo o que está acontecendo no momento.

O que realmente deve ser observado é a brincadeira repetida, na qual as coisas parecem não seguir em frente ou não são resolvidas. Se a brincadeira se repetir sem resolução, é nesse momento que você pode precisar se envolver mais. Se as crianças ficarem grudentas ou chateadas durante a brincadeira, e isso não parecer mudar, esse é outro sinal de que você pode ajudá-las a brincar, ou mesmo procurar ajuda para isso.

Você pode aprender mais sobre como os seus filhos entendem o que está acontecendo no mundo ao ser conduzido por suas brincadeiras. Ao ouvi-los contar a história, você terá uma visão de como eles estão dando significado a esses eventos; e eles vão expor qualquer lacuna na compreensão que têm.

É possível ajudar as crianças mais novas a construir esse significado por meio da brincadeira. Você pode fazê-las praticar o distanciamento físico com as suas bonecas ou bichos de pelúcia. Pode contar de quantas maneiras elas podem se cumprimentar sem se tocarem. Ou talvez elas queiram brincar de médico ou paciente.

Não as impeça de tentar descobrir as coisas por conta própria e tente não direcionar muito a brincadeira; dê respostas ou apresente opções simples. Repare em tudo o que estiver incorreto, planeje uma maneira de dar informações corretas mais tarde e veja como isso aparece na brincadeira em um outro momento.

Por fim, pode ser o momento perfeito para você entrar naquele faz de conta. Se o seu filho disser: "Você será isso e eu serei aquilo", siga-o — você pode gostar. Isso vai ajudar você a fugir da realidade por uns instantes; mostrará ao seu filho que vocês estão juntos, e os ajudará a trabalhar as emoções e os medos conforme vocês reagem nesse espaço seguro, contido e imaginado.

Então, se ele quiser brincar de pega-pega do corona, deixe-o. Reserve um momento para entender o que está acontecendo e, em seguida, guie-o para a compreensão respondendo a perguntas; mas não o impeça de tentar descobrir as respostas sozinho.

Educação domiciliar

Um dos desafios mais difíceis e inesperados dos pais durante a pandemia foi a educação domiciliar. Para muitas famílias, não era algo anteriormente cogitado, e menos ainda se todos fossem forçados a ficar em casa o tempo todo. Mas com o fechamento de escolas e os confinamentos, os pais não tiveram escolha a não ser pegar a carga educacional. Não foi uma tarefa simples, na melhor das hipóteses, muito menos enquanto lidavam com outras responsabilidades e preocupações — trabalhando em casa, tentando manter um negócio, ou talvez saindo de casa para trabalhar em algum serviço essencial.

Conforme saímos das restrições, muitos de nós perceberam que talvez tenhamos de assumir períodos adicionais de educação domiciliar, agora ou futuramente. Não se engane: a educação domiciliar em uma pandemia não é uma experiência "normal". Não é o ensino como o conhecemos, por isso é importante pegar leve consigo mesmo (e com os seus filhos) à medida que você se adapta.

Não importa a idade do seu filho: se ele estiver em casa, longe da escola, os educadores recomendam estrutura. E agora você sabe que isso deve ser equilibrado com doses generosas de empatia também. Estrutura e empatia são fundamentais para passar por um momento estressante — e a educação domiciliar não é exceção.

O panorama é que esse equilíbrio de estrutura e empatia ajuda seu filho a se tornar mais autorregulado. Essa habilidade de ser capaz de gerir suas atividades e emoções será benéfica para ele mesmo depois. Na verdade, é provável que crianças com boas habilidades de autorregulação emocional lidem melhor com tudo o que aconteceu e está acontecendo. Essas são habilidades que podem ser aprendidas e refinadas à medida que as crianças passam por novas experiências. A pandemia foi uma dessas experiências, portanto, é importante explicar a crise que vivenciamos, como ela se desenvolveu e continua se desenvolvendo e recrutar a ajuda do seu filho para tirar o melhor proveito de uma situação ruim.

Lembre-se de que seus filhos sentiram falta de suas rotinas; dos lugares aonde costumavam ir, das pessoas com quem passavam o tempo, da maneira habitual de fazer as coisas. É importante entender que tudo isso também foi difícil para eles. É provável que você veja sinais de frustração. Ouça suas preocupações e seja flexível sobre a nova estrutura estabelecida. É possível que ela não funcione todos os dias, mas lhe dará algo para aperfeiçoar e se adaptar.

Isso vale para você, pai ou mãe, também. Dê o seu melhor e simplesmente faça o que for preciso para lidar com isso de forma saudável. As redes sociais podem ser uma maldição em momentos como este, quando sentimos que todos os outros estão fazendo um trabalho melhor do que nós. Lembre-se de que elas são uma vitrine artificial do que as pessoas querem que você veja. Elas não mostram o escritório bagunçado, a pia cheia de louça suja ou as horas que passaram tentando apartar a briga interminável das crianças. Reconheça que haverá dias bons e ruins, e dias normais entre eles.

Caso necessário, aqui estão algumas dicas para fazer a educação domiciliar funcionar para a sua família:

- **Trace um plano.** Trabalhe com professores e com outros pais para ter uma noção do que vai funcionar na sua família. O que é indispensável? O que é importante? Você precisa fazer duas chamadas no Zoom por dia ou as crianças podem participar de uma só? O que fazer nos dias em que sente que mal consegue completar uma frase, muito menos transmitir qualquer tipo de ensinamento ou aderir a qualquer plano de aula? Tenha clareza sobre as expectativas dos professores e, em troca, seja claro sobre suas próprias restrições;
- **Organize um espaço exclusivo para as tarefas da escola.** Quando a casa se torna o espaço para tudo, é bom ter um local destinado às tarefas escolares. Nem todas as circunstâncias pessoais permitirão isso, mas é importante pelo menos ter um espaço longe de brinquedos e aparelhos eletrônicos. Isso dará ao seu filho uma chance maior de se concentrar nas tarefas. E se isso não for possível, talvez o espaço se torne uma zona de tarefa escolar apenas durante determinados períodos;
- **Crie uma rotina semanal, contando com a ajuda das crianças, usando cores para demarcar cada atividade.** Assim, elas saberão exatamente o que fazer e em qual momento devem fazer cada atividade. Certifique-se de que a rotina contenha uma boa mistura de atividades; talvez aulas on-line, tempo de estudo, leitura, descanso e relaxamento e tarefas domésticas — como limpar a área dos animais de estimação ou o aquário. Isso é a estrutura construída com empatia, porque as crianças tomam decisões sobre suas agendas semanais e podem ter controle sobre o cumprimento das tarefas;
- **Mantenham-se ativos com segurança** — pode ser dentro de casa, se o tempo estiver ruim ou se não houver um ambiente seguro fora dela. Sites com conteúdo pedagógico e lúdico são ótimos, e você pode encontrar muitas outras atividades divertidas para experimentar em plataformas como o YouTube Kids;

- **Faça pausas.** As crianças não ficam sentadas o dia todo na escola, então lembre-se de preparar uma pausa para o lanche, recreio e almoço e dar espaço para que haja uma mudança entre as "aulas". Durante as pausas, mude o cenário sempre que possível, caminhando ou fazendo uma atividade diferente.

Ter filhos e precisar educá-los em casa durante uma crise é difícil. Você não será perfeito e não há problema nisso. Se você puder responder as seis questões abaixo todos os dias, será o suficiente a curto prazo — enquanto isso, você elabora soluções que funcionem com a sua família.

1. Todos aprenderam algo novo hoje?
2. Todos tiveram oportunidade de praticar algo que já sabem?
3. Todos estão seguros?
4. Estão todos alimentados?
5. Todos conseguimos passar o dia bem, levando em conta todas as tensões que sentimos neste momento?
6. O que poderíamos fazer de diferente amanhã?

Lição de casa

A educação moderna muitas vezes se traduz em lição de casa, especialmente para crianças mais velhas. Mas será que é uma boa ideia? Quanto elas deveriam fazer? Devemos nos opor às escolas que pedem muitas tarefas de casa?

De acordo com especialistas, está claro que muitos alunos recebem quantidades muito maiores de lição de casa do que o recomendado para seus níveis de desenvolvimento. Em 2015, um estudo[47] descobriu que crianças de seis a oito anos recebiam regularmente 28 ou 29 minutos de lição de casa por noite. Até os pré-escolares recebiam uma média de 25 minutos de tarefas por noite.

As autoridades dos Estados Unidos defendem um padrão que é regra de ouro para todas as crianças: dez minutos de lição de casa por ano escolar. Isso equivale a aproximadamente dez minutos de lição de casa por noite para crianças de seis a sete anos, enquanto os alunos do ensino médio, nos anos finais, dedicariam cerca de duas horas por noite. Mais do que isso pode resultar em efeitos negativos para a saúde das crianças e jovens, além de um estresse significativo para eles e seus pais também. Mesmo para os alunos em escolas de alto desempenho, gastar muito tempo com lição de casa está associado a mais estresse, problemas de saúde física, falta de equilíbrio na vida e experiências de alienação da sociedade[48]. Setenta por cento desses alunos disseram que estavam "frequentemente ou sempre estressados com a lição de casa".

Os alunos desse estudo também relataram que suas tarefas muitas vezes pareciam inúteis ou sem sentido. Para evitar isso, talvez seja mais sensato adotar o princípio de menos lição, mas com mais propósito. Os alunos ainda podem aprender novas habilidades que os desafiem, mesmo quando recebem menos lição de casa. Atolar as crianças com muita tarefa provavelmente irá gerar estresse tanto para os alunos quanto para os pais, além de uma falta de envolvimento com a aprendizagem.

Isso parece perfeitamente sensato, mas muitas vezes você não controla a quantidade de lição de casa que está sendo definida. O que fazer para ajudar seu filho a enfrentar uma montanha de deveres de casa quando lhe dizem que o papel dos pais é auxiliar as crianças a "aprenderem com os erros" e que elas devem demonstrar "coragem" e uma "vontade de crescer"? É uma situação difícil para os seus filhos e estressante para você também.

Uma das armadilhas mais comuns é que as crianças geralmente demoram muito para começar. Isso pode soar familiar para você, adulto, também: procrastinação. Alguém? "Já vou", você responde.

Tente não repreender o seu filho por não ter iniciado a tarefa antes — lembre-se do teto de vidro etc. Comece de onde estiver, respire fundo e tente descobrir como eles vão gerenciar a tarefa.

Ajude-o a fazer um plano realista para administrar o tempo que tem, mantendo-se o mais calmo possível para servir como um modelo de empatia (mesmo quando você estiver chateado, confuso e irritado). Não é fácil, mas é possível. Às vezes.

Lembre-se que todos nós achamos fácil adiar aquilo de que não gostamos, fazer a coisa agradável agora e deixar para mais tarde o que odiamos ou tememos. Crianças que procrastinam quase sempre fazem isso porque têm sentimentos negativos sobre uma tarefa — adultos também. Portanto, tente descobrir por que eles estão procrastinando, além de lhes dar ferramentas para gerenciar o tempo e descobrir suas prioridades. Aqui estão algumas razões comuns pelas quais as crianças se estressam com a lição de casa (ou os adultos com o trabalho — você pode ler esta parte sob qualquer perspectiva).

Se o seu filho está preocupado com o que o professor pensará dele caso cometa erros, tranquilize-o ao dizer que ele enxergará as dúvidas e o fato de estar fazendo um esforço como um sinal positivo de que o seu filho está envolvido com a tarefa. Leia o material com ele e, se necessário, ajude-o ou acompanhe-o para pedir ajuda ao professor.

Se ele está preocupado com o que você vai pensar caso tire nota baixa, pense em quanta pressão você pode estar colocando nele, talvez sem perceber. Sim, boas notas podem ser importantes para você, mas focar o processo e o esforço será uma estratégia muito melhor e que vale para todos os aspectos. Também é provável que dê melhores resultados a longo prazo.

Se ele está preocupado por não ser inteligente o suficiente, faça uma pausa e pense sobre o quão doloroso isso pode ser. Garanta que ele é capaz, mesmo que ache algumas coisas difíceis. Compartilhe um exemplo de quando você não conseguiu fazer algo, mas encontrou uma maneira de concluir a tarefa. Esforço, persistência, determinação: essas são as qualidades que você está tentando estimular. Claro, isso não vai funcionar sempre, mas, na maioria das vezes, sim: continuamos tentando, e vamos fazendo ajustes para alcançarmos nossos objetivos.

Se o seu filho simplesmente está cansado, ajude-o a priorizar o que é importante agora. Quando estamos cansados, podemos ser terríveis em reconhecer as coisas que precisam ser feitas primeiro. Tente ajudar o seu filho a descansar mais e ir para a cama mais cedo. Tentar fazer um trabalho pesado quando se está cansado é a receita para o fracasso.

Depois de descobrir o que está fazendo seu filho adiar a tarefa de casa, passe algum tempo refletindo se o ambiente tem a organização adequada. As redes sociais precisam de limites — elas prejudicam nossa capacidade de prestar atenção por muito tempo. Ajude o seu filho a dividir o tempo em blocos (o capítulo 3 "Estrutura" traz mais detalhes de como fazer isso). Sim, eles provavelmente irão se rebelar, mas cumprir as tarefas resulta em mais tempo para se divertirem e conversarem mais tarde. Então, certifique-se de esclarecer as recompensas.

É pouco provável que o seu filho seja o único da turma que adia o começo da lição de casa. Talvez seja algo simples (como um pensamento sobre o qual eles precisem falar antes) ou um milhão de outras coisas, algumas das quais acabamos de abordar. Pode ser que o dever de casa seja difícil, e às vezes não queremos fazer coisas difíceis. Se você puder jogar a carta "primeiro a obrigação, depois a diversão", é uma opção viável. Ajudá-los a estabelecer uma rotina e regras que evitem adiar a obrigação funcionará para todos. O empenho para construir rotinas equilibradas que levem a um trabalho independente é a base da construção não apenas do sucesso acadêmico, mas também do crescimento pessoal e da autonomia.

Mais uma vez, você pode ver o valor da estrutura e da empatia. Estrutura porque sabemos que as crianças prosperam em um lugar confortável, confiável e seguro para fazer suas tarefas com foco; e empatia porque você também já passou por isso, de alguma forma, mesmo que pareça uma vida passada. Bata nessa tecla para ajudar o seu filho a descobrir por que ele está se sentindo estressado.

Agenda cheia no tempo livre

Provavelmente, também precisamos nos proteger contra o excesso de programação no tempo dos nossos filhos quando eles não estão envolvidos com a escola e com a lição de casa. Os pais podem cair na armadilha de supor que há uma relação dose-resposta entre o número de atividades programadas que os filhos fazem no tempo livre e seu futuro desenvolvimento e sucesso. No entanto, é muito mais provável que a relação mais significativa seja entre o número de atividades em que você os matricula e o tempo que gasta os levando até elas.

É claro que algumas das atividades valerão a pena, mas não faça isso para que seus filhos lidem com a ansiedade que, de alguma forma, você sente por não estar fornecendo o suficiente para eles. Sim, atividades antes e depois da escola são uma realidade para muitos pais que precisam trabalhar e pagar as contas para administrar uma casa. Mas tome cuidado para não fazer mais do que o necessário. Enriquecer a vida do seu filho é algo grandioso — apenas não se torne um escravo do calendário: o tempo para brincadeiras, relacionamentos e convívio com a família é tão (se não mais) importante quanto a maioria dessas atividades extracurriculares.

Uma solução é agendar o tempo de lazer da mesma forma que você programaria essas atividades. É durante o descanso que podemos ver o que emerge no momento, passando mais tempo no aqui e agora e nos conectando uns com os outros de forma genuína, em vez de nos preocuparmos com o atraso para a próxima atividade. Cultivar um bom equilíbrio entre trabalho e vida pessoal e ter um pouco de estrutura também é importante.

Vamos falar de tempo de tela

Após termos passado tanto tempo dentro de casa, é provável que as regras da sua família a respeito do tempo de tela tenham desaparecido há muito tempo.

As recomendações de tempo de tela vêm de uma variedade de fontes, incluindo a Organização Mundial da Saúde, o Ministério da Saúde da Nova Zelândia, a Academia Americana de Pediatria e o Departamento de Saúde do Governo Australiano. Todos eles dizem que para crianças de dois a cinco anos não é recomendado ter mais de uma hora de tempo de tela por dia; o ideal é que esse tempo seja acompanhado por um adulto. As diretrizes para crianças em idade escolar são mais flexíveis, porque a quantidade apropriada de tempo de tela depende do estilo de vida da criança. Fica a critério dos pais descobrirem o que é melhor.*

Para crianças e adultos, nosso modo de vida e trabalho moderno revelou quanto tempo de fato passamos em frente a uma tela, e muitos de nós não gostaram do que viram. Especialistas dizem que não há problema em ser mais flexível a respeito do tempo que seus filhos ficam conectados e apostam no uso efetivo de controles dos pais, protegendo-os de riscos digitais e os impedindo de usar seus aparelhos no quarto. Mas será que é isso o que acontece na sua casa? E qual tipo de tempo de tela você mais usa atualmente, com todos esses momentos de WhatsApp e Netflix, além de ficar checando o Twitter, Facebook e Instagram?

O tempo de tela também é um meio muito importante para fazermos nosso trabalho e mantermos as crianças ocupadas. Como, então, manter o equilíbrio? Quando é excessivo? Todo tempo de tela é igual? Se prestarmos atenção nas recomendações, há três fatores comuns que sustentam o uso saudável da tecnologia para crianças (e adultos também): tempo, qualidade e relacionamentos.

---

* (N. T.) A Sociedade Brasileira de Pediatria recomenda que o tempo de tela para crianças de seis a dez anos seja entre uma e duas horas, e duas a três para adolescentes entre onze e dezoito anos. Ver: https://www.sbp.com.br/fileadmin/user_upload/_22246-ManOrient_-__MenosTelas__MaisSaude.pdf.

1. **Tempo gasto em frente a uma tela.** O impacto da tecnologia na saúde, no bem-estar, nos aspectos sociais e emocionais e no desempenho escolar das crianças depende mais do tipo de conteúdo com o qual elas se envolvem ao usar uma tela do que do tempo gasto na frente dela;
2. **A qualidade do conteúdo com o qual você está envolvido.** O uso passivo de tela (prestar atenção à televisão ou olhar o *feed* do Instagram, por exemplo) é geralmente associado a efeitos negativos, como depressão, mau humor, ansiedade e inatividade física. O uso ativo — algo que o envolva física ou cognitivamente — pode realmente ser útil;
3. **Relacionamentos.** Com quem você usa a tela? Quando usada com sabedoria, ela também nos permite permanecer conectados com as pessoas — por meio de tecnologia como FaceTime e WhatsApp. Embora as redes sociais apresentem riscos de sobrecarga emocional por causa do drama, dos *trolls* ou da pressão para parecermos perfeitos para os outros, em muitas pesquisas, a maioria dos adolescentes diz que seu uso sustenta os relacionamentos que já têm com seus amigos. Estar on-line também pode ajudá-lo a encontrar o seu grupo, por meio de ferramentas como jogos com vários jogadores, transmissões ao vivo na Twitch e no YouTube, ou de servidores como Discord ou Reddit. Se você se encaixa onde mora, ou vive em uma comunidade pequena ou isolada, o tempo de tela de qualidade pode ser fundamental para que você se mantenha bem.

Para crianças e adolescentes, o uso saudável da tela tem tudo a ver com o equilíbrio entre esses três fatores — tempo, qualidade e relacionamentos. O conteúdo de melhor qualidade é interativo, apropriado para a idade e educacional, além de incentivar as crianças a perseverar quando enfrentam um problema. Esse tipo de conteúdo não tem muitos atrativos para hipnotizar seu filho com uso contínuo, nem compras no aplicativo — coisas que não só te atingem no bolso, mas também incentivam o seu filho a pegar um atalho em direção à solução, em vez de se esforçar.

A covisualização (quando a criança usa a tela com um dos pais, enquanto ele explica as ideias para ela) pode ser uma maneira positiva de construir relacionamentos por meio do tempo de tela. Você também pode ouvir o termo coengajamento quando se trata de crianças mais velhas. Significa usar uma tela com alguém igualmente engajado — como jogar um jogo on-line com um dos pais ou um amigo — ou participar de um grupo de estudo virtual no Skype.

Se suspeitar (ou souber) que seu filho está passando mais tempo em frente à tela devido ao contexto em que vivemos atualmente, tente considerar a qualidade e os relacionamentos intrínsecos.

Reserve um momento para se envolver em uma atividade de tela com o seu filho e procure uma experiência educacional de qualidade que possam fazer juntos. As perguntas a seguir podem ajudá-lo a decidir se o aplicativo oferece uma experiência de aprendizagem envolvente para vocês:

1. **A plataforma, ou aplicativo, estimula os sentidos?** Ao fazê-lo, ela terá maior probabilidade de fornecer desafios físicos e mentais que promovam o pensamento de ordem superior por meio da combinação de curiosidade e aprendizagem automotivada, estimulando a memória e a atividade de raciocínio;
2. **Seu filho se conecta com o conteúdo?** Ele é familiar? Os personagens e o estilo do aplicativo são relevantes para as preferências e a rotina dele? É muito mais provável que o uso de aplicativos que combinam personagens e temas familiares mantenha seu filho envolvido e animado com o aprendizado;
3. **A plataforma conta uma história que mantém o seu filho envolvido?** Um bom aplicativo acompanhará o progresso do seu filho e, pouco a pouco, apresentará conteúdos mais desafiadores para criar uma experiência de aprendizagem positiva;

4. **O aplicativo incentiva a interação social?** Procure tarefas interativas e de aprendizagem compartilhada; talvez haja um personagem que precise de ajuda numa jornada, ou você precisa de dois ou três usuários para trabalharem juntos. Aplicativos como esses podem ajudar a promover habilidades de trabalho em equipe, liderança e resolução de problemas.

Como dar suporte às crianças em meio ao estresse e à incerteza

(Adaptado da orientação do Ministério da Saúde da Nova Zelândia, 2021)
- Assegure-as de que elas estão seguras;
- Incentive-as a contar como se sentem;
- Diga que elas podem fazer perguntas e responda com uma linguagem simples e adequada à sua idade — seja honesto, mas evite detalhes que possam causar angústia ou ansiedade;
- Não force — se o seu filho começar a ficar aflito durante a conversa, tranquilize-o e encerre-a. Você pode retomá-la em um outro momento, quando ele estiver mais preparado;
- Diga a ele que ficar triste ou com medo é normal, que é bom falar sobre isso e que logo ele se sentirá melhor;
- Seja compreensivo. Ele pode ter problemas para dormir, fazer birras ou xixi na cama — seja paciente e conforte-o se isso acontecer. Com apoio e cuidado, tudo isso passará;
- Dê mais amor e atenção aos seus filhos. Não há problema em mimá-los um pouco agora. Tudo o que uma criança precisa é de comida, um lugar seguro e, sobretudo, amor dos pais;
- Lembre-se de que as crianças olham para os pais para se sentirem seguras e saber como reagir. Tranquilize-as; diga como se sente e que juntos vocês ficarão bem. E se você sentir que as coisas estão difíceis, saiba que é normal — vivemos circunstâncias

extraordinárias, e você fez e continua fazendo o seu melhor. Se precisar de apoio, não tenha medo de pedir — todos nós precisamos de ajuda de vez em quando;

• Trabalhe em equipe. Se você estiver num período prolongado de incerteza e está procurando alguma estrutura para ajudá-lo a recomeçar, trabalhar em equipe e usar os cinco passos para o bem-estar) pode ajudar. A estrutura dos cinco passos envolve adicionar conscientemente atividades que o permitam se conectar, aprender, se movimentar, perceber e se doar. Eu recomendo que tente incluir cinco doses de diversão também. Parece pedir muito, mas esses pequenos momentos são ótimos para mudar o humor e quebrar circuitos; são realmente capazes de levantar o ânimo de todos, aumentar a conexão e ajudar seus filhos a mudar de um estado emocional para outro;

• Mantenha a rotina normal, como as refeições e a hora de dormir, tanto quanto possível. Ela ajuda com a previsibilidade em tempos de mudança.

Pré-adolescentes, adolescentes e redes sociais

Para crianças mais velhas, as redes sociais apresentam desafios adicionais ao tempo de tela. Os pais se preocupam, com razão, com o tempo gasto nas redes — e talvez com o bullying on-line também. Incentive seus adolescentes a saírem das redes sociais e se comunicarem por meio de aplicativos que permitam chamadas de vídeo, como FaceTime e WhatsApp, para que eles possam se conectar cara a cara.

Pressões modernas, como trabalhos escolares e outros compromissos, são especialmente difíceis para os adolescentes, porque este é um momento em que eles querem abrir as asas, experimentar e descobrir coisas sobre si mesmos e o mundo. A adolescência e a juventude são períodos em que as relações se tornam uma das coisas mais importantes em suas vidas. Quando um confinamento ou os compromissos como escola, empregos de meio período e ajuda em casa reduzem o tempo que os adolescentes passam com os amigos na vida real ou on-line, eles podem se sentir punidos.

Ouvir seus protestos contra a injustiça de tudo isso não mudará a situação, mas os ajudará a ver que você os entende. Talvez também ajude todos a planejar o que eles podem fazer quando o ritmo da vida e seus desafios permitirem mais tempo livre e novas chances de aproveitá-lo.

Essa é também uma oportunidade para que você reforce a importância de todos fazerem sua parte com relação à casa e à família. É uma combinação de respeitar o direito de ser adolescente e tudo o que está envolvido na conquista desses marcos de desenvolvimento, incluindo sentir que eles estão tendo experiências semelhantes de "rito de passagem" com seus colegas, bem como reconhecer as responsabilidades que eles têm com seus próprios compromissos e com obrigações mais amplas também.

Precisamos falar sobre pornografia

Este não é um livro sobre vício on-line ou pornografia. Mas ela existe, e as estatísticas mostram que é provável que você ou seus filhos já tenham visto — intencionalmente ou não —, porque é isso que a internet faz. Sabendo dessa possibilidade, é melhor que saiba os possíveis problemas e como abordar isso com seus filhos, consigo mesmo ou com seu parceiro ou parceira. O que você não quer é que a pornografia se torne a única informação sobre sexo que os jovens tenham para entender como é uma relação sexual — porque, na maioria das vezes, a vida real não é nada do que eles estão vendo ali.

Ver pornografia tende a piorar, e não melhorar, nossa vida sexual. Pessoas que assistem a muita pornografia podem acabar com expectativas irrealistas e se sentir pressionadas a parecer ou "performar" de uma certa maneira. Alguns usuários acham difícil ficar excitados sem pornografia no sexo da vida real e podem preferir pornografia a parceiros reais. E, embora ver pornografia possa ter começado como algo que era apenas divertido (e porque todos os outros estavam vendo), algumas pessoas descobrem que, à medida que assistem mais e mais, precisam de pornografia cada vez mais extrema para se excitarem. Isso pode preocupar os usuários, pois eles não sabem como parar.

Navegar pelo assunto pornografia é difícil, mas se há um momento para encarar o problema, é agora. O Internet Matters é um site com bom conteúdo (www.internetmatters.org/pt/issues/online-pornography/protect-your-child/), que ajuda os jovens e suas famílias a falar e a entender o que acontece nesse universo, e como tomar medidas para evitar danos e ajudar no desenvolvimento de identidades e atividades sexuais positivas e mais seguras.

Antes mesmo de tentar ter uma conversa com um jovem sobre pornografia ou mesmo sexo, aqui está o que você precisa saber para se preparar:

- Seu adolescente ou pré-adolescente provavelmente vai se fechar assim que você iniciar a conversa, se ele sentir que há uma chance de ser mal interpretado. Respire fundo e se acalme. Você vai precisar descobrir um pouco mais sobre os tipos de pornografia a que os jovens estão assistindo: o que existe, quais mensagens são transmitidas e como mudou desde o que você pode ter visto, ou ao que adultos estão assistindo atualmente. Esta página de recursos pode ser útil: https://thelightproject.co.nz/resources/;
- Entenda quem pode ser a melhor pessoa na vida de um jovem para ter essa conversa — porque pode não ser você. Imagino que pense: "ufa". Mas não adie isso por mais tempo. Descubra quem, em sua família ou contatos próximos, pode ser o menos intimidante e comece daí. Você precisará ter essa conversa antes

de jogar a responsabilidade no colo de outra pessoa;
- Prepare-se para ficar chocado, mas não demonstre. Há muitas chances de que seu adolescente ou pré-adolescente já tenha visto pornografia. Se está pensando no melhor momento para ter essa conversa, tenha certeza de que, para a maioria das crianças, dez anos de idade é suficiente. Isso dependerá da personalidade do seu filho, de quanto tempo ele passa na internet sem supervisão e dos dispositivos aos quais tem acesso, de quanto tempo fica com crianças mais velhas e passa na casa de outras pessoas;
- Tente não parecer surpreso, nem culpado ou envergonhado — mesmo que se sinta chateado. Adote uma abordagem curiosa e sem julgamentos. E, sim, eu sei que isso pode ser muito mais fácil de falar do que fazer. Mas a alternativa é deixá-lo descobrir por si só, e isso pode levar o jovem que você ama a um lugar não tão bom.

Se estiver ciente de alguns dos problemas mais comuns relacionados à pornografia que adolescentes e pré-adolescentes podem enfrentar, é menos provável que você fique envergonhado quando eles falarem a respeito. Informar-se é a melhor estratégia. Alguns dos problemas mais comuns podem incluir desconforto ou incômodo pelo que eles viram, pressão dos amigos ou parceiros para assistirem à pornografia, envio de fotos nuas de si mesmos e da pornografia de vingança resultante disso (alguém espalhando fotos nuas deles ou dos amigos sem consentimento), ou mesmo arrependimento por compartilhar essas fotos, mas muito medo de contar a alguém sobre isso e procurar ajuda. Eles também podem se sentir traumatizados por algo que viram ou sentir que seu consumo de pornografia está fora de controle.

Também podem se sentir incomodados porque, embora saibam, em algum nível, que a pornografia não seja a melhor coisa, eles sentem prazer. Ajudá-los a normalizar todos os sentimentos diversos (e possivelmente conflitantes) que eles têm a respeito da pornografia é normal. Ajudá-los a compreender essas experiências sem julgamento significa que talvez você também precise compreender um pouco seus próprios pensamentos e sentimentos sobre pornografia.

É um universo em constante movimento, e é provável que continue mudando. O que não mudará é que os jovens estão vendo pornografia, e a menos que seja falado, ela terá um papel importante no desenvolvimento da compreensão de como é uma relação sexual segura e satisfatória. Isso pode ter implicações ao longo da vida. O seu trabalho é ajudá-los a compreender isso. E para fazê-lo, você vai precisar se educar e falar sobre o assunto. Nós todos precisamos. Caso necessário, procure ajuda e orientações sobre essas conversas difíceis.

Da geração Z em diante

A pandemia também podou as asas dos nossos jovens adultos — aqueles adolescentes mais velhos ou jovens de vinte e poucos anos que estão emergindo no mundo do trabalho e dos adultos neste período de extrema incerteza. Como podemos ajudar a geração Z (pessoas nascidas após 1997) a navegar nesta crise, quando muito do que eles esperavam e planejavam foi simplesmente arrancado de suas mãos?

Aqui, eu acho útil considerar as lições do influente livro de Gail Sheehy, *Passagens: crises previsíveis da vida adulta*. O livro foi publicado pela primeira vez em 1976, quando eu tinha sete anos, e desde então foi nomeado um dos dez livros mais influentes pela Biblioteca do Congresso dos Estados Unidos.

Quando eu ainda era um jovem estudante de graduação, esse livro me causou uma impressão duradoura, e acho que vale a pena refletir sobre o trabalho de Sheehy para dar sentido a algumas de nossas experiências na pandemia de Covid-19, particularmente as dos jovens adultos.

Em todas as culturas há transições de vida esperadas, ou "passagens", como se formar ou entrar no mundo do trabalho, ter uma casa ou filhos. Como sociedade ou cultura, temos uma trajetória esperada de como e quando essas coisas acontecerão, e as experiências de colegas ou irmãos mais velhos muitas vezes moldam as expectativas de um indivíduo de como e quando isso se dará. Qualquer sensação de estar fora de sincronia, ou "na hora errada", com essas "passagens" pode ser vivenciada como uma sensação de que estamos falhando ou sendo deixados para trás.

Mesmo antes desta pandemia, muitos *millennials** estavam levando vidas que pareciam "fora de hora" das normas esperadas deles. Muitos continuaram na casa dos pais até os seus vinte ou trinta anos, e uma grande parte não trabalha nem estuda, o que significa que são essencialmente privados de passagens para seus próximos estágios de desenvolvimento adulto, aumentando esse sentimento de estarem "em descompasso". Eles não conseguem nem pensar em objetivos, como economizar dinheiro para comprar uma casa, se casar, estar em um relacionamento estável de longo prazo ou ter qualquer tipo de segurança na carreira.

A passagem para a idade adulta nunca foi fácil, mas agora parece especialmente tensa e difícil. Nas gerações anteriores, as ameaças eram externas: guerras e bombas nucleares. Hoje, para muitos jovens, os inimigos estão mais próximos de casa: drogas, armas e violência. Adicione a pandemia de Covid-19 e podemos ver que essa pressão é amplificada. Os eventos da vida que marcam a mudança para longe da família se transformaram em outra coisa, ou desapareceram completamente. Muitos tiveram de voltar para a casa dos pais, porque o mundo mudou de tal forma que a independência se tornou muito mais difícil de se garantir.

---

*   (N. T.) Geração de pessoas nascidas entre 1981 e 1996.

Na Nova Zelândia, uma geração de crianças que iniciaram a vida escolar quando a sequência do terremoto de Canterbury estava em seu momento mais ativo são agora os jovens que deixam o sistema de ensino. Nos Estados Unidos, uma geração de crianças nascidas após os atentados de 11 de setembro, e criadas à sombra de tiroteios em escolas, estão agora se formando para um mercado de trabalho transformado por uma pandemia e suas consequências.

Desenvolver o sistema interno de motivação será fundamental para a geração Z. A menos que os ajudemos a navegar por estes tempos, e que forcemos a criação de oportunidades para progredir na vida, há um perigo muito real de que eles vejam sua motivação desaparecer.

Os recém-graduados já tinham dificuldades de arranjar empregos fora da universidade, e a competição por trabalhos em uma economia em mudanças aumentará. De fato, pode haver uma sensação de que as pessoas educadas formalmente enfrentem mais dificuldade para arranjar empregos do que antes, o que força os sistemas de educação a compreenderem as necessidades futuras do mundo moderno.

O fracasso repetido e persistente de progredir e ter sucesso em um mundo onde suas oportunidades se tornam cada vez mais limitadas pode gerar o desamparo em uma escala épica. Já estamos vendo nossas gerações mais novas relatar níveis elevados de estresse e saúde mental precária. Precisamos estar sobretudo atentos se não quisermos esvaziar a motivação dessa geração de tentar novamente quando surgirem oportunidades.

No entanto, assim como os eventos difíceis da vida também oferecem o potencial de criar pessoas mais fortes, mais resilientes e mais comprometidas com um conjunto de valores que nos ajudam a navegar em circunstâncias difíceis no futuro, a incerteza da crise pode se mostrar um estressor semelhante de teste e construção de resiliência.

Sheehy chama o primeiro estágio do aprendizado adulto de "os penosos vinte anos", um período em que experimentamos diferentes papéis no trabalho e nos relacionamentos. Mas e se as oportunidades usuais de aprendizagem pelas quais passamos aos vinte anos forem ultrapassadas pela pandemia? É difícil aprender a competir e cooperar no trabalho quando eles são escassos, ou quando a colaboração se tornou uma dança logística de conexão com a internet e distanciamento físico. É um desafio criar e manter novos relacionamentos quando é difícil se deslocar pelo país ou se ver pessoalmente para encontros românticos.

Os novos ritos de passagem para esta geração podem parecer diferentes e requerem conjuntos distintos de habilidades, mas continuam sendo desafios e ainda exigem motivação e compaixão.

A maturidade adulta parece diferente agora

Adultos na casa dos trinta anos estão enfrentando desafios semelhantes aos das nossas expectativas sobre como a maturidade adulta muda ao nosso redor em um ritmo cada vez mais acelerado. A escritora Bridie Jabour descreveu a sua experiência[49] de crise existencial que afeta as pessoas com trinta e poucos anos, enraizada na incapacidade de atingir os marcadores da idade adulta "na hora certa". Ser adulto no mesmo momento dos preços elevados de moradia, das condições precárias de emprego e da especulação imobiliária significa que ser capaz de ter uma vida estável como plataforma para alcançar outros objetivos adultos, como ter filhos e criar uma família, se torna mais difícil. De maneira alternativa, as pessoas podem sentir necessidade de adiar essas opções na idade adulta. Ao mesmo tempo, isso também pode contribuir para a queda das taxas de fertilidade, uma vez que as pessoas reavaliam suas aspirações e decidem que, por muitas razões diferentes, ter filhos pode não ser algo que desejam.

Outros eventos também podem provocar momentos decisivos, quando as pessoas resolvem seguir outras direções na vida. Escapar por um triz de um acidente de trânsito é um exemplo em que uma experiência traumática pode trazer à tona o que é importante em sua vida.

O que as gerações mais velhas viveram como marcadores coletivos da idade adulta e da maturidade pode ser negado às gerações posteriores. Por consequência, eles estão fazendo suas próprias regras — e elas podem ser muito mais diversificadas do que antes. Suas experiências compartilhadas têm contextos econômicos e políticos particulares. Crises como a quarentena da Covid-19 levaram elas a pensarem em como gastam e valorizam o seu tempo. Isso pode fazer com que elas se retirem da competição frenética e mudem a maneira como gastam seu tempo e energia. Os indicadores do progresso de antes podem mudar consideravelmente. Mas não importa o que aconteça, as pessoas ainda sentirão vontade de se conectar umas com as outras.

Assim, permanecemos preocupados com as oportunidades perdidas para a geração Z e as outras após os *boomers** — e talvez para nós mesmos, dependendo de nossas circunstâncias e estágio de vida. Por isso, é importante lembrar que somos seres sociais e não teríamos sobrevivido como uma espécie se não nos importássemos uns com os outros.

Como a própria Sheehy disse, talvez não seja apenas o pensamento inteligente que nos ajude a superar as consequências da pandemia: "Me importo, logo existo". O que pode emergir de crises e incertezas, agora e no futuro, é uma percepção crescente de que as comunidades que lidam melhor são aquelas com sensibilidade e empatia em relação às experiências dos outros. É essa ligação com a nossa própria experiência e com os nossos companheiros de jornada neste planeta que pode ser o resultado final, determinando quem

---

*   (N. T.) Geração de pessoas nascidas na Europa, Estados Unidos, Austrália e Canadá entre 1946 e 1964.

está mais bem posicionado para avançar. Pode ser que a geração Z, sabendo da importância do equilíbrio entre o que pensamos, como nos sentimos e como passamos nosso tempo, e como tudo isso está interligado, se torne nossos guias e líderes quando avançarmos para o que ainda está por vir.

> Como apoiar as gerações mais novas
>
> • Estrutura e empatia são a chave para ajudar seus filhos a atravessarem períodos estressantes;
> • Faça o seu melhor e o que for preciso para sobreviver de forma saudável quando se trata de educação domiciliar;
> • Programe um tempo de descanso para você e seus filhos;
> • Trabalhe em equipe — em períodos prolongados de incerteza, trabalhar em equipe pode levantar o ânimo da sua família e impulsionar conexões;
> • Ouça os seus adolescentes protestando contra a injustiça de tudo isso e ajude-os a fazer planos para quando eles tiverem mais tempo livre e mais opções.

capítulo 13

manutenção básica

Cuidar do seu bem-estar durante períodos incertos é fundamental. E isso começa com o básico. Se você dorme mal, não se alimenta bem e está em má forma física, está muito mais propenso a ficar de mau humor. As tarefas diárias podem drenar seus recursos disponíveis e você pode rapidamente se sentir mal. Priorizar um descanso de melhor qualidade para que comece a sentir um pouco mais de energia e propósito é importante.

Para muitas pessoas, o estresse, o cansaço e a ansiedade desencadeiam a má alimentação. A curto prazo, o estresse pode acabar com o seu apetite. Seu sistema nervoso envia sinais hormonais que aumentam sua reação de luta ou fuga, o que também coloca a alimentação temporariamente em espera. No entanto, à medida que o estresse perdura, a história muda. Seu corpo então começa a produzir cortisol, um hormônio do estresse que aumenta a motivação em geral, mas que também aumenta o apetite. Uma vez que o período estressante termina, os níveis de cortisol caem. Contudo, se continuar estressado, sua resposta fica presa em um nível alto: você continua produzindo cortisol e continua comendo, o que leva a um ganho significativo de peso.

O tédio também pode ser estressante para as pessoas, levando ao mesmo ciclo de cortisol e ao aumento do apetite. Além disso, você pode entrar em um ciclo em que o estresse crônico muda suas preferências alimentares para as chamadas "comidas de conforto", ricas em gordura e açúcar, que parecem neutralizar e amortecer as respostas e emoções do estresse. Mas isso pode, então, programá-lo para sentir vontade desses alimentos sempre que estiver estressado. É um ciclo perigoso.

Exercícios físicos são bons; quase toda atividade física pode atuar no alívio do estresse. Ser fisicamente ativo aumenta seus níveis de endorfina e o distrai das preocupações diárias. Qualquer atividade aeróbica é capaz de fazer isso, desde caminhar até jogar futebol no parque com os seus filhos. Mas seja cauteloso: se você está sedentário há um tempo, certifique-se de ir com calma para evitar o risco de lesão.

O poder da contemplação

O fato de simplesmente estar em um ambiente verde, isto é, um ambiente ao ar livre, parece ser bom para nós. E é ainda melhor se pudermos combinar estar nesses espaços com os benefícios de exercícios regulares de baixo impacto, como caminhar ou andar de bicicleta.

Nos últimos anos, houve uma explosão de pesquisas — desde o banho de floresta[*] até a prescrição de atividades na natureza, como caminhadas na praia e observação de pássaros — que revelam efeitos

---

[*] (N. T.) O banho de floresta, ou *shinrin-yoku*, é uma espécie de terapia que consiste, basicamente, em ir a uma área de floresta ou mesmo um parque e passar algum tempo em contato com a natureza e ao ar livre. A técnica foi desenvolvida no Japão, em 1982, por iniciativa da Agência Florestal do governo japonês, que buscava encorajar as pessoas a saírem de casa e passarem algum tempo fazendo imersão na natureza. Disponível em: www.ecycle.com.br/banho-de-floresta/.

positivos em condições psicológicas específicas, como depressão e ansiedade, incluindo melhorias no sono, felicidade e redução do estresse. O simples fato de estar em espaços verdes parece melhorar aspectos do pensamento, atenção e criatividade em pessoas com e sem depressão. As evidências dos benefícios são enormes. Mesmo que a maneira precisa de como o contato com a natureza funciona ainda não esteja clara, ele parece agir como uma meditação em movimento para nós. Ao começar a liberar o estresse diário por meio da atividade física nesses espaços verdes, você também se sentirá mais calmo, com energia renovada e clareza.

Ainda mais poderosa é a ideia de estar num lugar que o deixe cheio de admiração. Dacher Keltner, professor de psicologia na Universidade da Califórnia, disse: "Basicamente, a admiração bloqueia o egoísmo, a autorrepresentação e a irritação do ego"[50]. Eu vivencio esse efeito desde sempre. Mesmo quando criança, queria estar em espaços onde pudesse ver amplas extensões, horizontes ininterruptos onde o céu tocasse o mar, vastas montanhas ao alcance dos olhos e desertos abertos e estéreis. Quando tentei pensar por que eu gostava tanto desses ambientes, meus pensamentos se concentraram em um fato: eles me faziam sentir pequeno. Não importa o que estivesse me preocupando ou a maneira como os pensamentos flutuavam na minha mente; estar nesses espaços me dava um descanso de mim mesmo. Me dava a perspectiva de que sou uma pequena preocupação para o vasto universo. Mas de uma boa maneira, pois me incentivou a assumir essa perspectiva sobre meus próprios problemas também.

Essa é uma das coisas mais maravilhosas de escapar da poluição luminosa do ambiente urbano moderno. Se você puder fugir por apenas uma noite, a majestade do verdadeiro céu noturno, em toda a sua glória da Via Láctea, se revelará repentinamente diante dos seus olhos. Eu me lembro de ter tirado a minha irmã de Londres para a sua primeira experiência de acampamento e de ela estar maravilhada por poder ver tantas estrelas com tantos detalhes. É difícil dormir depois disso. Você vai passar a maior parte da noite admirando a revelação. Você se sentirá o menor, mas ainda precioso, grão de areia na galáxia. Como todos nós somos.

A boa notícia é que não precisa fazer as malas para as montanhas ou para o deserto para experimentar o poder da contemplação. Em um estudo[51], pessoas de sessenta a noventa anos foram divididas em dois grupos. Um fez uma caminhada contemplativa por quinze minutos, enquanto o grupo de controle tirou fotos. Eles descobriram que, em relação ao grupo de controle, o grupo da caminhada "relatou maior alegria e emoções positivas pró-sociais".

Os pesquisadores descobriram que esse grupo pareceu ter se tornado bom em descobrir e amplificar a contemplação. Um dos participantes relatou focar as belas cores das folhas de outono e a ausência delas entre a floresta sempre verde. Em contraste, uma participante do grupo de controle disse que passou muito tempo se preocupando com um próximo feriado e todas as coisas que tinha de fazer antes de sair.

À medida que o estudo progrediu, ao longo de oito semanas, os pesquisadores descobriram algo muito impressionante: uma variação nas selfies dos grupos. O tamanho dos rostos dos participantes da caminhada encolheu em relação à paisagem. Nada parecido ocorreu nas fotos do grupo de controle. Eles também notaram que os participantes da caminhada sorriram mais.

Tendo uma boa noite de sono

Com todas as mudanças trazidas pela incerteza da vida moderna, a rotina de sono de muitos de nós foi interrompida. Já se sabe que a ansiedade e o declínio do bem-estar mental podem afetar negativamente o sono.

Talvez esteja acordando tonto, com uma sensação de sonolência que permanece no cérebro. Você não pode simplesmente acordar, ligar e acelerar até cem quilômetros por hora; seu cérebro precisa de um pouco de tempo para aquecer. A tontura pode ser em parte devido a problemas de higiene do sono — um sono de boa qualidade —, mas também pode ser devido a uma mudança em sua rotina.

Se agora você está trabalhando em casa, em novas configurações híbridas ou se mudou sua rotina matinal, pode não ter exposição direta à luz solar no início do dia, pois não está mais saindo de casa cedo para ir trabalhar ou para fazer compras e exercícios. Isso também se aplica a quem trabalha em turnos. A luz natural, particularmente a luz da manhã, é um dos principais sinais biológicos de alerta, e a falta de exposição faz com que você se sinta menos alerta durante o dia. Isso pode desajustar seu relógio biológico, de modo que o corpo não está pronto para dormir quando for hora de descansar, resultando em um sono de menor qualidade.

Alguns de nós desenvolveram hábitos ruins, ficando até tarde na cama vendo uma série, ou permanecem deitados enquanto checam seus e-mails pela manhã. Além de reduzir a quantidade de sono que você pode ter, maratonar séries afeta a qualidade dele também. Todas as televisões, smartphones e tablets emitem luz azul, que, como tem sido muito pesquisado e relatado, aumenta artificialmente a atenção, o tempo de reação e o humor — e isso não é o que você quer quando está tentando ter uma boa noite de sono.

Mesmo a menor quantidade de luz azul dificulta a produção do hormônio regulador do sono, a melatonina. Isso interrompe o ritmo circadiano, relógio interno do corpo que regula os hormônios, o metabolismo e o ciclo sono-vigília. Impede também o início de um bom sono REM, a parte mais restaurativa do ciclo. Nada disso é bom.

Quanto aos e-mails, acordar com uma lista de notificações pode desencadear sentimentos preocupantes, como ansiedade. Será que isso realmente precisa ser a primeira coisa do dia?

Tristan Harris, ex-funcionário do setor de ética de design do Google, estudou como a tecnologia explora a fraqueza da mente para nos manter checando nossos e-mails. Quando os designers de tecnologia procuram e entendem nossos pontos cegos, eles podem nos influenciar sem que percebamos, não importa o quão inteligentes sejamos. Checar seus e-mails antes de qualquer outra coisa pode descarrilhar sua rotina inteira, porque molda seu dia em torno da lista de coisas a que você necessita atender, ditadas por seus dispositivos eletrônicos, em vez do que você decide priorizar conscientemente.

Portanto, em vez de checar o seu e-mail logo pela manhã, considere outra atividade que esteja mais de acordo com as suas necessidades genuínas. Que tal um café?

Outro mau hábito que pode afetar o seu sono é olhar as notícias com muita frequência, atualizar a página constantemente e ficar preso em um ciclo viciante de informações.

Você também precisa estar ciente de que alguns assuntos podem aumentar seus sentimentos de incerteza e de preocupação com o futuro.

Somando tudo isso, podemos acabar em uma dinâmica sutil, mas poderosa, de atração e repulsão em relação às notícias: a ansiedade nos leva a verificá-las com mais frequência, ao mesmo tempo em que nos afastamos para evitar mais informações. É cansativo controlar essa dinâmica o tempo todo.

A ansiedade também não ajuda. Mesmo que estejamos com um baixo nível de ansiedade, sem crises agudas, ela provavelmente afetará a duração e a qualidade do nosso sono. E isso pode se acumular ao longo do tempo. Seu sono pode muito bem ter sido afetado um tempo antes de você de fato começar a se sentir cansado, embora seja provável que seu desempenho cognitivo — a rapidez com que você é capaz de resolver problemas e ser mentalmente ágil — também tenha sido afetado há um tempo, mas você simplesmente não percebeu.

Então, o que você pode fazer?

- **Limite o seu consumo de notícias.** Mesmo que um grande evento o esteja afetando, como um evento meteorológico, um terremoto, um novo surto de doença ou a escalada de tensões em um país com o qual você tem vínculos estreitos; uma vez que você está no período inicial, em que é importante prestar atenção às informações que mudam rapidamente para manter a si mesmo e seus entes queridos seguros, tente se limitar a checar as notícias uma ou no máximo duas vezes por dia. Descubra o que precisa saber e saia do seu *feed* de notícias. Dessa forma, você não perderá nenhum anúncio ou atualização importante, e isso também ajudará a gerenciar qualquer ansiedade e sobrecarga que possa sentir. E não cheque as notícias logo antes de dormir. Dê a si mesmo um bom intervalo, de pelo menos algumas horas, entre a atualização das notícias e o momento em que deseja estar calmo e pronto para dormir;

- **Limite o seu tempo nas redes sociais.** Elas são ótimas para se conectar, mas também pode ser tentador gastar muito tempo com isso, o que o deixa cada vez mais ansioso;
- **Aproveite o sol.** Tente se expor diretamente, entre trinta e noventa minutos, à luz solar antes do meio-dia. Vá dar um passeio, sente-se ou faça o seu trabalho perto de uma janela. Mesmo que esteja nublado lá fora, a luz ainda é suficiente para ajustar o seu relógio biológico;
- **Faça exercícios físicos.** O movimento e a atividade influenciam a nossa qualidade de sono, e mesmo um curto treino on-line vai ajudá-lo a gastar energia;
- **Mantenha o seu quarto apenas para o sono.** Crie limites claros para trabalhar, relaxar e socializar em casa e mantenha o quarto separado;
- **Trabalhe com o seu cronotipo.** Se sabe que é uma pessoa matutina ou noturna, é melhor trabalhar com o seu comportamento natural do que contra ele;
- **Rotina.** Tentar manter uma estrutura todos os dias ajudará não só com o sono, mas também com a saúde mental. Faça com que

seja uma regra ir para a cama (e dormir) na mesma hora todas as noites. O sono de antes da meia-noite parece ser diferente do sono após a meia-noite; diferentes fases acontecem em diferentes momentos do seu ciclo. Todos eles são importantes, então tente ir para a cama mais cedo;

- **Tente não cochilar.** Isso pode quebrar o seu ritmo de horas regulares de dormir e acordar.

Videochamadas e tempo de tela

Um outro fator que pode contribuir com a sua fadiga são as videochamadas. Trabalhar de casa, administrar o tempo de tela e as tarefas de casa do seu filho, ou mesmo tentar manter contato com amigos que vivem longe; muitos de nós têm feito muitas videochamadas.

O que há no Zoom, Teams e em outras plataformas que nos deixa tão cansados? Para começar, você provavelmente está fazendo muito mais videochamadas do que deveria. Se está trabalhando em casa e não tem que se deslocar entre as reuniões, é muito tentador fazer outra chamada nesse intervalo, pois parece que você tem mais tempo.

Mas os humanos anseiam por variedade, e quando tantos aspectos de nossa vida se juntam em um só meio, isso contribui para uma sensação de exaustão. Em uma chamada de vídeo, você normalmente se vê tão bem quanto os outros participantes — e isso nos torna mais autoconscientes, e talvez também constrangidos. É como se você estivesse no palco o tempo todo. Além disso, há as inevitáveis falhas tecnológicas. Quando há um silêncio no diálogo, você se pergunta se eles não gostaram do que disse ou se a tela travou.

Se a sua vida depende muito do uso de telas, é provável que você esteja em chamadas de vídeo na maior parte do dia, e isso pode acabar parecendo uma competição de olhares vagos em um lugar cheio de estranhos. Você também provavelmente não se levanta e se movimenta tanto quanto costumava, e isso pode aumentar sua sensação de letargia e lentidão.

O que você pode fazer para aliviar a exaustão causada pelas videochamadas?

1. **Reduza o número de reuniões on-line** e espalhe-as ao longo do dia — talvez duas ou três chamadas de manhã e depois, novamente, à tarde. Tente fazer isso e certifique-se de ter pelo menos dez minutos entre reuniões para que possa se movimentar. Isso pode ser encerrar uma reunião após cinquenta minutos — assim, poderá usar os dez minutos restantes para fazer uma caminhada rápida ou alguma outra coisa antes da chamada seguinte;
2. **Se não for necessário fazer uma reunião por vídeo, tente usar o telefone**. Isso dará uma pausa ao seu cérebro, porque você não terá que fazer o trabalho interpretativo visual de tentar combinar a linguagem corporal com o que está sendo dito;
3. **Use um plano de fundo.** Com as videochamadas, poderá parecer que você está abrindo sua casa para outras pessoas verem e, para alguns de nós, isso pode desencadear preocupações de comparação. Se seus filhos usam o Zoom, talvez prefiram não ter pessoas bisbilhotando as coisas atrás deles. É possível alterar as configurações para mostrar outra imagem de fundo que não seja o seu quarto. O software muda com as atualizações, mas essa opção estará em algum lugar nas configurações, na seção "Plano de fundo e efeitos";
4. **Use o modo de visualização do orador.** Dessa forma, a pessoa que fala é maximizada na tela enquanto todos os outros são minimizados. Isso significa que você não precisa ter o constrangimento de sempre se monitorar e pode minimizar essa sensação de ser encarado por uma sala cheia de estranhos;
5. **Faça pausas.** Se você também estiver socializando por videochamada, pergunte a si mesmo com quantos canais de comunicação você pode lidar. Use o telefone ou envie uma mensagem para variar a maneira de se comunicar.

Ao pensar em videochamadas, vale a pena considerar como está o seu tempo de tela agora em comparação a anos anteriores. É fácil incluir maus hábitos em nossas rotinas, a menos que façamos uma pausa de vez em quando e analisemos como estamos nos comportando. Como estava trabalhando, ou passando o seu tempo, antes da pandemia? Mudou muito? Quanto tempo e com que frequência você passa em frente a uma tela, e o que você faz? Está trabalhando, absorvendo informações, navegando passivamente e vendo fotos ou está se conectando e postando?

É útil destrinchar um pouco o tempo de tela, porque nem todo tempo é igual. Se estou escrevendo, fazendo vídeos, editando-os para o YouTube ou pesquisando, isso também conta como tempo criativo. Se estou navegando pelo Twitter, Facebook, Instagram e portais de notícias, ou colocando os e-mails em dia, o tratamento para esse tempo é diferente. Uma vez que tiver uma boa noção de como e quanto tempo passa em frente à tela, reflita sobre como você se sente a respeito do seu uso atualmente. É necessário ficar como está agora? O que poderia fazer com o seu tempo em vez disso?

Não se culpe, mas aproveite a oportunidade para obter algumas informações sobre os hábitos que podem ser mantidos. Escolha ser um pouco mais intencional e decida se você não se importa de continuar assim por um tempo ou se quer mudar o seu comportamento de tempo de tela.

Aliviando a tensão muscular

Quando você se sente ansioso, é possível detectar o estresse em seus músculos, o que pode dificultar o controle da ansiedade. Ao aliviar a tensão muscular, você pode reduzir os seus níveis de ansiedade. Veja como fazê-lo:

> Encontre um lugar tranquilo e confortável para se sentar;
> · Feche os olhos e preste atenção na sua respiração;
> · Inspire e expire lentamente pelo nariz;
> · Feche o punho. Aperte-o suavemente. Mantenha-o assim por alguns segundos. Observe a tensão que sente em sua mão;
> · Abra os dedos lentamente e preste atenção em como se sente. Você pode notar a tensão saindo da sua mão. Depois de um tempo, você ficará mais leve e relaxado;
> · Continue tencionando e, em seguida, liberando diferentes grupos musculares no seu corpo — mãos, pernas, ombros ou pés. Faça isso ao longo de todo o corpo, enrijecendo vários grupos musculares. Não tencione os músculos em qualquer área que esteja machucada ou dolorida, pois isso pode inflamar sua lesão.
>
> Continue praticando essa técnica e começará a notar uma diferença. É possível sentir a tensão e simplesmente esquecê-la.

Cafeína

Cuidado com a quantidade de cafeína que consome no dia. Se a sua maneira de lidar com os altos e baixos é sentando e tomando uma boa xícara de café (ou várias) ou virando uma lata de energético para aumentar sua energia e motivação, você pode estar ingerindo muito mais cafeína do que imagina. Ela é encontrada até mesmo em medicamentos comuns na farmácia, como comprimidos para resfriado (pois aumenta a eficácia de analgésicos como o paracetamol).

A Agência Europeia para a Segurança Alimentar e a Academia Nacional de Ciências dos Estados Unidos concluíram que é seguro para adultos saudáveis consumir 400 miligramas de cafeína por dia. Mas o que isso significa, para além da segurança? É verdade que os efeitos e a segurança da cafeína são relativos: depende do quanto você toma, mas também da sua própria saúde e tolerância individual.

Algumas pessoas podem beber várias xícaras de café ou chá, enquanto outras não podem beber nem mesmo uma xícara sem ter altos picos de pressão arterial, sono perturbado, dores de cabeça, irritabilidade e nervosismo.

Trezentos miligramas é o equivalente a cerca de duas ou três xícaras de café, dependendo da força da bebida. Uma bebida energética sozinha pode conter até 300 miligramas — portanto, verifique o rótulo com atenção, especialmente das latas maiores.

O café filtrado de uma cafeteria pode conter aproximadamente entre 120 e 160 miligramas de cafeína por xícara, mas isso depende do tamanho. Um café expresso contém cerca de 80 miligramas. O café instantâneo tem cerca de 60 miligramas, e uma lata regular de refrigerante de cola conterá talvez 30 ou 50 miligramas — uma xícara de chá preto tem uma quantidade semelhante. Esse chá tem tanta cafeína que pode surpreender muitas pessoas. Eu já ouvi pacientes que bebiam vinte xícaras de chá por dia dizerem que não ingeriam cafeína em sua dieta diária (porque não sabem que o chá contém cafeína). E eles ainda queriam saber por que não conseguiam dormir.

A cafeína possui algumas desvantagens:
- Pode estimular condições que levam ao refluxo, o que é muito desconfortável, mesmo se você estiver acostumado a beber café;
- Pode levar a picos de pressão arterial;
- Pode ter um grande impacto na qualidade do seu sono se consumida perto da hora de dormir.

Tenha em mente que o efeito da cafeína no corpo é de cerca de cinco horas — embora isso também varie muito. Ainda assim, isso significa que você provavelmente tem cafeína no corpo se tomou café nas últimas dez horas. Todos necessitam encontrar seu próprio limite — para mim, é aproximadamente às três da tarde. Se eu beber café depois disso, tenho problemas para dormir. Eu (tento) beber dois cafés por dia e também cortei o chá preto.

Tome muito cuidado ao tomar cafeína pura em pó ou cápsulas, coisa que alunos de todo o mundo costumam fazer para ficarem acordados durante as sessões de estudo noturnas. A Food and Drug Administration (FDA) dos Estados Unidos adverte que "uma colher de chá de cafeína em pó pura é equivalente à quantidade de cafeína em cerca de 28 xícaras de café normal". É muito mais fácil ingerir uma superdose de cafeína utilizando-a pura (ou em cápsulas) do que em bebidas; e isso pode ser uma causa oculta, mas significante, dos efeitos colaterais citados.

Além das cápsulas, também é aconselhável limitar a quantidade de cafeína a que crianças e adolescentes são expostos: bebidas energéticas são uma preocupação particular. Já em 2013, um grupo de cientistas interessados enviou uma carta[52] ao comissário da FDA afirmando que "a melhor evidência científica disponível demonstra uma correlação robusta entre os níveis de cafeína em bebidas energéticas e as consequências adversas para a saúde e a segurança, particularmente entre crianças, adolescentes e jovens adultos".

Embora a maioria das diretrizes sejam retiradas de pesquisas em adultos — porque simplesmente não temos bons dados o suficiente sobre cafeína e crianças —, vale a pena saber quão baixos são esses limites. De acordo com a Health Canada, um limite recomendado de 2,5 mg/kg por dia se traduz nos seguintes limites aproximados:

- 4-6 anos: 45 miligramas por dia
- 7-9 anos: 62,5 miligramas por dia
- 10-12 anos: 85 miligramas por dia

Uma única bebida energética excede claramente qualquer um desses limites.

Se optar por diminuir o consumo de cafeína, vá devagar. A abstinência pode causar sonolência, fadiga, problemas de concentração e sintomas parecidos com os da gripe. É melhor ir aos poucos e de maneira estável, além de consultar o seu médico caso tenha problemas.

Álcool

Outro fator que pode impactar na sua energia e fadiga é o álcool. Quando passam muitas horas sozinhas ou se sentem isoladas socialmente, muitas pessoas percebem que seus comportamentos com relação à bebida mudam.

> Se os seus hábitos de beber mudaram, é importante entender os motivos. Talvez esteja bebendo para aliviar a ansiedade ou o tédio ou para se relacionar com as pessoas.

Sabemos que o consumo de bebida alcoólica pode aumentar quando as pessoas passam por situações estressantes. Os serviços de dependência da Nova Zelândia relataram um aumento no consumo de álcool, maconha e jogos de aposta on-line durante o primeiro período da quarentena[53] — mas é um problema que existia antes da pandemia e que continuará muito depois dela também.

Beber uma cerveja no final de um dia difícil não é por si só uma coisa ruim. O importante é considerar o quanto seu consumo geral aumentou, quanto tempo planeja continuar nesse estado e se há algo que possa fazer em vez de beber.

Um problema é que as pessoas subestimam muito o quanto bebem. Embora o consumo de duas bebidas por noite possa não ser considerado uma "bebedeira", essa quantidade aumenta nosso risco de adoecer de várias maneiras diferentes. Pessoas que bebem mais de um copo de vinho por dia (e não um dos grandes) têm maior risco de doenças graves de maneiras que muitas vezes não podemos quantificar até ficarmos doentes.

O álcool altera os níveis de serotonina e de outros neurotransmissores no cérebro, o que pode exacerbar a ansiedade. Na verdade, você pode ter ainda mais ansiedade depois que o efeito passar. A ansiedade induzida pelo álcool pode permanecer por várias horas ou até mesmo por um dia inteiro após a ingestão. Além disso, beber mais também pode nos tornar menos cuidadosos ou responsáveis sobre coisas como praticar sexo seguro ou tomar boas decisões, como não dirigir bêbado.

Não importa qual seja a sua razão para beber, é importante lembrar que quanto mais bebe, provavelmente mais beberá. E à medida que aumentamos o nosso consumo de álcool, corremos o risco de aumentar o nosso limite, ou o que agora pensamos ser um nível normal de consumo de álcool. Aquele copo pode se tornar dois copos quase todas as noites. E talvez mais. E isso pode normalizar um hábito que achamos difícil de abandonar, especialmente porque a incerteza e as restrições podem continuar por algum tempo.

Então, sim, o álcool pode ser bom a curto prazo — é uma maneira culturalmente aceitável de relaxar em muitos lugares e sociedades do mundo. É uma daquelas coisas que muitas pessoas fazem. Mas não é muito sustentável, porque cada vez que toma uma bebida a mais, você perde os benefícios do prazer.

Algumas pessoas acham que "beber para relaxar" — no fim do dia, depois de um dia difícil no trabalho — no final das contas não funciona. E uma vez que passam alguns dias sem beber, elas muitas vezes percebem que gostam de como se sentem e continuam não bebendo — não necessariamente para sempre, mas pelo menos por um tempo.

Você está questionando o lugar do álcool em sua vida?

Se estiver questionando o lugar do álcool em sua vida, você não está sozinho. Mais pessoas estão fazendo a mesma pergunta: estamos no ponto crítico do consumo de álcool?

Quando consumido de forma responsável, ele encontra um lugar na vida de muitas pessoas como uma maneira agradável de socializar. Para outras, há um lado mais sombrio: o consumo compulsivo de álcool, o vício, os problemas de saúde cumulativos e agudos, além da violência.

No cenário menos preocupante, você bebe para mascarar a dor ou o tédio da vida cotidiana. Talvez se veja perdendo horas do dia, ou os outros percebam que você está presente fisicamente enquanto está bebendo, mas não psicologicamente — o que não o torna uma boa companhia. Na pior das hipóteses, problemas com o álcool acarretam danos duradouros nos usuários, por meio da violência contra o parceiro ou parceira, agressão a trabalhadores da emergência do hospital durante a madrugada ou desordem pública. Pode arruinar carreiras, acabar com casamentos e causar vergonha e culpa (privada ou pública), não apenas para quem bebe, mas também para as pessoas próximas.

Talvez todos esses desincentivos estejam se somando e levem-no a fazer escolhas diferentes. Você tem bebido menos álcool do que antes e se sente melhor por isso? Ou tomou uma decisão consciente de reduzir, ou parar completamente com o álcool? Talvez você tenha decidido ser abstêmio e continua assim por algum tempo.

Se alguma das opções acima se aplica, você definitivamente não está sozinho nesse contexto. Você poderia até dizer que fazia parte de um movimento social silencioso que nos empurrava para um ponto crítico, em que o papel do álcool como uma droga onipresente, socialmente licenciada e sancionada em nossas sociedades está sob crescente escrutínio.

Os jovens estão bebendo menos álcool do que nunca. Se você tem idade suficiente para se lembrar da década de 1990, beber era parte integrante da juventude. Novas misturas à base de sucos de frutas introduziram uma nova maneira de consumir álcool (lembra os *alcopops?**), e a cultura de pubs e bares estava ligada a festas e demonstrações públicas socialmente santificadas de embriaguez.

---

*   (N. T.) No Brasil, as marcas mais conhecidas desse tipo de bebida são Keep Cooler e 51 Ice.

O cenário hoje é diferente, mas complexo. O número de consumidores de álcool diminuiu em muitos lugares do mundo, mas isso porque eles provavelmente tinham uma alta taxa de consumo de álcool antes. Em outros lugares, como a China e a Índia, as taxas aumentaram, assim como a disponibilidade de produtos alcoólicos comercializados.

Não surpreende, então, que os jovens estejam conduzindo uma tendência para uma maior sobriedade em algumas áreas do mundo. Em 2005, 60% das pessoas de dezesseis a 24 anos pesquisadas pelo Escritório Britânico de Estatísticas Nacionais (ONS) disseram que haviam bebido na semana anterior. Em 2017, essa proporção havia caído para 50%. Pesquisas[54] suecas mostram declínios entre 2004 e 2012, da ingestão leve à pesada, juntamente com diminuições nas taxas de consumo excessivo e aumentos no número de pessoas que se definem como não consumidoras.

Por que isso está acontecendo?

Uma teoria é que a cultura juvenil agora está conectada de maneiras diferentes — eles não se unem apenas por meio do uso de álcool. Os pubs e bares já não são os centros de conexão social que costumavam ser: a tecnologia on-line e os dispositivos conectados o tempo todo dão aos jovens mais opções de manter contato uns com os outros e menos oportunidades para desenvolverem certos comportamentos e problemas com bebidas.

Em um estudo realizado no Reino Unido com estudantes universitários[55], mesmo em ambientes onde outras pessoas estavam bebendo, 44% dos estudantes disseram que socializavam sem beber em ocasiões sociais nas quais seus colegas bebiam. Eles também relataram benefícios como maior produtividade e também maior autoestima. O estudo também encontrou evidências de que ficar sóbrio ao sair para socializar com amigos que bebem pode ser mais comum do que imaginamos.

Para algumas pessoas, o confinamento durante a pandemia também serviu como oportunidade para experimentar reduzir o consumo de álcool — embora, para outras, o consumo social de bebidas alcoólicas durante as chamadas do Zoom tenha aumentado. Eventos como Janeiro Seco* e Julho Seco (dependendo do seu hemisfério global) tornaram-se mais visíveis culturalmente nos últimos anos. É uma maneira de pessoas em subculturas dominantes, onde beber é a norma, experimentarem limitar o seu consumo de álcool de uma forma culturalmente aceitável. Embora menos comuns do que costumavam ser, essas subculturas dominantes certamente ainda existem. Ainda há um estigma significativo associado à escolha de não beber. As pessoas sofrem uma séria pressão dos colegas para se adaptarem, tendo uma sensação de "não pertencimento" se não beberem.

Quaisquer que sejam as suas razões, há boas evidências de que você também pode ter benefícios ao mudar seus hábitos de consumo de bebidas alcoólicas. O álcool pode interagir com vários medicamentos e apresentar desafios de saúde que se tornam mais comuns à medida que envelhecemos. Você precisa ter cuidado com a bebida se estiver tomando medicamentos para pressão alta, insônia, ansiedade, dor, diabetes, colesterol alto, depressão ou distúrbios psicóticos (para citar apenas alguns).

O aumento do interesse por estilos de vida mais saudáveis certamente está impulsionando o interesse por formas alternativas de encontrar alegria e diversão que não envolvam álcool — como a cultura do café, fornecendo um espaço alternativo para as pessoas

---

* (N. T.) Ou "Dry January", foi criado pela ONG britânica Alcohol Change United Kingdom e incentiva as pessoas a não beberem álcool por um mês no início do ano. Além de servir de detox para as festas de fim de ano, estudos mostram que os efeitos benéficos dos 31 dias de abstinência se estendem pelos meses posteriores. Disponível em: veja.abril.com.br/saude/janeiro-seco-conheca-os-beneficios-de-abster-se-de-alcool-por-1-mes/.

socializarem em um ambiente onde o álcool não é tão dominante. Talvez as gerações mais velhas possam aprender algo com as gerações mais jovens, que parecem ser menos dependentes da necessidade de álcool para socializar, e parecem capazes de seguir seu próprio caminho de não beber, mesmo quando outros ao seu redor estão bebendo.

Pense em comportamentos com os quais você se acostumou ao longo do tempo e se isso é algo que deseja continuar. Talvez os dias sem álcool já façam parte da sua vida. Caso contrário, introduzir alguns dias sem beber durante a sua semana pode ser um bom ponto de partida.

As pessoas têm dificuldades em tempos incertos, e não é errado procurar maneiras de lidar com isso. Mas é bom diversificar as formas de lidar que você tem na sua caixa de ferramentas.

Lidar *versus* curar

Quando tentamos descobrir uma saída para uma situação difícil, nos envolvemos em um processo de avaliação: qual é a ameaça e o que vou fazer a respeito? Em seguida, nos envolvemos nas maneiras de enxergar o problema em nossa reação emocional a ele — ou ambos — focando o problema ou a emoção. Se pensarmos no enfrentamento como reação e resiliência a curto prazo, então podemos contrastá-lo com a cura.

A cura tem menos a ver com lidar com o que nos causa estresse a curto prazo, e mais com prevenir e aliviar as causas profundas do nosso estresse a longo prazo. Precisamos nos perguntar: o que está causando nossos problemas? Podemos nos comprometer a mudá-los, aceitá-los ou deixá-los para trás?

Quando lidamos com incerteza e fadiga, precisamos dessas abordagens de curto e longo prazo; enfrentamento e cura. Apenas quando temos o devido cuidado e damos atenção às soluções básicas de manutenção e de longo prazo podemos realmente nos preparar para permanecer firmes.

Lidando juntos

Com muitos dos problemas que mencionei neste livro, ou aqueles que enfrentamos em nossa própria vida, precisamos agir para nos sentirmos melhor a curto prazo ou tentar corrigir o problema assim que ele surge. Essa abordagem de mitigação tem muito a ver com lidar com a ameaça imediata. Estrutura e empatia podem orientá-lo a se preparar para melhores práticas que facilitem não apenas o enfrentamento, mas também a cura a longo prazo — elas estabelecem uma plataforma para curar e prosperar neste mundo moderno e imprevisível.

Mas há um outro caminho que você precisa considerar: o que podemos fazer juntos para ajudar a resolver os problemas que nos atingem hoje e que as novas gerações enfrentarão no futuro? Podemos nos unir coletivamente para fazer o que não conseguimos sozinhos?

Em todo o mundo, as pessoas chegam à conclusão de que a ação coletiva é necessária. Já vimos isso muitas vezes — por exemplo, o movimento dos direitos civis nos anos 1950 e 1960, uma luta por justiça social para os negros norte-americanos ganharem direitos iguais sob a lei nos Estados Unidos. Ou as sufragistas, o movimento de mulheres ativistas no início do século XX que lutou pelo direito ao voto.

As pessoas estão se unindo para exercer seu poder de impacto social: influenciar empresas e governos para mudar suas políticas e produtos para que parem de prejudicar nosso bem-estar. As pessoas estão usando seu poder de compra, sua capacidade de boicotar certos bens e serviços, para pressionar CEOs e conselhos a prestarem atenção às preocupações sobre as características de seus bens que têm efeitos negativos sobre o bem-estar próprio ou o da comunidade.

Pense nos veículos elétricos em detrimento dos motores a combustão, nas pessoas que saem do Facebook e que param de investir em empresas que poluem o meio ambiente.

Para tomar uma ação coletiva, você precisa pensar além do que pode alcançar por conta própria. Logo, é necessário puxar alavancas diferentes — alavancas que você só poderá alcançar e só poderá ter força o suficiente para puxar se as pessoas agirem juntas.

Ao prestar atenção em onde nossos interesses individuais se cruzam com os dos outros em nossas comunidades, podemos começar a reunir conhecimento e recursos para criar planos e executar ações que são do nosso melhor interesse coletivo. Agir em conjunto é olhar além do enfrentamento individual de curto prazo para criar uma cura a longo prazo, que tire o foco dos lucros e priorize o bem-estar da comunidade em uma escala verdadeiramente global.

Como cuidar das suas necessidades básicas

- Boa alimentação, exercício físico e sono são fundamentais para cuidar de si mesmo e dos outros em tempos incertos;
- Limite o tempo de tela antes de ir para a cama para ter uma boa noite de sono;
- Limite o número de vezes que verifica portais de notícias e redes sociais a uma ou duas vezes por dia — verificar com mais frequência pode aumentar a ansiedade;
- Tente se expor diretamente à luz solar por trinta minutos antes do meio-dia — caminhe ou trabalhe perto de uma janela —, isso ajudará o seu relógio biológico a encontrar o ritmo;
- Esteja ciente da quantidade de cafeína e álcool que você consome durante o dia;
- Experimente passar alguns dias sem álcool durante a semana;
- Conecte-se com outras pessoas da sua comunidade para tomar medidas coletivas para o bem-estar global.

capítulo 14

o lado bom
da ansiedade

Seu casulo protetor

Quando não estamos vivendo em crise, parece haver (e, de fato, é necessário) um certo tipo de estabilidade para podermos seguir a vida diária sem nos tornarmos tão ansiosos a ponto de ficarmos paralisados ou impedidos de funcionar bem.

Os filósofos chamam esse sentimento de estabilidade do nosso senso de *segurança ontológica*[56], e ela depende de três fatores:

1. A sensação de ter um lar estável;
2. Um sentimento de que a natureza é benigna ou, pelo menos, não ameaçadora;
3. Um sentimento de que o nosso contato com a sociedade e com os demais cidadãos não é prejudicial e, de preferência, positivo.

Parece que ter todos esses fatores nos permite andar e conduzir a vida em um pequeno casulo protetor. Não é como se o mundo fosse um lugar menos perigoso, mas não temos mais que cuidar de cada pequena coisa em nossa vida como se fosse uma ameaça sobre a qual temos que fazer algo. Se fosse assim, estaríamos constantemente apagando os incêndios causados pelos nossos problemas e não teríamos tempo ou energia para fazer outra coisa. Basicamente, o casulo protetor nos permite ligar o piloto automático e continuar a vida. Mas e se um ou mais desses fatores mudarem?

Você já viu um acidente de carro? É muito provável que sim. Quando isso acontece, por um momento o risco de dirigir ganha vida — não de forma abstrata, mas de maneira vívida, tangível e terrível. Por um momento, o mundo não é benigno, e o perigo atravessa nosso casulo protetor. Você pode reduzir a velocidade e observar o que aconteceu. E então pode seguir em frente, muito mais devagar do que antes.

Mas quanto tempo dura esse novo comportamento? Perguntei isso a muitas pessoas em palestras que participei, e a resposta geral é: alguns minutos. Por um breve período, o acidente perfura nosso casulo protetor e ameaça nosso senso de segurança ontológica. Mas, rapidamente, nossa percepção de invulnerabilidade volta e logo aceleramos outra vez.

Dessa forma, estamos envolvidos em um ato de equilíbrio constante — reconhecemos o risco, mas evitamos ficar focados nele. Fazemos um balanço das possibilidades sem permitir que a conscientização delas nos impeça de continuar o que estamos fazendo. Temos que desenvolver nossa capacidade de seguir em frente com as coisas, ou a vida nos paralisará completamente enquanto verificamos cada detalhe insignificante quanto ao risco.

Vamos investigar essa ansiedade em algumas de suas várias formas, aprender a gerenciá-las melhor e sair do modo de ameaça com mais prontidão.

Ansiedade persistente

Mesmo se pensarmos em testemunhar aquele acidente de carro outra vez, na maioria das vezes estaremos bem para dirigir. Mas, às vezes, ele pode nos afetar mais profundamente. Podemos evitar fazer certas rotas ou passar por lugares que consideramos arriscados ou propensos a acidentes. Em outras situações em que a nossa bolha de proteção é furada, podemos evitar lugares, atividades ou situações, ou nos preocupamos de modo excessivo com questões fora do nosso controle.

Por trás de tudo isso há uma necessidade de certeza que não está sendo atendida, e é improvável que seja por algum tempo — juntamente com a crença de que ter mais informações, mudar nosso comportamento ou fazer vista grossa ajudará a aliviar a ansiedade e a preocupação. Infelizmente, grande parte da vida é imprevisível, ou não pode ser prevista com certeza. Assumir que a certeza é possível é o que sustenta a ansiedade.

É importante lembrar que, para a maioria das pessoas, essa ansiedade de baixo grau, e possivelmente persistente, não interferirá em suas vidas, e é provável que desapareça e se incendeie apenas quando passarmos por outra experiência que fure nossa bolha por um momento. Mas, quando ela é tão forte que interfere em nossa capacidade de levar nossa vida normalmente, isso pode ser considerado um transtorno de ansiedade.

Há um caminho para sair desse padrão cíclico de busca por certezas. Em vez de tentar controlar as coisas ou ignorar seus pensamentos e sentimentos, você pode aprender a se deparar com eles de uma maneira razoável.

A ansiedade é uma emoção humana comum quando nos deparamos com possíveis perigos; mas, quando as interações ou situações rotineiras parecem uma ameaça, ela pode começar a limitar a vida cotidiana. Nessa situação, superestimamos a probabilidade de que algo ruim aconteça conosco e subestimamos nossa capacidade de lidar com o problema. Aqui estão algumas dicas para ajudá-lo a ter mais consciência de como suas preocupações e ansiedade podem impulsionar seu comportamento, para que você possa tomar medidas para se sentir mais no comando, mesmo que não possa ter alguma certeza em sua vida agora.

- **Compreenda a sua ansiedade.** Mantenha um diário de quando ela está em seu melhor — e pior. Descubra os padrões e planeje a sua semana, ou dia, para lidar proativamente com a sua ansiedade;
- **Saiba que não está sozinho.** A ansiedade é uma resposta humana natural a situações que podem incluir algum tipo de ameaça, real ou percebida. Ela pode ajudá-lo a se preparar bem para eventos importantes e ter cuidado em situações que realmente são arriscadas. É importante aprender a tolerar certa ansiedade e esperar por ela, mas também é necessário reconhecer quando ela se torna inútil — e tomar medidas para combatê-la;
- **Aprenda com os outros.** Falar com outras pessoas que também lutam contra a ansiedade — ou que estão passando por algo semelhante — pode ajudá-lo a se sentir menos sozinho;
- **Exponha-se gradualmente.** Dar pequenos passos para enfrentar a coisa pela a qual você está ansioso e construir sua confiança para lidar com isso é chamado de exposição gradual. Quando você confronta um medo fazendo o que tem evitado, sua reação de luta ou fuga será ativada. Mas se você ficar tempo suficiente na situação que o incomoda, essa reação — e também a ansiedade — diminui. Normalmente, você descobre que seu medo era injustificado, o que é uma experiência fortalecedora. Se você insistir na atividade ou continuar por mais tempo cada vez que tentar, sua ansiedade ainda aumenta no início de cada vez, mas não tanto quanto antes. Quando você faz a coisa que o incomoda repetidamente, sua ansiedade desaparece mais depressa a cada vez. Em determinado momento, você descobre que pode fazer muito mais do que antes, sem se preocupar com isso;
- **Por fim, seja gentil consigo mesmo.** Lembre-se: você não é a sua ansiedade. Você não é fraco. Não é inferior. Celebre pequenos atos de coragem. Evitar o que o deixa ansioso traz algum alívio a curto prazo, mas pode torná-lo mais ansioso a longo prazo. Tente lidar com algo que deixa você ansioso — mesmo de uma

forma modesta. Superar a ansiedade é aprender que o que você teme não é o mais provável de acontecer — e mesmo que aconteça, você é capaz de lidar com isso.

Você não precisa fazer tudo isso de repente. É um processo gradual, e você pode fazer no seu próprio ritmo. Nós humanos somos seres sociais, mas também temos nossas próprias necessidades de segurança e de sentir que também temos controle individual. Se parece um passo grande demais, então não tenha pressa.

Ansiedade existencial

Em 1844, o filósofo dinamarquês Søren Kierkegaard escreveu: "Aquele que aprende a angustiar-se corretamente aprendeu o que há de mais elevado".

Eu não sou nenhum Kierkegaard, mas acho que ele pode ter alguma razão. A ansiedade vivida nestes tempos modernos de incerteza pode parecer diferente, mais profunda, e vai além, talvez, do seu medo ou ansiedade habitual sobre os problemas do dia a dia. Parece mais existencial.

Existencial é definido como relacionado ao nosso modo de vida; e, neste caso, nossos sentimentos de desconforto sobre significado, escolha e liberdade na vida. Qualquer que seja o nome, as principais preocupações são as mesmas: a vida é inerentemente inútil; nossa existência não tem significado porque há limites; e todos nós devemos morrer um dia.

Pode parecer bastante sombrio, mas não é uma experiência incomum. É que não falamos muito sobre isso, e quando a vivenciamos, sentimos que estamos sozinhos, então a escondemos.

Uma crise existencial geralmente ocorre após grandes eventos da vida, como uma mudança de carreira ou de emprego, a morte de um ente querido, o diagnóstico de uma doença grave ou com risco de vida, um aniversário significativo, uma experiência trágica ou traumática, o nascimento dos filhos, divórcio ou mesmo o casamento.

Os existencialistas consideram uma crise existencial como uma jornada, uma experiência necessária e um fenômeno complexo. Vem de uma consciência de nossas próprias liberdades e de como a vida acabará um dia.

Essa jornada pode nos revelar que onde antes havia estrutura e familiaridade, agora há mistério, falta de familiaridade, uma sensação de desconforto e de que, de alguma forma, as coisas não se encaixam mais tão bem.

Onde havia certeza, agora há incerteza e imprevisibilidade, o que significa que precisamos encontrar nosso caminho novamente em um lugar e tempo que nos parecem desconhecidos. O que nos servia como rotas de navegação em nossas vidas talvez não nos sirva mais, e nos perguntamos o que acontece agora, com poucos elementos no roteiro que podem nos ajudar.

Estranhamente, esse senso de ansiedade existencial pode ter piorado com a flexibilização das restrições e a volta de alguma forma de vida regular após o confinamento inicial causado pela Covid-19. Durante a quarentena, as estruturas fornecidas pelo governo nos deram algum senso de certeza, pelo menos na Nova Zelândia, e frases como "a equipe de cinco milhões de pessoas"[*] ajudaram os cidadãos a se unirem.

Pesquisas mostram que a conexão, especialmente por meio da ação coletiva, pode mitigar o impacto dos desastres em nossa saúde mental e em nosso senso de controle.

Assim que as restrições foram flexibilizadas, a Nova Zelândia era quase um ponto fora da curva no cenário mundial. O nosso afastamento geográfico aliado a restrições de viagem que dificultam

---

[*] (N. T.) Alusão ao número de habitantes na Nova Zelândia.

a logística para chegar até aqui (e sair também) podem contribuir para uma sensação de isolamento e solidão coletiva. Isso pode nos levar a questionar qual o significado dessa ação coletiva se após ela nos resta a incerteza.

Mas, e se essa ansiedade não fosse apenas com relação à pandemia? E se for desencadeada por qualquer evento significativo que gerasse um grande grau de incerteza para nós, abalando as convicções em nossa vida para que ela não fizesse mais sentido? E se não fosse preciso resolver essa ansiedade? Os existencialistas argumentariam que a ansiedade é uma parte inevitável da vida que todos viverão — então talvez não seja algo que pretendemos eliminar; talvez precisemos aprender a viver com ela.

Em todo o mundo, muitas pessoas descobriram que a crise da Covid-19 as ajudou a perceber o que é realmente importante em suas vidas — coisas básicas como saúde, relacionamentos, um lugar seguro e acolhedor para chamar de lar, dignidade, liberdade, a capacidade de se alimentar e pagar as contas.

Dessa forma, uma crise existencial, não importa qual seja a causa, pode levá-lo a uma maior autenticidade; mas também pode trazer ansiedade à medida que você busca seu significado. Agora que a familiaridade da vida desapareceu, você pode se perguntar o que de fato é a vida. Pode ter pensamentos sobre a fugacidade da nossa existência e como você está vivendo. Quando deixa de tomar como certo que acordará vivo a cada dia, você pode sentir ansiedade, mas ser tomado por um significado mais profundo também. Na verdade, são os dois lados da moeda.

Por causa disso, cada um de nós deve encontrar uma maneira de viver com essa ansiedade em vez de tentar eliminá-la. Passar por uma crise existencial também pode ser positivo; pode levá-lo a questionar seu propósito na vida e ajudar a fornecer orientação.

Então, como transformar uma crise existencial em uma experiência melhor para você ou alguém próximo?

1. **Escreva.** E se essa ansiedade existencial o impulsionasse e guiasse para uma vida mais autêntica? E se essa ansiedade pudesse lhe ensinar sobre a sua conexão com o mundo e com as pessoas com quem você se importa? Pegue seu diário e escreva suas reflexões sobre essas perguntas. Nas respostas, você pode descobrir como lidar com uma crise existencial;
2. **Procure ajuda.** Quando você fala com os seus entes queridos, pode ter uma perspectiva diferente sobre a sua ansiedade existencial. Pode se lembrar da influência positiva que você teve na vida de outras pessoas. Todos nós gostamos de um feedback positivo; por isso, certifique-se de pedir para que elas o ajudem a destacar suas qualidades mais admiráveis. Se achar difícil, você pode, em vez disso, encontrar um profissional de saúde mental confiável e qualificado e talvez refletir sobre o que está incomodando você;
3. **Medite.** A meditação pode ajudá-lo a reduzir a influência de pensamentos negativos em sua vida interna. Também pode ajudar a prevenir a ansiedade e a preocupação persistente ligada a uma crise existencial. A meditação é uma boa maneira de praticar o convívio com pensamentos desconfortáveis, uma vez que aprender a reconhecer esses pensamentos e depois deixá-los ir ajuda a aumentar seu senso de controle sobre eles. Uma das formas mais comuns é a meditação de atenção plena, que embora não seja uma panaceia universal, parece ser benéfica para as pessoas que se deixam levar pelas ruminações obsessivas e reviram preocupações em sua mente com frequência. Confira o exercício de respiração consciente no capítulo 1.

A meditação pode ser benéfica; no entanto, pesquisas mais recentes descobriram que não funciona para todos. Se você quiser tentar, um bom lugar para começar são as meditações guiadas gratuitas disponíveis em aplicativos para celular.

Não há tratamento específico para lidar com a ansiedade existencial, mas há tratamentos que podem ser úteis. Por exemplo, a TCC e a medicação podem ajudar nos sintomas de ansiedade, depressão e outros problemas de saúde mental que podem acompanhar a ansiedade existencial, incluindo pensamentos suicidas.

No fim das contas, aprender a viver com essa ansiedade existencial pode ser entendido como adaptação em vez de recuperação. Adaptação significa ser capaz de se mover constantemente à medida que as condições mudam, em vez de tentar se recuperar para algum ponto fixo imaginário que pode ou não acontecer.

A recuperação implica que tudo isso terminará em algum ponto fixo no tempo e que podemos, de alguma forma, voltar para onde estávamos antes em termos de nossos estilos de vida, nossos objetivos e sonhos, bem como aspectos mais amplos, como a economia e seu foco.

Ainda não sabemos como a incerteza que desencadeou nossa ansiedade vai se desenrolar, mas podemos ter certeza de que continuaremos a senti-la e que precisamos viver com ela com segurança.

Construindo a resiliência com o lado bom

Quando grandes eventos da vida ocorrem, podemos ter de responder com grandes mudanças em nosso estilo de vida. Embora alguns deles sejam negativos, pode haver aspectos da sua vida dos quais você desistiria com prazer. Algumas pessoas descrevem não ter mais a pressão de uma carreira de alto desempenho como uma libertação; elas sentiram alívio por não precisarem viver de acordo com as altas expectativas.

E, embora você possa ter de desistir de algumas coisas, também ganhará outras. O que aprendeu sobre si mesmo, em tempos passados de mudança, e quer levar adiante em sua vida? Como as mudanças forçadas em suas circunstâncias de vida levaram-no a uma maior autenticidade e compreensão do que é importante para você?

Encontrando valor na mudança

As cinco ideias abaixo vão ajudá-lo a pensar sobre o que você gostava ou valorizava durante um período de grandes mudanças e o que quer levar consigo à medida que avança. Escreva o quanto quiser.

1. Pense num momento recente da sua vida em que tenha passado por mudanças significativas. Talvez tenha sido a perda de um emprego, ou mesmo a experiência da pandemia. Escreva sobre alguém ou algo que tenha sido muito importante para você durante a sua experiência de viver esse momento de mudança;

2. Escreva sobre três coisas pelas quais tem sido grato ao longo desse período e por quê;

3. Faça uma lista de dez coisas que gostaria de saber antes de embarcar nessa mudança;

4. Escreva sobre uma coisa que fez nas últimas semanas da qual se sente orgulhoso;

5. Escreva aproximadamente dez coisas para as quais diria sim e dez coisas para as quais diria não, se precisasse fazer de novo.

Fale sobre suas descobertas com a família e amigos. Ao identificar os benefícios, você pode fazer mudanças sutis para viver mais alinhado com o que é realmente importante para você. Isso também vai ajudá-lo a se preparar para o futuro, sobretudo se acabar enfrentando incertezas em sua vida novamente. O que é muito provável.

Refletindo, algumas pessoas relatam a percepção de que não estavam passando tempo suficiente com seus filhos e pensaram em como isso poderia ser diferente no futuro. Algumas descobriram que amavam ou odiavam trabalhar em casa. Outras traçaram seus planos para a aposentadoria, pois descobriram que não são definidas pelas identidades que há tanto tempo estão ligadas à sua profissão, carreira ou função no trabalho — o tempo longe do trabalho fazendo outras coisas abriu seus olhos para possibilidades pessoais. Não importa o que tudo isso pareça para você; é provável que mude a maneira como fará as coisas no futuro.

Os impactos a longo prazo: conexão e coesão são fundamentais

Então a ansiedade existencial, ou desafios crônicos ou episódicos, significa que vamos precisar de um vasto programa de saúde mental para ajudar as pessoas a lidar com os impactos de grandes ou repetidas mudanças na vida individual e na sociedade? Ou precisamos de outra coisa?

Embora a pandemia seja — ou talvez tenha sido, no momento em que você lê este livro — uma crise muito diferente em comparação com aquelas que muitos lugares do mundo enfrentaram recentemente, o que já sabemos sobre passar por uma crise é relevante e útil. Precisamos pensar sobre o que impulsiona os problemas comuns de saúde mental, a fim de descobrir a melhor maneira de ajudar a nós mesmos e uns aos outros.

Quando falamos de desastres ou crises, muitas vezes focamos a interrupção e o estresse causados pelo evento em si — o tornado, o furacão, o terremoto. No rescaldo imediato de um desastre, sabemos que os sobreviventes podem ter uma variedade de sintomas psicossociais, como estresse, luto, depressão e ansiedade. Estudos mostram que enquanto a maioria experimenta o sofrimento passageiro, grande parte das pessoas, em dado momento, com recursos apropriados e assistência significativa, retorna a um padrão relativamente estável e saudável de funcionamento. Isso não quer dizer que essas pessoas não se sintam ansiosas ou tristes de tempos em tempos, mas que essas são respostas comuns gerenciadas razoavelmente bem quando as pessoas têm acesso ao apoio social de que precisam e têm suas necessidades básicas atendidas.

Há claramente a necessidade de oferecer apoio ao bem-estar mental para muitos dos afetados por uma grande crise, incluindo, por exemplo, pacientes que tiveram experiências realmente difíceis, e aqueles que sofrem problemas de estresse pós-traumático depois de um grande esforço para ajudar outras pessoas em circunstâncias muito difíceis. Da mesma forma, as pessoas que têm condições de saúde prolongadas, e aquelas que lhes dão suporte, também podem precisar de apoio prático e mental.

Para outras que estão batalhando e sentem que não têm recursos pessoais para lidar de maneira efetiva, existe a possibilidade de serviços de saúde mental e medicamentos prescritos, se for o caso. Mas, em vez de simplesmente tratar os sintomas, faz sentido olhar para as causas e fazer algo sobre elas também. E essas causas existem na vida moderna desde muito antes dos tempos pandêmicos.

A solidão já é um grande desafio à saúde mental em nossa sociedade cada vez mais individualista. Sabemos que nosso nível de conexão com os outros determina como desenvolvemos um senso compartilhado de propósito e significado como indivíduos, famílias e comunidades. Pesquisas mostraram que o fato de simplesmente saber que você pode pedir R$100,00 emprestados em um momento de necessidade ajuda a reforçar a sensação de que não estamos sozinhos, fortalecendo nosso bem-estar.

Mas a solidão não se trata apenas de isolamento, e se sentir sozinho não é a mesma coisa que ser solitário. A solidão é uma experiência de desconexão. É a crença de que ninguém realmente o entende e que você não tem as conexões substanciais que gostaria em sua vida. Você pode se sentir só em uma multidão, assim como pode se sentir perfeitamente bem, até mesmo aliviado, ao passar um tempo sozinho. Esse sentimento de desconexão nos machuca, porque sabemos que um bom nível de apoio social e conexão nos protege das piores consequências de passar por uma crise.

Nesses casos, faz pouco sentido tratar a ansiedade de maneira isolada. Fornecer apoio social e construir um senso de conexão será um longo caminho para abordar a solidão e aliviar a ansiedade. Verifique o capítulo 10 "Mantendo a conexão" para saber mais sobre o assunto.

Como combater a ansiedade persistente

- Saiba que é normal sentir ansiedade;
- Mantenha um diário de sua ansiedade, não apenas quando ela estiver difícil, mas também quando for controlável;
- Dê pequenos passos para confrontar o que está preocupando você — enfrente seu medo pouco a pouco;
- Seja gentil consigo mesmo — celebre seus pequenos atos de coragem;
- Peça ajuda e fale com outras pessoas que estiveram em uma situação parecida;
- Mantenha-se conectado com as pessoas que são importantes para você;
- Pratique pequenos atos de atenção plena e se reerga a partir deles.

capítulo 15

encontrando sua bússola interior em um mundo incerto

Como podemos nos agarrar a um senso de esperança sobre o futuro e avançar de modo significativo, apesar da persistente incerteza e mudança?

Não importa o momento em que este livro o encontre; não tenha pressa em compreender que você pode estar passando por um período de mudanças. Lembre-se: todos nós temos experiências únicas, durante essas mudanças que acontecem constantemente ao nosso redor, e diferentes níveis de tolerância à incerteza.

A incerteza constante impulsiona uma recalibração e realinhamento dos três sistemas (de ameaça, tranquilizante e de impulso ou motivação) explicados no capítulo 1. Quando o mundo muda, você precisa descobrir como encontrar um novo equilíbrio entre o acelerador e o freio e, em seguida, como ativar o sistema de impulso para avançar.

É aqui que você precisa de uma bússola que vai guiá-lo por meio do território inexplorado de uma maneira alinhada com a forma como você deseja viver sua vida. E a melhor bússola é o seu sistema de valores.

Seus valores conduzem seu comportamento e suas escolhas. Você já sentiu aquele desconforto no estômago quando acaba fazendo algo, no trabalho ou em casa, que não lhe agrada? Isso é o seu corpo lhe dizendo que você se comportou de uma maneira que não condiz com os valores que preza. Você pode ignorá-lo e seguir em frente — o que às vezes é preciso, a curto prazo —, ou pode reavaliar o seu comportamento para que esteja de acordo com os seus valores. Mas, primeiro, talvez você tenha que sentar e descobrir quais são esses valores.

Então, como você pode desenvolver uma melhor consciência dos seus valores fundamentais e ajustar a forma como eles vão orientá-lo durante tempos incertos? Pensando na pandemia, pergunte-se: do que mais gostei quando saímos do confinamento? O que gostaria de levar comigo da quarentena para a próxima fase da minha vida? As respostas podem lhe dar uma pista sobre o que mudou para você.

Para alguns, pode ser a possibilidade de passar mais tempo com as crianças e a família. Para outros, a capacidade de entender, e talvez mudar suas atitudes, sobre a dignidade e o valor de muitos trabalhadores, como empilhadores de prateleiras, faxineiros e trabalhadores de armazéns, bem como aqueles que trabalham na área da saúde. Talvez a sociedade tenha sido forçada a compreender mais claramente o que é trabalho "essencial". Talvez você se lembre das pessoas que lhe permitiram comprar comida para a sua família.

As experiências do confinamento também podem ajudar a incentivar um senso de responsabilidade e dever cívico — se as pessoas puderem relacionar sacrifícios pessoais ou desconforto com o bem público mais amplo para o qual todos contribuímos.

Talvez você seja alguém que valoriza relacionamentos pessoais e proximidade. Talvez você ame a conexão que sente quando está em uma multidão enorme, como em um festival de música. Talvez isso esteja ligado a uma sensação de algo maior do que você. E talvez tenhamos de encontrar novas formas de viver de acordo com esses valores importantes, ou talvez redescobertos. Ou talvez existam revelações que só surgiram depois da experiência da pandemia, como os três quartos da população do Reino Unido que dizem que a pandemia as fez reavaliar os aspectos mais importantes de suas vidas[57].

Reconhecer a incerteza é, muitas vezes, um momento de recalibrar e realinhar para muitas pessoas. Sabemos que aquelas que passam por desastres ou situações críticas muitas vezes emergem com uma nova compreensão e apreciação do que é importante. Elas então fazem mudanças na vida para que a maneira como gastam seu tempo, para quem trabalham e o trabalho que realizam estejam mais alinhados com o que as impulsiona pessoalmente. No entanto, você pode estar na posição, como muitos, de simplesmente fazer o que pode para pagar as contas. Mas seus valores ainda aparecerão na maneira como trata as pessoas no trabalho e em casa.

Entender, conhecer e viver pela sua bússola interior, ou valores fundamentais, é uma das formas mais seguras de experimentar a satisfação pessoal e o alinhamento com sua autenticidade interior. Definir seus valores não só vai ajudá-lo a descobrir o que é mais importante para você, mas também reduzirá a ansiedade e o levará a uma melhor tomada de decisão em sua vida.

Identifique os seus valores

Vamos colocá-lo para pensar sobre os seus valores com um *quiz*. Identificá-los pode ser difícil; entretanto, uma lista de treze questões pode ajudá-lo a descobrir seu propósito e a compreender os valores que são importantes para você. Estas perguntas vão guiá-lo a um modo de pensar que será útil para desvendar sua missão pessoal.

- Você vai precisar de papel e caneta;
- Desligue seu telefone e encontre um lugar livre de interrupções;
- Escreva a primeira coisa que surgir em sua mente depois de ler a pergunta. Não se corrija. Você não precisa escrever frases

completas — tópicos funcionam melhor. Mas é essencial escrever suas respostas em vez de só pensar nelas. É sério. Escreva. Confie em mim;
- Escreva rapidamente e com fluidez. Se dê menos de um minuto por pergunta — o mais rápido que puder;
- Seja autêntico. Ninguém mais lerá suas respostas a menos que você queira. Não censure os seus pensamentos antes que eles cheguem no papel. Aproveite o processo. Você pode se surpreender!

Vamos lá!
1. O que faz você rir? (Pense em pessoas que conhece, situações que viveu, memórias do seu passado).
2. Pense no passado. O que você mais gostava de fazer? E hoje em dia?
3. Que atividades fazem você perder a noção do tempo?
4. O que faz você se sentir fantástico?
5. Quem o inspira? (Não precisa ser alguém que você conhece pessoalmente). Quais são as qualidades que essas pessoas têm que você acha inspiradoras?
6. No que você é instintivamente bom?
7. Com o que as pessoas costumam lhe pedir ajuda?
8. Se você tivesse que ensinar algo, o que seria?
9. Do que você se arrependeria de não ter feito, sido ou então tido na vida?
10. Imagine que você tem agora noventa anos, está sentado em uma cadeira do lado de fora da sua casa e consegue sentir a brisa do outono acariciando o seu rosto. Você está feliz, contente e satisfeito com a vida maravilhosa que teve a oportunidade de levar. Olhando para trás, para tudo o que você conquistou e construiu, todas as relações que cultivou, quais são as coisas mais significantes para você? Faça uma lista.

11. Quais dificuldades, dilemas e dores você superou (ou está superando)? Como você o fez/faz?
12. Em quais causas você acredita ou com quais se identifica?
13. Se você pudesse enviar uma mensagem para um enorme grupo de pessoas, quem seria? E o que você diria?

> Defina os seus valores
>
> Aqui está um exercício (adaptado do site mindtools.com) para tentar realmente ampliar o que impulsiona você e como isso pode ajudá-lo a navegar por algumas das principais decisões que precisa tomar em tempos de crise. Depois de conhecer os seus valores, você desenvolverá um melhor senso de coesão e identidade e saberá o que é certo para você. Assim, será capaz de tomar as decisões com segurança e clareza. Também saberá que o que você faz agora é o melhor para a sua felicidade e satisfação (no momento e no futuro).
>
> Quando você define quais são seus valores pessoais, você descobre o que é verdadeiramente importante. Uma boa maneira de fazer isso é olhar para trás em sua vida para identificar quando você se sentiu muito bem e confiante de que estava fazendo escolhas excelentes.
>
> **Passo 1: Reflita sobre os momentos em que você foi mais feliz**
> Pense em exemplos da sua vida profissional e pessoal — é importante equilibrar todos os aspectos e fases da sua vida nas suas respostas. Pergunte a si mesmo:
> · Que atividades você fazia naqueles tempos felizes?
> · Se outras pessoas estavam por perto, quem eram elas?
> · Que outras coisas colaboraram com a sua felicidade?

Passo 2: Reflita sobre exemplos em que se sentiu orgulhoso

Novamente, tente extrair exemplos da sua vida privada e da sua carreira. Muitas vezes pensamos no orgulho como um defeito, enquanto na verdade pode ser uma força muito positiva em sua vida.

- O que fez você sentir orgulho? Por quê?
- Com quem você compartilhou esse orgulho?
- Que outras coisas colaboraram com o seu orgulho?

Passo 3: Reflita sobre quando você se sentiu mais satisfeito e realizado

Usando exemplos da sua vida profissional e pessoal, pense sobre o que o levou a se sentir satisfeito.

- Que desejo ou necessidade interna foi realizado?
- Como essas experiências em que você está pensando contribuíram com um senso de significado e propósito para a sua vida?
- Que outras coisas colaboraram para a sua satisfação?

Passo 4: Defina os seus valores fundamentais

Pense por que as experiências que vieram à sua mente são importantes para você. Por que é que elas apareceram nos seus pensamentos? Agora que elas estão frescas na sua mente, use a lista de valores pessoais na página seguinte para escolher os que dialogam com você. Tente escolher dez valores. Ao trabalhar nesta etapa, você pode descobrir que alguns desses valores vão bem juntos. Por exemplo, se valoriza a compostura, a calma e a serenidade, pode dizer que a estabilidade é um dos seus principais valores. Se notar que isso está acontecendo, escolha o valor que parece abranger um conjunto mais amplo de valores de ordem inferior. A lista não é exaustiva — se pensar em outro valor importante, adicione-o —, mas não pense demais.

Abnegação, altruísmo, amizade, amor, aspiração, assertividade, assiduidade, atenção, autorrealização, benevolência, bondade, calma, colaboração, compaixão, competitividade, compostura, confiança, consciência, consideração, consistência, contentamento, contribuição, controle, cooperação, coragem, cordialidade, cortesia, criatividade, curiosidade, decência, determinação, devoção, diligência, discernimento, disciplina, empatia, equanimidade, estabilidade, excelência, experiência, exploração, exuberância, família, fé, fidelidade, flexibilidade, foco, força, fraternidade, generosidade, graça, gratidão, harmonia, honestidade, honra, humildade, humor, independência, ingenuidade, instigação, inteligência, intuição, inventividade, justiça, laboriosidade, lealdade, liberdade, magnanimidade, maturidade, modéstia, parceria, perseverança, piedade, pontualidade, positividade, praticidade, preparo, proatividade, profissionalismo, prudência, qualidade, resiliência, respeito, responsabilidade, rigor, sabedoria, saúde, segurança, sensibilidade, serenidade, simplicidade, sinceridade, solidariedade, sucesso, suporte, temperança, tolerância, valentia, versatilidade, vontade.

Passo 5: Para cada um dos dez valores que tem, pergunte-se:
Numa escala de 1 a 10, qual é a importância?

Agora, escolha os três primeiros (e se houver mais, reduza-os e continue classificando até ficar com apenas três).

Parabéns! Agora você tem os seus três principais valores para orientar o seu comportamento e tomada de decisão. E como fazer isso? Bem, a boa notícia é que não precisa esperar por uma pandemia ou outra crise. A resposta mais simples é incorporar seus valores pessoais em suas atividades diárias.

Se a saúde é um dos seus três valores principais, pergunte-se como pode viver a sua vida de acordo com ela. Por exemplo: que decisões saudáveis posso tomar todos os dias? Posso comer alimentos saudáveis, dormir bem e cuidar do meu corpo e da minha mente.

Se a cortesia estiver entre os três valores principais, pergunte-se: como posso agir com cortesia todos os dias? Guardar o meu celular e dar atenção total à pessoa com quem estou interagindo, pedir desculpas espontaneamente quando estiver errado e não ouvir música alta para não perturbar os outros.

Se a curiosidade é um dos seus valores, pergunte-se: como posso encontrar maneiras de permanecer curioso ao longo do dia? Fazer perguntas, estar disposto a admitir que não tenho uma resposta, mas que estou trabalhando para descobri-la, ou aproveitar cada momento para dar minha plena atenção e perceber os detalhes do que eu estiver fazendo.

Quaisquer que sejam os seus valores pessoais, é provável que você não estivesse totalmente ciente deles e que os negligenciasse todos os dias apenas porque sente que há muitas outras coisas acontecendo. Use os valores para direcionar sua bússola interior e encontrar o caminho para a felicidade, o orgulho e a sensação de realização diária.

Desenvolvendo a autorregulação emocional

Seus valores também desempenham um papel na autorregulação emocional, que é um atributo importante para preservar os comportamentos que nos mantêm seguros.

Em termos simples, a autorregulação é nossa capacidade de controlar emoções, impulsos e pensamentos disruptivos a serviço de metas de longo prazo. A autorregulação envolve fazer uma pausa entre um sentimento e uma ação — dedicar seu tempo a pensar com cuidado e com paciência antes de fazer um plano. As crianças muitas vezes lutam com esses comportamentos — e os adultos também.

As pessoas que se autorregulam são mais capazes de ver o bem em outras pessoas, se expressar adequadamente e ver oportunidades onde outros não conseguem.

A autorregulação também permite que você responda de acordo com seus valores centrais, aos quais se agarra com paixão, ou convenções sociais. Se valoriza ajudar os outros, isso permitirá que você apoie um colega de trabalho com um projeto, mesmo que esteja trabalhando em um prazo apertado.

Sua capacidade de se autorregular enquanto adulto tem origem no seu desenvolvimento durante a infância. No cenário ideal, uma criança que faz birras tem experiências que lhe permitem se tornar alguém que aprende a tolerar sentimentos difíceis sem fazê-las. Aprender a se autorregular quando criança é uma habilidade essencial tanto para a maturidade emocional quanto para a manutenção de relacionamentos sociais saudáveis ao longo da vida. Os pais podem ajudar a promover a autorregulação em crianças por meio de rotinas, como horários fixos de refeições e comportamentos esperados para cada atividade. As rotinas ajudam as crianças a aprender o que vai acontecer a seguir, o que torna mais fácil para elas se sentirem seguras.

Quando adultos, o primeiro passo é reconhecer que, em todas as situações, você pode se sentir forçado a uma das três opções: os comportamentos do sistema de ameaças (lutar, fugir ou paralisar). Embora às vezes possa parecer que a sua escolha de comportamento está fora do seu controle, não está. Suas reações automáticas podem incliná-lo para um caminho, mas você é mais do que elas.

Colocar os seus valores em prática acalma o seu sistema de ameaças e reconecta o seu cérebro estratégico, permitindo que você se concentre numa gama mais ampla de comportamentos do que apenas aqueles que foram concebidos pelo seu sistema evolutivo básico para mantê-lo vivo.

Outros comportamentos incluem aqueles que trazem a você sentimentos de realização, felicidade e orgulho.

Por exemplo, se você se sentir tentado a sabotar o trabalho que tem feito para encontrar a calma entre as incertezas, ao comer besteira ou olhar as redes sociais por horas a fio e se envolver em discussões, faça a si mesmo estas perguntas:

- Isso é o que eu realmente quero fazer?
- Isso se dialoga com os meus valores?
- Como eu enxergaria esse comportamento no futuro? Como eu olharia para ele se outras pessoas soubessem o que eu estava fazendo?

O segundo passo é tornar-se mais consciente dos seus sentimentos fugazes. Por exemplo, o rápido aumento da frequência cardíaca pode ser um sinal de que você está entrando em um estado de aborrecimento, fúria ou até mesmo um ataque de pânico.

Restaure a estabilidade concentrando-se em seus valores centrais, em vez daqueles sentimentos fugazes e sensações corporais. Enxergue o panorama, para além do desconforto do momento. Faça uma pausa. Em seguida, escolha se comportar de uma forma que se alinhe com a autorregulação.

Ao pensar um pouco sobre sua bússola interior, você está construindo esse freio (consulte o capítulo 2 "Dominando o seu freio".) A sua atenção já se afastará da ameaça. Seu sistema de frenagem é então acionado, e detecta seu sistema fisiológico interno se afastando da frequência cardíaca e da respiração rápidas. Isso significa que a ameaça passou, e você poderá dedicar seus recursos a outras atividades projetadas para ajudá-lo a se adaptar e prosperar, em vez de apenas sobreviver a cada instante.

Lembre-se de que a autorregulação envolve fazer uma pausa entre um sentimento e uma ação — reservar o tempo e o espaço para pensar nas coisas, fazer um plano e esperar pacientemente. Esses são os atributos vitais que vão ajudá-lo a tomar boas decisões e a encontrar o seu caminho em nosso mundo incerto.

> Como encontrar a sua bússola interior
>
> · Identifique os seus valores;
> · Use os seus valores para orientar suas escolhas, decisões e sua maneira de viver a rotina;
> · Controle emoções e impulsos disruptivos pausando e refletindo antes de agir;
> · Restaure o equilíbrio concentrando-se nos seus valores;
> · Enxergue o panorama, para além do desconforto do momento.

capítulo 16

você flexível

Gosto muito de adquirir camisetas e bonés quando viajo. Acho que tem a ver com me apegar a lugares, frases e memórias significativas — porém, de forma menos permanente do que tatuagens. Posso transmitir mensagens, para mim e para outras pessoas, com o que escolho comprar e usar de culturas com as quais me identifico.

Imagine o meu deleite quando, numa visita a Los Angeles em 2005, encontrei uma camiseta que dizia, em texto simples, no peito: "Eu invento coisas". Era bom demais para resistir, por muitas razões, mas principalmente por causa do evento para o qual eu havia viajado para a Califórnia. Foi a conferência Evolution of Psychotherapy, em Anaheim, e foi um grande acontecimento, pois ela só é realizada a cada cinco anos. Essa foi a minha primeira oportunidade de participar desde que me qualifiquei como psicólogo clínico. Pude ver alguns gigantes do mundo da psicologia e da psicoterapia, algumas pessoas que me influenciaram muito na minha carreira e vida: pessoas como Albert Ellis, Martin Seligman, Irvin Yalom, Aaron Beck, Judith Beck, Christine Padesky, Daniel Siegel, Marsha Linehan, James Haley, Patch Adams e John e Julie Gottman, além de muitos outros.

Decidi fazer um pequeno experimento enquanto estava lá: por alguns dias, usei minha nova camiseta "Eu invento coisas" para avaliar a reação de milhares de pessoas ali presentes, potencialmente interessadas em psicologia, com as quais eu interagi durante aqueles dias.

Por que fiz isso? Bem, eu tinha notado há muito tempo, como você também, aposto, que às vezes não sei por que faço as coisas. Tento entender isso mais tarde, mas, no momento ou logo depois, às vezes posso ser um completo mistério para mim mesmo. Na maioria das vezes, faço algo por hábito — essa é uma explicação plausível. Mas em outras ocasiões tendo a fazer algo completamente diferente para responder de uma forma que, refletindo, me surpreenda — embora pareça funcionar bem com minhas interações com outras pessoas.

Acho que as pessoas em posições de liderança, ou terapeutas que tentam ajudar os outros, fazem o mesmo. Sim, muitas das pessoas bem-sucedidas que você conhece, ou sobre as quais você lê, também estão inventando coisas à medida que seguem a vida. Elas podem até criar estratégias para fazer mais isso, mascarando-as em termos semiempresariais como "responder no momento", ou talvez sejam apenas abertas e honestas e digam, como o jornalista e escritor Oliver Burkeman, que estão "simplesmente improvisando, o tempo todo"[58].

Mas acho que há um segredo para isso funcionar para essas pessoas. Quando estava usando minha camiseta na conferência de psicoterapia, tive reações que recaíam sobre dois grupos.

Em um deles, franziram a testa, em desaprovação, e se afastaram quando os abordei na hora do café ou saindo para o almoço. Aqueles que conversaram comigo continuaram olhando para a camiseta, depois para o meu crachá de identidade da conferência, e depois para mim novamente, como se duvidassem que eu estivesse na conferência certa ou mesmo que eu deveria estar lá. Eles foram, digamos, um pouco duros. Foram cautelosos, e talvez um pouco secos — embora houvesse alguns cuja curiosidade foi despertada, uma vez que eu os atraí para uma conversa sobre por que eu estava vestindo aquela frase, e como isso parecia resumir minha experiência. Queria saber se eles já haviam se sentido assim.

O outro grupo era muito diferente. Eles riram, se identificando, e tivemos muitas conversas reconhecendo como eles muitas vezes se sentiam o mesmo em seu trabalho, e embora isso às vezes os deixasse um pouco desconfortáveis, eles acabaram chegando a um acordo. Algumas pessoas até abraçaram isso e se colocaram em situações em que poderiam deixar essa atitude pessoal florescer. Mas elas chamavam esse comportamento por um outro nome: criatividade.

Quando eu estava aprendendo a ser terapeuta, era doloroso me ver triturado entre as engrenagens para dominar o básico. Escolho essa metáfora com cuidado, porque gostaria que você pensasse em quando aprendeu a dirigir.

Mesmo que tenha aprendido com um carro automático, tenho certeza de que concordará que houve um período em que tentar juntar todas as diferentes partes de ser um motorista proficiente parecia uma tarefa impossível: sair com segurança, dar seta no momento certo, dirigir na estrada, entender de quem é a preferencial em um cruzamento ou rotatória, dar ré em uma esquina e até mesmo a tarefa de aluno mais complicada de todas — fazer baliza.

E mesmo que você nunca tenha passado por isso, lembre como era aprender qualquer nova habilidade, como andar de bicicleta, falar um novo idioma ou tocar um instrumento musical. Nós todos atravessamos uma fase na qual mesmo a parte mais simples da nova habilidade parece difícil, e conectar duas partes parece impossível. Temos de pensar cuidadosamente e ficamos hiperconscientes sobre o que estamos fazendo e o que podemos estar fazendo errado.

No entanto, em determinado momento, após praticar repetidamente por um período significativo, começamos a dominar a habilidade e podemos até mesmo sequenciar diferentes habilidades parciais para atender aos nossos objetivos maiores — como passar com segurança no teste de direção ou ser capaz de pedir uma refeição deliciosa durante as férias em um país estrangeiro sem recorrer às imagens do cardápio.

O que você também pode notar em sua reflexão é que, uma vez que aprendemos a nova habilidade a ponto de sermos proficientes, ou pelo menos termos segurança, lidamos melhor quando somos pegos de surpresa. Podemos juntar as nossas competências parciais para enfrentar novos desafios, quer seja frear com segurança e desviar de um carro que arranca de repente, ou ser capaz de tocar uma nova música imediatamente sem precisar praticar durante horas.

Quando estamos aprendendo uma nova habilidade, precisamos de muita estrutura para ajudar com a nossa aprendizagem. Com o tempo e a prática, isso funciona como um andaime sustentando nosso novo aprendizado, até nos sentirmos confiantes e proficientes para lidar com menos estrutura — e para retirar o andaime. E quando precisamos de menos estrutura para realizar o que é necessário, também temos mais espaço para nossa criatividade brilhar assim que novos desafios surgem. Podemos juntar o que aprendemos de novas maneiras para enfrentar esse desafio. Também podemos pensar nisso como espontaneidade.

É aqui que uma dose saudável de empatia, por nós mesmos e pelo processo de aprendizagem, pode nos fazer continuar: não somos fracassos — isso tudo faz parte do processo de aprender coisas novas, ou fazer coisas velhas em situações novas.

Voltando para a minha camiseta, a razão pela qual "Eu invento coisas" ressoa tão fortemente em mim é que para muitos desafios, na minha vida profissional e pessoal, não tenho ideia do que pode funcionar para resolver um problema ou melhorar uma situação. Embora seja um psicólogo com mais de trinta anos de experiência, estou continuamente surpreso com quão misteriosos nós permanecemos (para nós mesmos e os para os outros). Isso é o desafio e o prazer. Eu simplesmente começo, tento me manter receptivo ao feedback e vejo aonde vou chegar.

O segredo para desbloquear esse enigma tem duas partes. Primeiro, se conheça. Não há como escapar do fato de que precisamos ser bem versados nas micro-habilidades e conhecimentos em qualquer campo que escolhemos para trabalhar (ou arriscar), sejam habilidades físicas, mecânicas, de leitura ou todas elas.

Em segundo, coloque-se com segurança em situações em que seja desafiado e seja gentil consigo mesmo. Às vezes você vai chegar a soluções que funcionam, mesmo que não seja capaz de explicar explicitamente para qualquer outra pessoa, ou até a si mesmo, como e por que você chegou a uma resposta que funcionasse. Assim como é difícil explicar a alguém como dirigir, andar de bicicleta, aprender uma língua ou tocar um instrumento musical; você tem que aprender como, e de fato, fazer a atividade ao mesmo tempo.

Na verdade, tentar articular verbalmente ou explicar o que está acontecendo consigo mesmo, à medida que você segue em frente, muitas vezes pode atrapalhar. A ansiedade pelo desempenho, como a falha em um esporte pela pressão psicológica, ou talvez disfunção erétil durante o sexo, geralmente vem de uma sensação avassaladora de autoconsciência e de uma voz inútil da mente que interrompe sua experiência do momento.

Mais cedo ou mais tarde, o desenvolvimento de certas habilidades dependerá do envolvimento físico com a atividade. O conhecimento teórico, verbal e as leituras só vão guiá-lo até certo ponto. Algumas coisas só podem ser aprendidas e entendidas quando feitas e quando você confia nos seus sentidos — e não no que se passa em sua mente.

Mas não se preocupe; as consequências de tentar e errar moldarão suas ações, e você aprenderá na prática. Cair de bicicleta lhe diz que o seu equilíbrio ainda não está bom, e o seu corpo vai aprender a compensar e tentar coisas diferentes para minimizar a probabilidade de cair novamente — por meio de mecanismos que não são verbalmente acessíveis para você descrever. Mas você o faz, de qualquer jeito. Você inventa coisas na hora. Continue. Extraordinário.

Mantenha-se ágil

O que mais precisamos, a atitude e habilidade mais valiosa que podemos ter, é a flexibilidade. Com base na filosofia e na prática da ACT, uma flexibilidade cognitiva nos permite manter as ideias de forma leve e transformar o comportamento diante da mudança das circunstâncias ou de novas informações.

Ao lado dela, existe uma flexibilidade emocional que nos ajuda a gerenciar essas mudanças de comportamento sem cair em estados mentais ameaçadores ou mesmo na rigidez do pensamento e comportamento, o que nos leva de volta à negação da realidade e ao pensamento positivo.

Infelizmente, a flexibilidade é também uma das coisas mais difíceis de se conquistar em tempos de incerteza. Durante a pandemia, por exemplo, além da ameaça física do próprio coronavírus, a ameaça iminente de seu ressurgimento a qualquer momento — assim como novas ameaças de vírus — faz com que manter e gerenciar as condições sociais e mentais ideais para a flexibilidade provavelmente será o maior desafio que enfrentaremos nos próximos anos.

Enfrentar a incerteza é difícil, não importa a causa. O chão parece estar se movendo constantemente enquanto você aprende a lidar com as idas e vindas do limbo. Não existe um fim à vista, e as configurações normais da sua vida são em grande parte interrompidas.

Junte isso ao nosso desejo habitual de previsibilidade e rotina, e não é de surpreender que muitas vezes achemos mais difícil lidar com a incerteza do que com a certeza de que algo ruim irá acontecer. E é por isso que, em meio a todas essas questões, é tão importante lembrarmos que a incerteza em relação a esse mundo pandêmico não durará para sempre. Podemos e vamos passar por isso juntos.

Talvez você viva o luto, envolvendo a perda do seu senso de pertencimento. Talvez não tenha mais, diariamente ao seu redor, todas as pessoas que compõem a sua comunidade — e você pode se perguntar onde se encaixa agora. Uma sensação de deslocamento pode surgir se você sentir falta do seu local de trabalho, da sua faculdade, escola ou dos lugares que costumava frequentar. Você pode sentir uma perda aguda de independência se de repente tiver que voltar para a casa dos seus pais pela primeira vez em anos, ou talvez para alguma outra configuração de vida com a qual não está acostumado. E então há uma perda da sensação de bem-estar, talvez ampliada por dificuldades econômicas, incertezas sobre o emprego, mudanças em seu arranjo educacional e perda de encontros e celebrações pelos quais você ansiava.

Todos esses fatos e emoções podem nos deixar profundamente abalados e até traumatizados.

Acrescente a isso a sensação de luto antecipatório que podemos estar sentindo há algum tempo: nossas preocupações com o futuro e com o que ele reserva quando estamos cercados pela incerteza. Para agravar tudo isso, adicione a perda ambígua — as coisas que ainda não tomaram forma em nossa vida, incluindo sonhos perdidos e futuros imaginados, e a perda da sensação de estabilidade e segurança que muitos de nós costumávamos ter.

E, por fim, há a perda da sensação de se viver em um mundo previsível — e não neste universo paralelo em constante mudança, para o qual às vezes sentimos que fomos teletransportados —, onde podemos nos sentir seguros em um instante e em desespero logo em seguida.

Reserve um momento para perceber que todas as perdas acumuladas são significativas. Dê tempo e espaço para si mesmo para lamentar, chorar, ter medo e sentir que a vida é injusta. Deixe a tristeza e a raiva irem embora, console outras pessoas (e a você mesmo) e fale sobre o que você lamenta. A linguagem é poderosa. Parar e refletir é poderoso. É poderoso perceber o que perdemos para que possamos eventualmente emergir dessa dor e dar os próximos passos.

A ansiedade que aumenta, de tempos em tempos, e ameaça nos soterrar pode parecer assustadora. É muito importante ter em mente que este momento de incerteza e preocupação não afetará tudo o que você faz. No entanto, é muito mais fácil falar do que fazer.

Vivendo bem em nosso mundo incerto

Nós existimos em um espaço emocional que é determinado não apenas pelo mundo bastante incerto em que vivemos, quase perfeitamente configurado para impulsionar a ansiedade, mas também por uma fisiologia.

Ela foi criada para nos proteger da morte iminente por meio de um sistema de detecção de ameaças que pode ser facilmente acionado; mas, às vezes, nos faz reagir com exagero e alimenta nossos medos sem necessidade. Saber encontrar a calma em tempos imprevisíveis é a chave para viver bem quando nosso mundo e nossa fisiologia conspiram contra nós.

Assim como todas as maneiras individuais de gerenciar a ansiedade discutidas neste livro, reconheça que às vezes ela pode ser contagiosa. Tente não discutir constantemente suas preocupações, incertezas e os impactos disso com os outros, pois você pode acabar alimentando a ansiedade alheia.

Você também pode ser suscetível ao estresse empático quando assume algumas emoções que os outros estão sentindo durante momentos difíceis. Isso ressalta a importância de se ter mecanismos de enfrentamento saudáveis.

Sei que isso é algo sobre o qual tenho que trabalhar bastante. As emoções são contagiosas. Você pode escolher fazer alguém feliz ou triste. Escolha com sabedoria.

Viver no século XXI exige níveis extras de flexibilidade psicológica de muitos de nós, tudo ao mesmo tempo. Gostando ou não, precisamos nos dobrar, ser flexíveis e nos adaptar de maneiras que não sabíamos que eram possíveis — na verdade, de muitas maneiras que anteriormente eram inconcebíveis.

O exercício 5-4-3-2-1

Para acionar rapidamente o seu sistema tranquilizante, experimente o exercício 5-4-3-2-1. Com ele, você se acalma ao identificar:
- Cinco coisas que pode tocar;
- Quatro coisas que pode ouvir;
- Três coisas que pode ver;
- Duas coisas que pode saborear;
- Uma coisa que pode cheirar.

Certifique-se de respirar devagar e profundamente para se acalmar. Lembre-se: a Rede de Modo Padrão do seu cérebro não funciona tão ativamente quando você está prestando atenção nos seus sentidos. Portanto, todos os pensamentos e preocupações catastróficos associados à ativação da rede padrão, aqueles que criam cenários de pesadelo em sua mente quando você está fazendo *doomscrolling* no seu celular, não têm espaço para se alastrar quando você está prestando atenção nos seus sentidos dessa maneira. Se isso é um problema para você, crie um hábito regular para gerir a sua ansiedade, prestando atenção nos seus sentidos.

Ter flexibilidade psicológica é ter a capacidade de mudar perspectivas e ações quando surgem eventos novos ou inesperados. Quanto mais flexíveis podemos ser, mais somos capazes de nos adaptar para enfrentar situações e mudanças estressantes e difíceis sem ficarmos sobrecarregados por longos períodos.

Já usamos essas habilidades de flexibilidade psicológica em nossa vida quando damos conta de compromissos de última hora, temos que trabalhar em casa quando o filho está doente ou decidimos o que podemos (ou não) fazer quando os planos para o fim de semana mudam. A novidade é ter que praticar a flexibilidade psicológica em muitas áreas da vida simultaneamente — com novas maneiras de trabalhar, se comunicar e compartilhar informações.

Tudo isso nos afeta, pois nos inunda com informações que são muito difíceis para o nosso cérebro racional processar sozinho. Confiamos cada vez mais em nosso cérebro emocional para nos avisar sobre como devemos reagir ao que está acontecendo ao nosso redor. Isso significa que nunca foi tão importante nos entendermos como seres emocionais, e também compreender necessidades emocionais das pessoas ao nosso redor.

Manter e aumentar nossa flexibilidade mental é uma habilidade crucial a ser aprimorada e praticada para que possamos pensar de forma clara e completa. Essa é uma ótima alternativa para o desespero crônico, desânimo, ansiedade e desconexão. Vamos cuidar da nossa mentalidade flexível e trabalhar para evitar negar a realidade da nossa situação. Vamos praticar empatia para com aqueles que se apegam à negação — e às teorias da conspiração e divisões sociais que podem acompanhá-las.

Permanecer flexível em tempos de medo é difícil; muitas vezes, as pessoas recuam para o modo de sobrevivência, o que resulta em rigidez. Assim, elas mantêm comportamentos "testados e comprovados" como resposta a situações assustadoras. Mas a flexibilidade psicológica pode ser praticada e aprimorada. E agora, isso é mais necessário do que nunca.

Para navegar com sucesso na incerteza e encontrar a calma, precisamos aceitar uma série de coisas. Não temos de gostar delas ou aprová-las; mas a aceitação nos ajudará a encontrar a calma. Aqui estão elas:

1. Lembre-se de que o que você está sentindo — medo, ansiedade — é normal. Não há problema em se sentir assim;
2. A realidade é o que é. Os fatos sobre o presente são os fatos, mesmo que você não goste deles;

3. Há limitações para todos no futuro, mas ainda temos opções sobre quais limitações queremos aceitar;
4. Vale a pena viver bem, mesmo com eventos dolorosos;
5. A dor é provável, mas não precisa levar ao sofrimento sem fim.

E o que podemos fazer quando surge a dor do medo, da ansiedade e do luto? Na verdade, precisamos *sentir* a emoção e *resistir à tentação de suprimi-la* e de negar que está acontecendo.

1. Nomeie a emoção. Se for capaz disso, este é o primeiro passo para ajudar a "domá-la". É por isso que passamos tanto tempo ajudando as crianças a dizer o que estão sentindo;
2. Reconheça que todas as emoções são normais. Elas surgem por uma razão. Se prestar atenção nelas, pode reconhecer as pistas para descobrir o que precisa;
3. Fale sobre as suas emoções com pessoas de confiança que fornecerão apoio e empatia. Podem ser amigos, família ou um profissional;
4. Reconheça que não está sozinho em sua dor e sofrimento, e seja gentil consigo mesmo como seria com alguém que você ama. Perceber nossa humanidade compartilhada é um passo importante para sermos mais compassivos com nós mesmos.

Um mundo de mudanças rápidas e de difícil previsão veio para ficar. O ritmo é vertiginoso e acelera rapidamente. Todos os dias, ele ameaça superar nossa capacidade de responder com compreensão e atitudes sábias. Esta é a realidade que será difícil para nós aceitarmos. Em vez de negação e rigidez, o que realmente precisamos é de flexibilidade e compaixão: o reconhecimento da nossa humanidade em comum.

Só quando formos capazes de exercer de modo intencional nossa capacidade de diminuir o estado de ameaça de nossa mente e desbloquear a flexibilidade que vem com práticas que acalmam, seremos capazes de apreciar plenamente as alegrias de viver quando elas surgirem.

Não se engane: a tempestade nos espera. Em alguns dias, o céu estará azul e limpo, e o mar, calmo; em outros, o tempo estará fechado. Algumas pessoas se sentirão mais abaladas do que outras, e às vezes você também se sentirá assim. Estenda a mão, seja forte quando puder, mas saiba que não há problema em precisar de ajuda e ser vulnerável também.

Espero que este livro o ajude a revelar um pouco mais de empatia e estrutura, para si e para os outros, enquanto continuamos a navegar nestes tempos difíceis e desafiadores.

> Como viver bem no nosso mundo incerto
>
> · Seja flexível — esteja aberto a mudanças de perspectivas e ações quando ocorrerem eventos novos ou inesperados;
> · Encontre a sua calma utilizando as estratégias deste livro — pratique a respiração consciente;
> · Lembre-se de que todos os sentimentos são normais;
> · Nomeie, reconheça e fale sobre suas emoções — isso tira o poder da emoção;
> · Reconheça que não está sozinho — estamos todos juntos neste mundo incerto.

agradecimentos

Nunca fui tão desafiado ou fiz um trabalho mais gratificante do que nos últimos dois anos, culminando na publicação deste livro. Obrigado a todos que me ensinaram, treinaram e orientaram durante esses mais de trinta anos como psicólogo.

Também quero agradecer à Christine, por me ajudar a encontrar minha voz como autor. Agradeço à minha adorável equipe na Penguin Random House, na Nova Zelândia, em especial: Claire, em primeiro lugar, por me fazer passar dos limites para escrever este livro, minha editora Margaret, por seu feedback e conselho, e Stu, por me manter no caminho certo.

notas

capítulo 2 — dominando o seu freio
1   Langshur, E. & Klemp, N. (2017). *Start Here: Master the Lifelong Habit of Wellbeing.* Gallery Books, US.

capítulo 3 — estrutura
2   Aked, J., Marks, N., Cordon, C. & Thompson, S. (2008). *Five ways to well-being: A report presented to the Foresight Project on communicating the evidence base for improving people's well-being.* Centre for Well-being, The New Economics Foundation, London, UK.

capítulo 4 — empatia
3   Verduyn, P. & Lavrijsen, S. (2015). Which emotions last longest and why: The role of event importance and rumination. *Motivation and Emotion,* 39, 119-127.

capítulo 5 — todas as emoções
4   Boss, P. (1999). *Ambiguous Loss: Learning to Live with Unresolved Grief.* Harvard University Press, Massachusetts, US.
5   Verduyn, P. & Lavrijsen, S. (2015). Which emotions last longest and why: The

role of event importance and rumination. *Motivation and Emotion*, 39, 119-127.

6   Adaptado do conteúdo de www.childline.org.uk que parece ter se tornado indisponível. Versão em cache está disponível.

capítulo 6 — as peças que nossa mente prega

7   Wegner, D.M. & Schneider, D.J. (2003). The white bear story.*Psychological Inquiry*, 14:3/4, 326-329.

8   Erskine, J.A.K. (2008). Resistance can be futile: Investigating behavioural rebound. *Appetite*, 50, 415-421.

capítulo 7 — estilo pessoal

9   Seery, M.D., West, T.V., Weisbuch, M. & Blascovich J. (2008). The effects of negative reflection for defensive pessimists: Dissipation or harnessing of threat? *Personality and Individual Differences*, 45:6, 515-520.

10   Chang, W.C. & Sivam, R.W. (2004). Constant vigilance: Heritage values and defensive pessimism in coping with severe acute respiratory syndrome in Singapore. *Asian Journal of Social Psychology*, 7, 35-53.

11   Saiba mais aqui: academics.wellesley.edu/Psychology/ Norem/Quiz/quiz.html

12   Zanetti, C.A. & Taylor, N. (2016). Value co-creation in healthcare through positive deviance. *Healthcare*, 4:4, 277-281.

13   Hou, W.K., Hall, B.J. & Hobfoll, S.E. (2018). 'Drive to thrive: A theory of resilience following loss', in *Mental Health of Refugee and Conflict-Affected Populations*. Springer, Berlin/Heidelberg, Germany. pp. 111-133.

capítulo 8 — quando o pequeno se torna grande

14   Kopf, E. (1977). Untarnishing the dream: Mobility, opportunity and order in modern America. *Journal of Social History*, 11:2, 206-227.

15   Bell, M., Charles-Edwards, E., Ueffing, P., Stillwell, J., Kupiszewski, M. & Kupiszewska, D. (2015). Internal migration and development: Comparing migration intensities around the world. *Population and Development Review*, 41, 33-58.

16   Oishi, S., Kesebir, S., Miao, F.F., Talhelm, T., Endo, Y., Uchida, Y., Norasakkunkit,

V. (2013). Residential mobility increases motivation to expand social network: But why? *Journal of Experimental Social Psychology*, 49, 217-223.

17   Ibid.

18   Oishi, S. & Schimmack, U. (2010). Residential mobility, well- being, and mortality. *Journal of Personality and Social Psychology*, 98, 980-994.

19   https://openpsychometrics.org/tests/IPIP-BFFM/

capítulo 9 — bem-estar mental completo

20   Bassi, M., Negri, L., Delle Fave, A. & Accardi, R. (2020). The relationship between post-traumatic stress and positive mental health symptoms among health workers during COVID-19 pandemic in Lombardy, Italy. *Journal of Affective Disorders*, 280:B, 1-6. doi: 10.1016/j.jad.2020.11.065. PMID: 33220632.

21   Keyes, C. (2005). Mental illness and/or mental health? Investigating axioms of the complete state model of health. *Journal of Consulting and Clinical Psychology*, 73:3, 539-548.

22   Deegan, P. (1988). Recovery: the lived experience of rehabilitation. *Psychosocial Rehabilitation Journal*, 11:4, 11-19.

23   McGaffin, B., Deane, F.P. & Kelly, P.J. (2017). Community participation and mental health prior to treatment. *Advances in Dual Diagnosis*, 10:2, 57-70.

24   Provencher, H.L. & Keyes, C.L.M. (2011). Complete mental health recovery: bridging mental illness with positive mental health. *Journal of Public Mental Health*, 10:1, 57-69.

25   Della Fave, A. & Massimini, F. (2004). 'Bringing subjectivity into focus: optimal experiences, life themes, and person-centered rehabilitation', in Linley, P. and Joseph, S. (Eds), *Positive Psychology in Practice*. Wiley, Hoboken, NJ.

26   Widnall, E., Price, A., Trompetter, H. et al. (2020). Routine cognitive behavioural therapy for anxiety and depression is more effective at repairing symptoms of psychopathology than enhancing wellbeing. Cognitive Therapy and Research, 44, 28-39. doi.org/10.1007/s10608-019-10041-y.

27   Trompetter, H.R., Lamers, S.M.A., Westerhof, G.J., Fledderus, M. & Bohlmeijer, E.T. (2017). Both positive mental health and psycho-pathology should be monitored in psychotherapy: Confirmation for the dual-factor model in acceptance and

commitment therapy. *Behaviour Research and Therapy*, 91, 58–63.

capítulo 10 — mantendo a conexão

28   Ministry of Health (2016). *Framework for Psychosocial Support in Emergencies.* Wellington, New Zealand.

29   www.aei.org/research-products/report/the-state-of-american-friendship-change-challenges-and-loss/

30   AARP Foundation. (2018). *Loneliness and Social Connections: A National Survey of Adults 45 and Older.* doi.org/10.26419/ res.00246.001

31   d25d2506sfb94s.cloudfront.net/cumulus_uploads/ document/dro933l3yl/YouGov%20-%20Loneliness%20 Results.pdf

32   Ministry of Social Development. (2016). *The Social Report.* Wellington, New Zealand.

33   Loneliness New Zealand Charitable Trust (2020). P*rolonged loneliness in New Zealand before, during and after lockdown.* loneliness.org.nz/wp-content/uploads/2020/07/Prolonged- loneliness-in-New-Zealand-1-Aug-2020.pdf

34   Holt-Lunstad, J., Smith, T.B., Baker, M., Harris, T. & Stephenson, D. (2015). Loneliness and social isolation as risk factors for mortality: a meta-analytic review. *Perspectives on Psychological Science*, 10:2, 227–237. doi: 10.1177/1745691614568352. PMID: 25910392.

35   Gottman, J.M. & Schwartz-Gottman, J. (2017). The natural principles of love. *Journal of Family Theory & Review*, 9, 7–26.

36   Kiecolt-Glaser, J.K. (2018). Marriage, divorce, and the immune system. *The American Psychologist*, 73:9, 1098–1108. doi. org/10.1037/amp0000388

capítulo 11 — distinguindo a realidade da ficção

37   www.cnet.com/news/facebook-sees-surge-of-engagement-worldwide-following-coronavirus-outbreak/

38   Schaller, M. (2011). The behavioural immune system and the psychology of human sociality. *Philosophical Transactions of the Royal Society of London B, Biological Sciences*, 366:1583, 3418–3426. doi.org/10.1098/rstb.2011.0029

39   Oliver, J.E. & Wood, T.J. (2014). Conspiracy theories and the paranoid style(s)

of mass opinion. *American Journal of Political Science*, 58, 952-966. https://doi.org/10.1111/ajps.12084

40   Graeupner, D. & Coman, A. (2017). The dark side of meaning- making: How social exclusion leads to superstitious thinking. *Journal of Experimental Social Psychology*, 69, 218-222.

41   www.aei.org/american-perspectives-survey/

42   Roberts, D. (2020). 'Donald Trump and the rise of tribal epistemology', *Vox*, May 19, 2020. www.vox.com/policy-and-politics/2017/3/22/14762030/donald-trump-tribal- epistemology

43   Cameron, K.A. et al. (2013). Patient knowledge and recall of health information following exposure to 'facts and myths' message format variations. *Patient Education and Counseling*, 92:3, 381-387.

44   Xu, H., Bègue, L. & Bushman, B.J. (2012). Too fatigued to care: Ego depletion, guilt, and prosocial behavior. *Journal of Experimental Social Psychology*. 43:5, 379-384.

45   Tice, D.M., Baumeister, R.F., Shmueli, D. & Muraven, M. (2007). Restoring the self: Positive affect helps improve self-regulation following ego depletion. *Journal of Experimental Social Psychology*, 43:3, 379-384.

46   Schmeichel, B.J. & Vohs, K. (2009). Self-affirmation and self- control: Affirming core values counteracts ego depletion. *Journal of Experimental Social Psychology*, 96:4, 770-782.

capítulo 12 — apoiando as gerações mais novas

47   Pressman, R.M., Sugarman, D.B., Nemon, M.L., Desjarlais, J., Owens, J.A. & Schettini-Evans, A. (2015). Homework and family stress: With consideration of parents' self confidence, educational level, and cultural background. *American Journal of Family Therapy*, 43:4, 297-313.

48   Galloway, M., Conner, J. & Pope, D. (2013). Nonacademic effects of homework in privileged, high-performing high schools. *Journal of Experimental Education*, 81:4, 490-510.

49   Jabour, B. (2021). *Trivial Grievances: On the Contradictions, Myths and Misery of Your 30s*. HarperCollins, Australia.

capítulo 13 — manutenção básica

50 www.nytimes.com/2021/07/05/well/live/awe-microadventure-exploration.html?referringSource=articleShare

51 Sturm, V.E., Datta, S., Roy, A.R.K., Sible, I.J., Kosik, E.L., Veziris, C.R., Chow, T.E., Morris, N.A., Neuhaus, J., Kramer, J.H., Miller, B L., Holley, S.R. & Keltner, D. (2020). Big smile, small self: Awe walks promote prosocial positive emotions in older adults. *Emotion*. Advance online publication. doi.org/10.1037/ emo0000876

52 Arria, M.A. et al. (2013). Letter to Commissioner Hamburg Re: The Use of Caffeine in Energy Drinks. graphics8.nytimes. com/packages/pdf/business/BestofScienceLetter_v22.pdf

53 www.drugfoundation.org.nz/assets/uploads/2020-uploads/Covid-19-resources/Pulse-survey-of-addiction-services- and-people-who-use-drugs-during--alert-level-4.pdf

54 Raninen, J., Livingston, M. & Leifman, H. (2014). Declining trends in alcohol consumption among Swedish youth — Does the theory of collectivity of drinking cultures apply? *Alcohol and Alcoholism*, 49:6, 681–686.

55 Conroy, D. & de Visser, R.O. (2018). Benefits and drawbacks of social non-drinking identified by British university students. *Drug and Alcohol Review*, 37, S89–S97.

capítulo 14 — o lado bom da ansiedade

56 Giddens, A. (1991). *Modernity and Self-Identity: Self and Society in the Late Modern Age*. Stanford University Press, California.

capítulo 15 — encontrando sua bússola interior em um mundo incerto

57 www.theguardian.com/world/2021/jul/12/over-three-quarters-britons-re-evaluate-lives-covid

capítulo 16 — você flexível

58 www.theguardian.com/news/oliver-burkeman-s- blog/2014/may/21/everyone-is-totally-just-winging-it

índice remissivo

A

Ação coletiva 233, 234, 240, 241
Acordo 40, 113, 124, 160, 185, 261
Acróstico 57
Adaptação 124, 243
Adolescentes 122, 188, 201, 204, 205, 207, 208, 213, 226
Afeto 160
Álcool 135, 142, 227, 228, 229, 230, 231, 232, 234
Alimentação 33, 52, 54, 141, 214, 234
American Perspectives Survey 174
Amizades 51, 121, 122, 123, 161, 175
    consolidar 148
    construa 148
    cultivando 148
    para apoio mútuo 148
Animais de estimação 143, 194

Ansiedade 16, 17, 18, 21, 23, 24, 27, 28, 29, 30, 39, 40, 53, 60, 72, 73, 76, 80, 86, 90, 98, 121, 122, 123, 125, 130, 133, 144, 155, 164, 168, 169, 170, 188, 190, 191, 199, 201, 203, 214, 216, 217, 218, 219, 220, 223, 227, 231, 234, 235, 236, 237, 238, 239, 240, 241, 242, 243, 245, 247, 250, 263, 265, 266, 267, 268, 269
Aposentadoria 16, 156, 245
Apreciação 134, 250
Aprender algo novo 50, 51
Armamentização 112
Arrogância 107, 112
Atenção plena 21, 22, 26, 31, 50, 54, 71, 77, 84, 98, 140, 242, 247
Atitude oposta 89
Atividades na natureza 215

Autocompaixão 66, 97, 99, 100, 101, 102, 154
Autocontrole 185, 186
Autocrítica 99, 100
Autoempatia 65, 66, 67, 68, 84, 127
Autoestima 90, 100, 125, 143, 230
Autorregulação 193, 255, 256, 257, 258

B

Bad News 180
Barganha 75
Bebidas energéticas 226
Bem-estar 24, 40, 45, 50, 51, 53, 54, 55, 56, 81, 97, 100, 104, 109, 110, 113, 114, 121, 122, 128, 130, 134, 135, 140, 141, 142, 144, 147, 148, 153, 154, 174, 176, 201, 204, 214, 217, 233, 234, 246, 265
   bônus número quatro para o bem-estar 52
   cinco passos para o bem-estar 49 emocional 134
Brincar 45, 62, 165, 189, 190, 191, 192
Burnout 128, 129

C

Café 19, 34, 41, 44, 46, 54, 62, 82, 149, 161, 219, 224, 225, 226, 231, 234
Canterbury 113, 210
Casamento 74, 117, 159, 229, 240
Choro 112
Círculo de controle 73

Compaixão 60, 61, 100, 101, 154, 211, 254, 269
Comparação 16, 32, 33, 222
Competição 100, 171, 210, 212, 221
Comportamento de abstinência 61
Comunidades on-line 165
Concentração 226
Conexão social 50, 81, 155, 230. *ver também* amizades
   conexão sem contato físico 150
Conflitos 55, 189
Conspiração do QAnon 174, 175
Contato visual 65
Contemplação 215, 217
Continuidade 15
Controle 20, 21, 23, 24, 25, 26, 27, 29, 30, 36, 39, 62, 63, 68, 70, 71, 72, 73, 82, 84, 92, 95, 104, 108, 112, 123, 129, 141, 172, 185, 190, 191, 223, 239, 240, 242, 254, 258
Criticismo 159
Cronotipo 220
Culpa do sobrevivente 77

D

Decepção 31, 32, 33, 38, 108, 109
Definhamento 130, 131, 132, 136, 137, 138, 139, 140, 141, 143, 144
Depressão 75, 129, 130, 133, 142, 144, 169, 201, 216, 231, 243, 245
Desastres 11, 113, 117, 240, 245, 250. *ver também* Eventos negativos;

ver também Eventos traumáticos
Descanso 22, 27, 41, 52, 70, 167, 194, 199, 213, 214, 216
Desculpas 160
Desesperança 129
Desfazendo os nós internos 90
Desigualdades 64
Desinformação 164, 171, 177, 178, 180, 181, 183, 184, 212
Desinformação vacinal 177, 179
Desprezo 159, 161
Desvio 66, 109
   positivo 110, 111
Diabetes Dinner Clubs 110
Diário (exercício anote) 64, 71, 82, 83, 84, 238, 242, 247
Difusão (estilos explicativos de Seligman) 112
Digestão 17, 19, 20
Dissociação 29, 30, 31
Distanciamento físico 152, 191, 211
Distração 28, 29, 90, 95
Distúrbios de trauma 133. *ver também* Transtorno de Estresse Pós-Traumático (TEPT)
Diversão 53, 54, 75, 198, 204, 231
Doar-se 51, 52, 81

E

Educação domiciliar 192, 193, 213
Efeito bumerangue 179
Efeito do urso branco 93
Efeito tiro pela culatra 179
E-mails (desativar notificações) 43, 44, 218, 219
Emoções 17, 18, 35, 36, 57, 60, 61, 62, 63, 66, 67, 69, 75, 77, 79, 82, 84, 89, 90, 92, 96, 97, 98, 102, 106, 107, 124, 125, 132, 134, 143, 154, 159, 170, 179, 185, 189, 190, 192, 193, 215, 217, 255, 258, 265, 266, 269, 270
Empatia 25, 26, 42, 51, 57, 59, 60, 61, 62, 65, 100, 126, 159, 193, 197, 198, 213, 233, 254, 262, 268, 269, 270
   autoempatia 65, 66, 67, 68, 84, 127
   na educação domiciliar 123, 194
   plano de ação 63, 127, 148
Empatia cognitiva 60
Empatia compassiva 62
Energia 49, 52, 70, 80, 129, 143, 212, 214, 216, 220, 224, 227, 236
Entretenimento 8, 10
Escuta ativa 64, 65, 68, 177
Esgotamento do ego 185, 186
Esquivo 30
Estabilidade 16, 18, 40, 120, 188, 235, 253, 254, 257, 265
Estratégias e recursos de enfrentamento 28
Estratégias focadas no problema 28, 29
Estresse 16, 17, 20, 21, 37, 38, 52, 55, 80, 90, 98, 100, 103, 111, 115, 118, 120, 122, 125, 146, 149, 154, 155,

156, 158, 188, 189, 196, 203, 210, 214, 215, 216, 223, 232, 245
   causado pela incerteza 33, 119
   construindo empatia 126, 127
   construir empatia 59
   construindo empatia 266
   estressores agudos 31
   estressores crônicos 34, 129, 215
   tipos de estressores 115, 116, 117, 118
Estressores ambientais 118, 126
Estrutura 25, 26, 39, 40, 42, 43, 45, 46, 49, 53, 54, 55, 57, 71, 72, 81, 113, 114, 124, 126, 127, 172, 192, 198, 199, 204, 213, 220, 233, 240, 256, 262, 270
   criar uma estrutura diária 58
   na educação domiciliar 193, 194, 198
Estruturas cerebrais 21
Eventos negativos 117, 125. *ver também* desastres
Eventos positivos 104
Eventos traumáticos 116. *ver também* desastres
Exercício 5-4-3-2-1 267
Exercício físico 81, 234
Exposição ao sol 218, 220 234
Exposição gradual 238
Externalizar 191

F

Facebook 165, 166, 167, 168, 171, 178, 187, 200, 223, 233
   Messenger 168
FaceTime 201, 204. *ver também* colocar um sorriso no rosto
Família 38, 45, 55, 58, 64, 76, 77, 79, 80, 82, 90, 109, 117, 119, 122, 131, 132, 134, 136, 143, 146, 150, 153, 156, 161, 188, 192, 193, 194, 195, 199, 205, 206, 209, 211, 213, 244, 246, 249, 254, 269. *ver também* adolescentes
Felicidade 36, 78, 134, 135, 140, 150, 216, 252, 255, 257
Fenômeno da prova social 163
Filhos 16, 36, 42, 46, 50, 53, 55, 61, 76, 78, 80, 104, 110, 122, 123, 124, 133, 143, 156, 157, 181, 183, 188, 189, 190, 191, 192, 193, 195, 196, 199, 200, 203, 204, 205, 209, 211, 213, 215, 222, 240, 244
Flexibilidade 25, 46, 123, 254, 264, 266, 267, 268, 269
Flexibilidade cognitiva 264
Florescimento 130, 136, 137, 139
Fluxo 139, 140
Folhas no riacho exercício 95, 98
Freio 20, 21, 22, 23, 26, 27, 29, 30, 50, 248, 257
Frequência cardíaca 19, 20, 35, 78, 257

Frustração 17, 34, 35, 36, 38, 61, 99, 193
Funcionamento positivo 134
Funil da exaustão 80, 81, 143

G

Generalizações 105, 114
Gentileza 54, 63, 68, 154
   com nós mesmos 100
   sessenta segundos 149
Governo 174, 175, 200, 233, 240
   liderança 40, 162
   programa de apoio 25, 40, 41
Grant, Adam 130
Gratidão 33, 34, 38, 77, 254

H

Hormônios do estresse 21, 37
Humor 17, 27, 28, 50, 52, 56, 72, 108, 129, 141, 142, 143, 148, 154, 186, 190, 201, 204, 214, 218, 254

I

Idade adulta 209, 211, 212, 256
Ideação suicida 22, 169, 243
Ilusão 112
Ilusão da profundidade explicativa 180
Impotência 17, 61, 62
Incerteza 5, 7, 9, 10, 11, 12, 13, 15, 16, 17, 19, 23, 24, 25, 27, 28, 32, 33, 41, 42, 53, 59, 66, 69, 71, 72, 74, 76, 81, 84, 85, 93, 111, 116, 118, 119, 122, 125, 126, 131, 135, 140, 141, 149, 152, 155, 163, 172, 188, 189, 203, 204, 208, 210, 213, 217, 219, 228, 232, 239, 240, 241, 243, 244, 248, 250, 257, 264, 265, 266, 268
Informação 36, 40, 88, 162, 163, 164, 168, 173, 175, 179, 180, 183, 187, 205. *ver também* avaliação de riscos
Insegurança financeira 155
Instagram 165, 187, 223
Internet 48, 120, 150, 163, 166, 178, 181, 205, 206, 207, 211, 212
Ioga 51
Irritabilidade 17, 225
Isolamento 17, 131, 174, 190, 241, 246

J

Jovens adultos 188, 189, 208, 226

K

Keltner, Dacher 216
Keyes, Corey 130
Kierkegaard, Søren 239
Kübler-Ross, Elisabeth 74

L

Libido 17
Lidar *versus* curar 232
Limites 39, 45, 119, 157, 198, 220, 226, 239
Lista de coisas para fazer e não fazer 56
Luto 73, 74, 75, 76, 77, 78, 117, 123,

245, 264, 269
Luto antecipatório 74, 75, 169, 265
Luz azul 218

M

Meditação 22, 28, 71, 216, 242
Medo do futuro e ansiedade 27
Moradia 9, 27, 40, 120, 188, 211
Mudança 17, 27, 37, 42, 54, 66, 74, 79, 87, 111, 112, 114, 117, 118, 120, 121, 122, 123, 124, 138, 142, 144, 155, 162, 164, 172, 188, 195, 202, 204, 209, 210, 212, 217, 218, 239, 243, 244, 245, 248, 250, 264, 265, 267, 269, 270
Mudanças climáticas 27, 179
Mudar de casa 117, 120, 122
Multitarefa 8, 35, 38
Mural de anotações 56
Músculos 19, 20, 79, 223, 224

N

Não coloque todos os seus ovos numa única cesta 143
Necessidades básicas 40, 49, 234, 246
Negação 28, 75, 264, 268, 269
Neuroticismo 125, 126
Notícias 19, 29, 70, 72, 108, 162, 168, 176, 219, 220, 223, 234

O

Objetivos 72, 73, 81, 93, 99, 103, 134, 135, 137, 142, 175, 197, 209, 211, 243, 261
Ocitocina 153, 154
Otimismo 57, 103, 104, 105, 106, 107, 112, 114, 184
Otimização 135, 137, 139, 144, 182, 183

P

Pandemia de Covid-19 43, 59, 184, 208, 209
Paralisia 18, 19
Pauline Boss 76
Pausar antes de reagir 63
Pensamento estratégico 20
Pensamentos 21, 30, 47, 54, 60, 66, 70, 71, 73, 75, 82, 83, 90, 91, 92, 93, 94, 95, 97, 98, 99, 105, 106, 134, 139, 175, 208, 216, 237, 241, 242, 243, 251, 253, 267. *ver também* Folhas no riacho exercício
controlar pensamentos 255
o que podemos fazer em relação 95
Pensamentos negativos 30, 90, 91, 107, 242
Perda ambígua 76, 77, 265
Permanência (estilos explicativos de Seligman) 112
Personalização (estilos explicativos de Seligman) 112
Perspectiva 22, 32, 38, 82, 91, 101, 106, 107, 130, 160, 197, 216, 242, 267, 270

Pessimismo 106, 108, 112
Pessimismo defensivo 108, 112
Planejamento financeiro 16
Politização da saúde pública 11
Pornografia 205, 206, 207, 208
Positividade 38, 132, 160, 254
Pote dos desejos adiados 33, 34
Potes da gratidão 33
Prazer 53, 80, 135, 142, 143, 145, 148, 208, 228, 243, 262
Preocupação 16, 17, 24, 61, 62, 63, 69, 70, 71, 72, 73, 90, 98, 152, 157, 189, 216, 219, 226, 237, 242, 266
Presente (tempo) 22, 30, 76, 92, 114, 131, 161, 268
Pressão arterial 35, 225
Previsibilidade 15, 17, 26, 39, 47, 72, 118, 124, 126, 127, 173, 204, 264
Puxar assunto 150

Q

Quarteto fantástico 80, 81.
    ver também conexão social

R

Raiva 17, 35, 36, 61, 67, 75, 96, 117, 124, 125, 127, 129, 159, 265
Reação de luta ou fuga 19, 70, 214, 238
Reação de tensão 115
Recuperação 31, 113, 119, 126, 134, 243
Rede de apoio 127.
    ver também amizades;
    ver também conexão social
Rede de Modo Padrão (RMP) 21
Redes neurais 87
Redes sociais 27, 31, 33, 38, 44, 52, 58, 72, 91, 132, 138, 142, 149, 150, 153, 165, 166, 167, 168, 169, 170, 171, 173, 175, 177, 178, 179, 183, 187, 193, 198, 201, 204, 220, 234, 257.
    ver também Facebook;
    ver também Instagram;
    ver também algoritmos
Registro de vitórias 36
Regras ou normas sociais 169, 170
Relacionamentos amorosos 155
Relatório sobre solidão na Nova Zelândia 151
Relaxar 52, 53, 63, 70, 140, 220, 228
Reporter's Lab, Universidade Duke 183
Resiliência 12, 80, 100, 111, 112, 113, 114, 137, 141, 143, 147, 210, 232, 243, 254
Resolução criativa de problemas 20
Respiração 20, 21, 22, 26, 30, 35, 41, 96, 97, 99, 224, 242, 257, 270
Responsabilidade 112, 192, 205, 207, 249, 254
Restauração 135, 137, 144
Resultados de busca do Google 183
Revirar os olhos 159
Rotina 15, 17, 27, 42, 55, 56, 58, 113, 152, 155, 217, 218, 219, 220, 223,

258, 264
  na educação domiciliar 46, 47, 124, 193, 194, 198, 202, 204, 256
  para controlar a ansiedade 25, 26, 39, 40, 41, 53, 54, 71, 72, 84, 144

S

Saúde 21, 38, 40, 41, 49, 52, 58, 59, 79, 103, 104, 108, 113, 114, 116, 129, 130, 133, 134, 135, 136, 137, 139, 142, 149, 152, 155, 167, 169, 172, 190, 191, 196, 200, 201, 203, 210, 220, 224, 226, 228, 231, 240, 241, 242, 243, 245, 246, 249, 254. *ver também* bem-estar

Saúde mental 41, 49, 79, 104, 114, 130, 133, 134, 135, 136, 137, 139, 210, 220, 240, 242, 243, 245, 246.
  ver também ansiedade; *ver também* burnout;
  ver também depressão;
  ver também definhamento;
  ver também bem-estar

Segurança ontológica 235 236

Seligman, Martin 105, 112, 259

Sentimentos 17, 35, 53, 54, 55, 56, 60, 61, 62, 65, 67, 68, 69, 70, 76, 79, 81, 82, 83, 84, 90, 91, 92, 93, 94, 95, 102, 106, 107, 122, 129, 134, 139, 154, 160, 169, 170, 174, 189, 197, 208, 218, 219, 237, 239, 256, 257, 270

Sexo 158, 205, 206, 228, 263

Sheehy, Gail, Passagens 208, 210 213

Simplificar a vida 35

Sintomas físicos 18, 189

Sistema de ameaça 18, 19, 24, 35, 75, 140, 256

Sistema de impulso ou motivação 18, 23

Sistema de valores 23, 248

Sistema imunológico 169, 170

Sistema imunológico comportamental 169, 170

Sistema límbico 18, 37

Sistema nervoso parassimpático 20

Sistema nervoso simpático 19, 20

Sistema tranquilizante 18, 20, 23, 24, 26, 50, 267

Social Report 151

Solidão 116, 121, 149, 151, 152, 169, 241, 246, 247

Sonhos (dormir) 35

Sono 30, 35, 41, 52, 141, 142, 186, 189, 216, 217, 218, 219, 220, 221, 225, 234

Sorriso 33, 78, 79

Sternin, Jerry 109

Stockdale, James 107, 108

Survey of Dynamics and Motivation for Migration 120

T

Tarefas criativas 56
Técnica Perceba-Mude-Reajuste 37
Tecnologia 10, 148, 149, 161, 169, 200, 201, 218, 219, 230
Tédio 99, 215, 227, 229
Tempo de tela 199, 200, 201, 202, 204, 221, 223, 234
Teoria Drive to Thrive 113
Teorias da conspiração 171, 172, 173, 174, 175, 177, 180, 187, 268
Terapia Cognitivo-Comportamental (TCC) 144
Terapia Comportamental Dialética 89
Terapia de Aceitação e Compromisso (ACT) 144
Terapia de casal 158
Tomar decisões 87, 167, 181, 258
Toque 153, 154, 161
Trabalhar em casa 42, 43, 46, 244, 267
Trabalho híbrido 47, 48
Transtorno de Estresse Pós-Traumático (TEPT) 117, 131
Trauma vicário 117
Tristeza 17, 61, 67, 75, 78, 96, 123, 124, 125, 129, 265
Trump, Donald 165, 175
Twitter 166, 178, 180, 200, 223

U

UNICEF 177

Uso de substâncias 28

V

Verificar fatos 181
Videochamadas 47, 149, 221, 222, 223
Viés da negatividade 37, 38
Viés de confirmação 176, 181
Viés do otimismo 184
Violência doméstica 155, 156
Vulnerabilidade 11, 79, 137, 155, 174

W

WhatsApp 204

Y

YouTube 50, 166, 168, 187, 194, 201, 223

Z

Zoom 158, 194, 200, 201, 221, 222, 231

Primeira edição (março/2023)
Papel de miolo Luxcream 70g
Tipografias Lucida Bright e Effra CC
Gráfica Bartira